사회복지 프로그램
개발과 평가 2판

김영종 · 권순애 공저

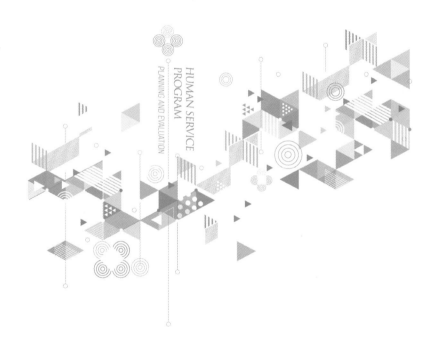

HUMAN SERVICE PROGRAM
PLANNING AND EVALUATION

학지사

2판 머리말

오랫동안 미루어 왔던 개정을 이제야 하게 되었다. '사회복지 프로그램 개발과 평가' 교과목은 시류의 변화에 따른 영향이 그리 크지 않다. 그러한 이유로 정작 허술한 책의 내용을 개정해야 할 필요성도 그에 묻어서 넘겨 왔던 것 같다.

늘 그렇지만, 책을 개정하는 일은 절절한 이유가 코앞에 닥치지 않는 이상 쉽게 시작되기 힘들다. 이번에는 그 이유를 창신대학교의 권순애 교수가 제공해 주었다. 권 교수는 오랫동안 내 연구실에서 함께 연구 생활을 해 왔었다. 그의 전공 분야는 사회복지 프로그램으로, 실제 내가 이 책을 쓸 때 상당한 부분의 책 내용은 당시 대학원생이었던 권 교수가 정리해 두었던 자료를 참고로 한 것이었다. 그런 그가 '그래도 퇴직 전에는 책을 정리해야 하지 않겠냐'는 말로 책 개정을 압박했다. 나는 평소 이 책에 대해서는 상당한 마음의 빚을 권 교수에게 가지고 있었다. 그런 그가 하는 말은 책 개정을 불가피한 일로 만들었다.

나는 이번 2판 개정을 권순애 교수와 공저로 했다. 권 교수는 프로그램 개발과 평가와 관련해서는 현장 강의와 실천 등에서 이미 나와 비교할 수 없을 만큼의 많은 경력을 가지고 있다. 그에 기대서 책 내용이 보완될 수 있으면 하는 것이 나의 바람이었다. 고맙게도 권 교수가 이를 승낙해 주었다.

이번 개정에서의 초점은 책 내용을 현장에서 수용하기 쉬운 형태로 고치는 것이었다. 비록 많은 내용을 다루지는 못했지만, 프로그램 과정의 예시 등을 보충하는 방법을 보다 많이 적용했다. 지나치게 복잡한 개념의 유형화 등도 간소화해서 설명하는 노력을 보탰다.

  이번 개정 작업에도 많은 분들의 도움이 있었다. 학지사의 김진환 사장님은 늘 든든하게 응원해 주시고, 이영봉 과장님은 언제나처럼 꼼꼼하게 편집을 챙겨 주셨다. 깊이 감사드린다. 그동안 '쓸데없이 어려운' 책을 가지고 수업하면서 이해해 보려 노력했던 많은 학생에게는 미안함과 함께 감사의 마음을 새삼 전한다.

2023. 9.
재약산 자락에서
김영종

1판 머리말

사회복지 프로그램은 사회복지의 정책과 실천 활동을 매개하는 수단이다. 공식적인 사회복지 활동들은 대개 프로그램의 형태를 갖추어 이루어진다. 이러한 프로그램을 합리적으로 만들어 내고 발전시켜 나가는 것은 곧 사회복지 정책과 실천, 행정 모든 면에서 중요한 일이다.

사회복지 프로그램에 관한 체계적 지식을 묶는 책이 필요하다는 생각은 진작부터 해 왔었다. 물론 그간 국내외에서 이와 관련된 책들이 많이 출간되었다. 그럼에도 정책과 실천을 잇는 교량 역할의 휴먼서비스 기획(human service planning) 차원에서 사회복지 프로그램의 개발과 평가를 다루는 책은 드물었다.

이 책은 휴먼서비스로서의 사회복지 프로그램을 다룬다. 인간 속성을 대상으로 하는 휴먼서비스란 매우 독특해서 일반적인 행정서비스 등과는 많이 다르다. 그러한 휴먼서비스를 담는 사회복지 프로그램 역시 개발과 실행, 평가 등의 제반 과정이 일반적인 프로그램 개발과 평가의 방법과는 상당히 다를 수밖에 없다. 이런 연유로 이 책은 휴먼서비스의 독특한 프로그램 방법에 관한 지식을 엮어 보려 한 것이다.

근래에 사회복지 분야에서 많은 변화가 나타나고 있다. 특히 사회(복지)서비스의 공급 방식을 둘러싸고 다양한 변화가 시도되고 있다. 기존의 사회복지서비스에 더해서 일명 '바우처 사회서비스'가 이미 광범위하게 시행되고 있으며, 사회서비스의 포괄보

조금 (block grant) 이나 지역사회 방식으로의 전환 등에 대해서도 계속 논의가 이루어지고 있다. 2012년 개정된 「사회보장기본법」에서는 '사회서비스'라는 통일된 개념을 설정해 두고 있지만, 사회복지실천 현장에서는 여전히 사회(복지)서비스 공급상의 혼잡성이 해소되지 않고 있다.

현재와 같이 사회서비스 공급 방식이 다양하고 복잡해질수록, 사회복지 실천 현장은 프로그램 개발과 평가에 대한 지식을 확충해 가야 한다. 사회복지 프로그램이란 사회복지적 목적과 정책을 실천으로 연결하는 도구이므로, 정책이 복잡한 양상으로 전개될수록 연결 도구에서의 복잡성 역시 증가될 수밖에 없다. 사회복지 현장과 전문직으로서는 그러한 복잡성을 단지 '비난'만 하고 있을 수는 없고, 현실적으로 이를 감당할 수 있는 역량도 한편으로 강화해 나가야 할 필요가 있다. 그것이 이 시점에서 사회복지 프로그램의 개발과 평가에 관한 새로운 관심이 요구되는 까닭이다.

내가 이 책을 구상하고 준비한 지는 상당히 오래되었다. 마치 곧 출간이라도 할 듯이 한 지도 벌써 10년이 넘은 것 같다. 그동안 사회복지 프로그램에 관한 강의도 적지 않게 해 왔다. 그럼에도 책 출간이 계속 지체되었던 이유는, 무엇보다 실천 프로그램과 관련한 현장의 상황을 내가 적절히 이해하고 있는지 확신하기 힘들었기 때문이다. 지금 이 질문에 자신 있게 답하지는 못하지만, 그럼에도 '디딤돌의 용도라도……' 하는 심정에 기대어 겨우 이 책을 마무리하였다.

이 책을 준비하는 데 많은 사람들의 도움을 얻었다. 오랜 집필 작업 기간 내내 필요했던 수많은 자료들은 권순애 박사가 꼼꼼히 챙겨 주었다. 경성대학교 대학원 박사과정의 김선희는 교정과 편집에 많은 기여를 해 주었고, 석사과정의 김용일, 김지숙, 김수희 학생은 독자의 관점에서 수차례나 '힘들여' 원고를 읽어 주었다. 완성되지 않는 내용들을 수업에 활용해 보았음에도 이를 진지하게 토의 대상으로 다루어 주었던 박사과정 학생들, 그리고 미완성 원고를 읽고 이해해 보려고 노력했던 학부 학생들도 모두 이 책의 숨은 공로자다. 이들 모두에게 감사한 마음을 표한다.

출판계의 전반적인 어려운 상황에서도 늘 집필을 독려해 주시는 학지사 김진환 사장님에게 감사하고, 언제나처럼 믿음직스럽게 책 편집과 교정을 담당해 주시는 김선영

선생님에게도 고마운 마음을 전한다. 그 밖에도 일일이 감사를 표하기 어려운 무수히 많은 분들이 있다. 늘 그렇듯이 이 책이 나오는 데도 세상의 거의 모든 사람들에게 은혜를 입은 심정이다.

2013. 8. 어느 날

황령산에 기대어서

金永鍾

차례

제1부 I 사회복지 프로그램 개발과 평가 소개

제3부 | 사회복지 프로그램 개발과 평가 실제

제1부

사회복지 프로그램
개발과 평가 소개

제1장

사회복지 프로그램의 개발과 평가

사회복지 프로그램은 사회복지적 지향과 목적을 가진 프로그램들을 말한다. 한 사회의 사회복지 의도나 정책들은 사회복지 프로그램이라는 수단을 통해 실행된다. 사회복지 프로그램을 개발하고 평가한다는 것은 그러한 프로그램들을 어떻게 만들고, 실행하고, 평가해서 발전시켜 나갈지를 모색하는 것이다. 사회복지 기획/관리자들은 프로그램 개발과 평가에 관한 보다 합리적인 지식을 갖추어야 한다.

1. 사회복지 프로그램의 의미

사회복지 프로그램은 사회복지와 프로그램의 합성이다. 사회복지는 목적을 의미하고, 프로그램은 그것을 실현하는 수단이 된다. 프로그램(program)이라는 용어는 일반적으로 진행이나 절차의 구성을 나타내는 것이다. 프로그램의 뜻을 사전에서 찾아보면, '진행 계획이나 순서, 계획표' 혹은 '어떤 절차로 무엇을 처리할 것인가를 지시하는 것'이라고 나온다.

연극을 보러 갈 때 '공연 프로그램'을 챙기고, 컴퓨터에서도 운영체제를 비롯해서 '한글 프로그램' '엑셀 프로그램' 등을 쓴다. 사회복지관에도 '주민조직화사업' '마을공동체사업' '노인

정서지원사업' '장애인 가족지원사업' '자활공동체사업' 등과 같은 다양한 이름의 프로그램들이 있다.

이들을 모두 프로그램이라 한다. 특정한 목적을 수행하는 진행이나 절차를 담고 있기 때문이다. 마을공동체사업의 목적은 마을 주민들의 역량을 강화하여 마을 공동체성을 향상시키는 것이다. 공동체성 향상이라는 목적 달성을 위해서 마을공동체 활동가를 양성하고, 마을의 관심분야를 발굴하여 주변 이웃과 모임 결성을 지원하고, 모임 활동을 통해서 마을 문제를 해결하는 활동의 진행을 계획하게 되는 것이다. 마을 공동체성이 향상되는 건 자연발생적으로 형성되는 것이 아니라 인위적인 개입이 이루어져야 가능한 것이다. 이와 같이 사회복지의 목적을 구현하기 위한 방법과 절차를 담고 있는 것이 사회복지 프로그램이며, 구체적인 성격은 다음과 같다.

과정적 도구   사회복지 프로그램은 사회복지 목적이 서비스로 구체화되어 전달되는 과정을 나타낸다. 목적이 주로 '무엇이 되어야 하는지'라는 당위성에 초점을 둔다면, 프로그램은 '어떻게 그것을 실현할 것인가'에 대한 방법과 절차로서의 과정적 도구(tool)가 된다. 예를 들어, 노인 부양자의 부담을 경감시키려는 목적이 있다면, 이를 실현하기 위한 '시설을 이용한 주간일시보호 서비스를 언제부터, 누구를 대상으로, 어떻게 실시할 것인지'와 같은 운영 방안과 절차의 구성이 사회복지 프로그램이 된다.

변화 모형   사회복지 프로그램은 기본적으로 변화 모형(change model)을 따른다. 사회복지의 목적은 대개 사회문제의 해결에 있다. 그러므로 사회복지 프로그램은 사회문제의 상황이나 조건을 바람직한 상태로 변화시키는 데 사용되는 의도적 개입이 된다. 예를 들어, 지역사회 장애인들의 보행권이 보장되지 못하는 상태를 보행권이 확보된 상태로 변화시키려는 의도적인 개입을 위해, 어떤 사회복지 프로그램은 '장애인 보행권 확보를 위한 행동 절차'를 구체화하는 변화 모형을 갖출 수 있다.

휴먼서비스의 설계도   일반적으로 프로그램이란 특정한 목적 달성을 위해 제작된 설계도(blueprint)와 같다. 사회복지 프로그램은 사회복지의 목적 달성을 위한 방법과 절차를 담는 설계도이다. 대부분의 사회복지 프로그램들은 '휴먼서비스' 형태의 사회

(복지)서비스를 구현한다는 독특성을 가진다. 휴먼서비스(human service)는 인간을 대상으로 하는 직접서비스의 특질을 나타내는 것으로,[1] 휴먼서비스 사회복지 프로그램은 단순히 현금이전(cash-transfer) 서비스와는 다른 독특한 활동과 전환 과정을 묘사하는 설계도가 된다. 예를 들어, '개별 청소년의 심리사회적 변화'의 과정을 설계하는 휴먼서비스 프로그램은 '연금 지급'에 관한 절차를 규정하는 프로그램 등과는 명백히 다를 수밖에 없다. 그것은 사회복지 목적 실현의 과정적 도구로서 변화 모형을 갖추고 있는 휴먼서비스의 설계도라는 특성을 띠는 것이다.

2. 사회복지 프로그램 개발과 평가의 과정

사회복지 프로그램 개발과 평가는 의도된 개입을 어떻게 구현하고, 또 그 결과를 어떻게 확인할 것인가와 관련된다. 프로그램을 무엇 때문에 개발할 것인가를 결정하고, 그 목적을 달성하기 위해 어떠한 활동을 할 것인가를 선택하여 실제로 진행하고, 그 결과로 나타난 변화는 무엇인지, 그 변화가 목적에 부합하는지를 확인하는 것이다. 만약에 프로그램의 결과가 목적에 부합하지 못했다면 무엇 때문인지 원인을 파악하여 개선하게 된다. 이 과정은 단선적으로 이루어지지 않고 순환적으로 이루어지게 되는데, 그래야 프로그램의 지속가능성(sustainability)을 담보할 수 있다.

그래서 사회복지 프로그램 개발과 평가의 과정은 발전(development)의 관점으로 이해해야 한다. 사회복지 프로그램의 과정은 하나의 사이클 내에서 형성, 실행, 평가되고 마는 것이 아니라, 피드백의 과정을 거치면서 새롭게 형성되어 발전해 나가는 연속선상에 있다.[2] 프로그램의 과정을 이러한 차원에서 본다면, 프로그램 개발이란 자연스럽게 실행과 평가, 피드백의 과정을 포괄하는 것이 된다. 이것은 프로그램의 개발을 단지

---

1) 휴먼서비스는 인간의 속성을 직접적으로 다룬다는 점에서, 현금서비스 등과 대치되는 개념이다.
2) Patti, R. (1983). *Social Welfare Administration: Managing Social Programs in a Developmental Context*. Englewood Cliffs, NY: Prentice-Hall.

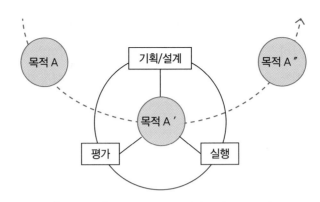

[그림 1-1] 발전적 관점의 사회복지 프로그램

일회성 프로젝트로 간주하는 것과 차별된다. 대부분의 프로그램 기획(planning)을 다루는 문헌들에서 이는 일반적인 사안이기도 하지만,[3] 사회복지 프로그램은 특히 발전의 관점에서 다루어질 필요가 있다.

[그림 1-1]은 프로그램 개발과 평가의 과정을 연속적인 PIE 모형으로 나타낸 것이다. PIE는 기획(Planning), 실행(Implementation), 평가(Evaluation)의 결합이다.[4] 여기서는 발전적 관점에서 사회복지 프로그램의 기획과 실행, 평가가 어떻게 순환적 과정을 거듭해 가며 사회복지의 목적을 달성해 가는지를 나타낸다.

당초 사회복지의 어떤 목적 A가 설정되었다면, 그에 따른 프로그램 PIE가 수행되었을 것이다. 그 프로그램 순환 주기가 완성되는 과정에서 프로그램 수정을 필요로 하는 피드백이 평가의 과정에서 도출되었다거나, 혹은 프로그램이 목적으로 했던 사회 문제의 상태 자체가 변화했다거나 등의 이유로 새로운 프로그램의 과정에서 목적은 A′로 변경될 수 있다. 그러면 새로운 목적 A′를 중심으로 새로운 PIE 과정이 전개된다. 이 과정의 완수 역시 새로운 목적 A″를 만들어 내어 사회복지 프로그램의 발전 과정은 계속

---

3) York, R. (1982). *Human Service Planning: Concepts, Tools and Methods*. Chapel Hill, NC: The University of North Carolina Press.; Lewis, J. Lewis, M. Packard, T., & Souflee, F. Jr., (2001). *Management of Human service Programs* (3rd ed.). Belmont, CA: Brooks/Cole.; Martin, L. (2009). 'Program planning and management', In R. Patti (Ed.), *The Handbook of Human Services Management*. Thousand Oaks, CA: SAGE, pp. 339-350.

4) 황성철(2005). *사회복지 프로그램 개발과 평가*. 경기: 공동체, pp. 68-73.

되는 것이다.

이러한 발전적 모델로서 프로그램 개발을 상정하는 것은 사회복지 분야에서 중요하다. 사람들의 문제는 고정되어 있지 않으며 역동적이다. 사회복지 프로그램이 다루는 문제는 사람들의 역동적인 욕구를 대상으로 하는 것이다. 그러므로 사회복지 프로그램에서 고착된 목적과 절차를 두고서 프로그램을 수행하는 것은 사람들의 문제를 해결하기보다는 상태를 고정화시킬 위험까지도 초래한다. 실제로 공공부조 프로그램이 문제 해결형 방식으로 작동되기 어려운 이유도 여기에서 발생한다.

> 공공부조 프로그램에서는 기초생활보장의 대상자 선정이 막중한 일이다. 공공부조 프로그램은 공공조직을 활용해서 대상자 선정에서 엄격한 사전규칙성을 적용한다. 사전규칙성이란 미리 수급자격을 엄격하게 규정해 두어야 한다는 것이다. 이는 업무의 표준화와 공정성 등을 위해 필수적인 사항이다. 이것 없이는 우리나라 인구의 3% 정도(약 150만 명)를 차지하는 절대빈곤층 사람들에 대한 경제적 측면의 기초생활보장 목적인 현금급여 제공 절차가 적절히 수행되기 어렵다.
>
> 이러한 대규모 관료제적 절차 방식을 채택하는 프로그램에서는 목적 설정에서부터 프로그램 개발의 제반 과정이 탄력적으로 진행되기 어렵다. 매년 공공부조 프로그램의 목적과 수급자격 등을 다시 설계해서 실행한다는 것은 상상하기조차 어려운 일이다. 이로 인해 기초생활보장제도 자체만으로는 수급대상자들의 자활을 의도하는 정책적 목적을 달성하기란 매우 힘든 일이 된다. 자활이란 대상자들 각각의 개별적 속성 변화를 의미하는 일인데, 그러한 개별적 속성 변화들에 각기 맞추어 전체 제도 자체를 바꾸어 가기는 불가능하기 때문이다.
>
> 이러한 이유들로 인해, 비록 기초생활보장제도 자체가 탈수급이라는 목적을 두고는 있으나 실제 프로그램 운영에서는 빈곤함정(poverty trap)으로 작용할 수도 있다는 비판을 받는 것이다.[5]

사회복지 프로그램이 사회문제 해결의 효과적인 기제로 작동하려면 대상 문제와 목적을 고착적으로 두지 않아야 한다. 사회복지 프로그램이 목적으로 하는 것은 사람들의 문제를 해결하는 것이다. 사람들과 그들이 안고 있는 문제의 성격은 끊임없이 변화

---

5) 빈곤함정이란 빈곤 구제의 목적을 위해 설치해 놓은 제도(생활보장)가 오히려 빈곤자들을 제도 안에서 헤어나오지 못하게 만드는 '함정'처럼 작용한다는 것을 뜻한다.

한다. 또한 이들을 대상으로 하는 프로그램 개입 활동이 사람들의 상태에 영향을 주어 변화시킴으로써 문제는 늘 새로운 성격으로 바뀌어 간다. 만약 이러한 전제를 수용하지 못한다면 프로그램은 그 자체로서 생명력을 갖지 못한다.

　고착되어 정체된 프로그램은 전체 사회적 관점에서 볼 때 일종의 목적전도 현상을 유발한다. 목적전도(goal displacement)란 목적과 수단이 뒤바뀌는 것을 말한다. 애초에 특정한 목적을 위한 수단으로 프로그램이 만들어지지만 나중에 프로그램을 실행하는 것 자체가 목적이 되어 버리는 현상을 초래한다.

　이와 같은 이유로 사회복지 프로그램은 발전적 관점의 모형에 기반해야 한다. 하나의 프로그램 기획 과정이 그 자체로서 종결되지 않고 새롭게 변화되어 가는 문제와 목적에 맞추어 전화(轉化)되어 가는 것을 발전적으로 다루어야 한다.

3. 사회복지전문직의 책임성을 위한 프로그램 개발과 평가의 중요성

　'사회복지사는 무엇을 하는 전문직인가?'라는 질문의 대답은 그들이 수행하고 있는 프로그램을 통해서 확인할 수 있다. 사회복지 프로그램은 사회복지사의 정체성과 전문성을 대변해 주는 핵심적인 수단이다. 그런 의미에서 사회복지 프로그램은 중요한 가치를 가진다.

　사회복지 프로그램은 무엇인가? 프로그램은 의도된 개입을 의미하는 것으로, 현재 상태를 변화시키고자 하는 기제가 작동되어야만 인위적인 개입, 즉 프로그램이 기획될 수 있다. 사회복지 프로그램은 사회복지와 관련된 영역에서 사람과 공동체의 어떤 것을 변화시키고자 시도되는 모든 의도적 개입 활동을 의미한다. 의도적 개입에 사회복지사의 직업적 가치와 전문적 지식이 구현되기 때문에 사회복지 프로그램은 사회복지사가 누구인가를 증명해 볼 수 있는 단서가 된다. 사회복지 프로그램 개발과 평가가 중요한 이유도 여기에서 출발한다.

사회복지 프로그램이 책임성을 구현하려면 가능한 최대한의 합리성을 갖추어야 한다. 그럼에도 실천 현장에서는 모호한 목적과 개입방법을 가진 프로그램들이 여전히 많다. 그 이유를 복잡한 외부 환경으로부터 상이한 요구들을 정치적으로 '두루뭉술'하게 대응하려는 전략 때문인 것으로 보기도 하지만, 일차적으로는 사회복지 프로그램에 종사하는 현장의 인력들이 사회복지 프로그램 과정에 대한 합리적인 지식을 적절히 갖추지 못한 데서 찾을 수밖에 없다.

어떤 경우라 해도, 현재처럼 사회복지 프로그램에 대한 책임성 요구가 강화되는 현실에서는 모호한 프로그램 논리를 유지하는 것은 적절하지 못하다. 이런 경우에는 프로그램의 생존가능성조차도 위협받기 쉽다. 사회복지 프로그램은 명확한 목적과 합리적 근거에 기초한 개입방법을 갖추고 있어야 하며, 이를 효과성이나 효율성 기준 등에 입각해서 경험적으로 평가될 수 있도록 해야 한다.

사회복지 프로그램의 합리성을 확보하기 위한 핵심적인 가치와 지식을 보유해야 하는 집단이 사회복지전문직이다. 넓은 의미의 사회복지는 모든 국민이 실행의 주체이자 대상이지만, 특정한 사회복지 활동에 대해서는 이를 사회복지전문직에게 위탁해 두고 있다.

사회복지전문직이란 사회복지와 관련된 위탁을 배타적(고유의) 지식과 권한, 책임을 가지고 수행하도록 사회적으로 재가(裁可, sanction)받은 집단이다. 이들에 대한 사회적 재가 혹은 승인은 「사회복지사업법」에서처럼 법적으로 주어지기도 하고, 전문직의 지식이나 기술이 필수불가결한 분야 등에서 다양한 제도적 관행들(예: 특정한 분야에 사회복지사의 채용을 당연시하는)을 통해 구현되기도 한다.

[그림 1-2]는 사회복지의 영역에서 사회복지 프로그램이 어떤 역할로서 위치하는지를 나타내는 것이다.

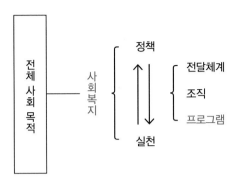

[그림 1-2] **사회복지 프로그램의 개념적 위치**

사회복지는 사회적 목적을 추구하는 여타 제도들(예: 경제, 정치, 가족 등) 중의 하나다. 기능주의적 관점에서는 사회복지제도는 상호부조(mutual support)의 사회적 기능을 목적으로 한다고 본다. 이러한 사회복지의 목적을 제도적으로 실현하기 위해 정책과 행정, 실천 영역이 필요하다. 정책은 사회복지의 목적 실현을 위해 특정하게 세분된 목표들을 찾아내서 결정하는 과정이고, 실천은 이러한 목표가 현장에서의 대인적 과정을 통해 수행되도록 하는 것이다. 일반적으로 정책적 목적이 실천에 이르는 과정을 상향식 혹은 하향식으로 매개하는 것을 행정이라 하는데, 이를 위한 수단으로 전달체계, 조직, 프로그램이 사용된다.

[그림 1-2]에서 제시되는 사회복지의 제반 활동 모두가 사회복지전문직에 의해 수행되는 것은 아니다. 현실적으로 사회복지전문직의 활동은 일정 부분에 국한되어 있는데, 사회복지 행정과 실천의 경계 영역에서 많은 역할이 나타나고 있다. 이는 우리나라 사회복지전문직이 모형으로 채택했었던 미국의 사회사업가(social worker)의 경우에도 마찬가지다.[6] 여기에서도 사회사업가의 대표적인 역할을 프로그램의 관리자로 본다.

프로그램 규정의 규모와 성격에 따라 달라지기는 하지만, 사회복지전문직이 사회복지 분야 프로그램의 관리자 입장으로서 역할이 확대되고 있다는 것은 분명하다. 이것은 프로그램이 곧 사회적 목적으로서의 정책과 실천 현장을 잇는 핵심 도구이며, 프로그램의 개발과 실행, 평가의 제반 과정에서 이를 관리할 수 있는 지식은 사회복지전문

---

6) 참고: Lewis et al., *Management of Human Service Programs*, pp. 2-6.

직이 아니면 갖추기 힘들기 때문이다.

사회적으로 재가된 영역에서 사회복지 활동을 수행하는 사회복지전문직에게는 사회적 책임성의 이슈가 항상 따라다닌다. 여기에서의 책임성이란 단순히 주어진 업무에 대해 책임(responsibility)을 진다는 뜻의 개념과는 다르다.

사회적 책임성(accountability) 사회적 책임성이란 오히려 '설명력'에 더 가까운 것이다. 보통 합리화시킬 수 있는 분석 혹은 설명을 사회적으로 제시할 수 있는 능력을 가리키는 것이다. 업무에 대한 명확한 책임이 기계적으로 주어지기 어려운 사회복지 환경에서 사회복지 프로그램은 다양한 이해집단으로 구성된 상이한 '누군가'에 대해 각각의 설명력을 제시해야 하는 것이 사회적 책임성의 본질이 된다.

사회복지 프로그램 관리자들에게 사회적 책임성이란 주어진 자원으로 무엇을 성취하였는지에 대해 합리적이고 경험적인 근거를 제시하는 일이다. 이를 통해 프로그램의 입지를 정당화하는 능력을 갖추게 된다.

사회복지의 행정과 실천 분야에서 설명력을 갖추는 책임성의 역할은 대개 사회복지전문직에게 주어진다. 특히 사회복지 프로그램의 개발과 평가 분야에서 사회복지전문직의 역할은 필수적이다. 어떤 다른 특수 기술자 전문가(specialist) 집단에게도 이것을 기대할 수 없기 때문이다. 사회복지전문직은 사회적 재가와 급여를 받아 활동한다. 자선사업가가 아닌 사회복지 조직에서 공적으로 활동하는 사회복지사는 모두 이러한 사회적 책임성의 제시 요구에 부응해야 한다.

설령, 사회적으로 요구되는 책임성이 가시적이지 않더라도 사회복지 프로그램 개발과 평가의 과정을 통해 전문직 스스로가 발전적 지식을 개발하고 습득해야 하는 것은 전문직의 내재적(generic) 소명(召命)이기도 하다. 사회복지전문직이 이같은 외재적·내재적 책임성을 다하기 위해서는 사회복지 프로그램의 개발과 평가를 둘러싼 제반 가치와 지식을 적절히 갖추어 나가는 것이 무엇보다 중요하다.

제2장

사회복지 프로그램의 체계와 기술

사회복지 프로그램은 '목적'을 가지면서 이를 실행에 옮기기 위한 '수단'으로서의 활동 절차들로 구성되어 있다. 즉, 사회복지 프로그램은 목적과 수단의 이중 구조로 형성되어 있다.

일반적으로 프로그램을 분석하고 이해하는 방법으로 '체계론'이 있다. 체계론(system theory)은 프로그램을 구성요소들로 나누고, 이들 간의 관계를 분석해서 설명하는 것이다. 사회복지 프로그램의 분석에서는 '기술론'에 의거한 설명 방법도 중요하다. 기술론(technology theory)은 특히 휴먼서비스 위주의 사회복지 프로그램들이 각기 내포하는 서비스 기술을 적절히 파악하고 설명해 준다.

1. 사회복지 프로그램의 체계

체계론이란 사물이나 현상을 체계(system)로 설명하는 방법이다. 하나의 독립된 체계는 부분 요소들로 구성되어 있으며, 이들 요소 간에는 일정한 관계가 있다고 본다. [그림 2-1]은 사회복지 프로그램의 단순 체계 모형이다.

[그림 2-1]에서는 사회복지 프로그램을 하나의 체계로 간주하고, 그 안에 포함된 구

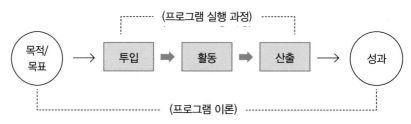

[그림 2-1] 사회복지 프로그램의 단순 체계 모형

성요소들과 그 관계를 보여 준다. 프로그램에는 ① 목적/목표에 대한 규정, ② 이를 달성하기 위한 프로그램 실행 과정(투입 → 활동 → 산출), ③ 그 결과로 나타나는 성과 부분의 요소들이 있다. 프로그램을 구성하는 이러한 체계 요소들 간의 관계 구성을 [그림 2-1]에 제시한 것처럼 '프로그램 이론'이라 한다.

모든 사회복지 프로그램은 적절한 프로그램 이론을 가져야 한다. 어떤 경우에도 프로그램 활동은 이론에 근거해야 하며, 이상적으로는 선행 지식이나 실천으로부터 효과성이 입증된 이론에 기반하는 것이 옳다. 목적/목표를 성취하기 위해 어떤 투입, 활동, 산출의 과정을 거치고, 이를 통해 어떤 성과를 기대할 수 있는지를 프로그램 이론이 제시한다.[1]

체계론은 사회복지 프로그램을 요소들과 그 관계로 보며, 그래서 프로그램을 합리적으로 분석할 수 있게 해 준다. [그림 2-2]는 '이주배경 청소년 맞춤형 지원' 프로그램을 단순화된 체계 모형의 예로 나타내 본 것이다.

사회복지 프로그램을 좁은 의미로 정의(定意)할 때는 체계를 '프로그램 실행 과정'에 국한시키는 경향도 있다. 그 안에는 투입, 활동, 산출 요소만이 포함된다. 자원을 동원해서(투입), 무엇인가를 수행하고(활동), 그런 활동의 결과물(산출)을 도출해 내는 과정만을 '프로그램'이라 부르는 것이다.

---

1) Rapp와 Poertner(1992)는 프로그램 이론 대신에 '도움이론(theory of helping)'이라는 용어로 사용한다. 이들은 어떤 프로그램 방법도 이론에 근거해야 하고, 이상적으로는 조사연구의 결과나 시범사업의 형태를 통해 효과성에 대한 증거를 사전에 갖추어야 한다고 본다. 도움이론은 미리 결정된 목적과 목표들을 성취하는 데 있어서, 클라이언트와 업무자들이 어떤 기대와 활동을 기대하고 수행해야 할지를 알 수 있게 해 준다고 보았다. 참고: Rapp, C., & Poertner, J. (1992). *Social Administration: A Client-Centered Approach*. NY: Longman.

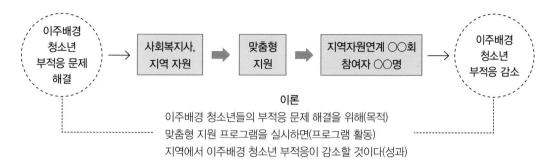

[그림 2-2] **체계 모형으로 분석한 사회복지 프로그램의 예**

더 좁게 정의하자면, [그림 2-1]에서 '활동'에 해당하는 부분만을 프로그램이라 할수도 있다. 흔히 프로그램 내부 실행자의 입장에서 '프로그램을 짠다'고 말할 때는 '활동' 요소에 강조를 두기 쉽다. '투입' 자원은 프로그램을 위해 외부에서 주어지는 것이고, '산출' 역시 프로그램의 실행 결과로 외부에 나타나는 것이기 때문이다. 순전히 내부 활동의 입장에서 보자면 활동의 요소만이 '프로그램'으로 간주되기 쉽다.

좁은 의미의 프로그램 개념으로 갈수록 비록 단순해서 이해되기는 쉽지만 프로그램의 의도와 목적, 성과 등을 프로그램 외부 요소로 다루게 되는 치명적인 문제가 있다. 그러면 프로그램을 누군가에게 설명하고 지지를 얻는 데 필수적인 '합리성(rationality)'을 확보하기가 어렵게 된다. 프로그램이 합리성을 얻으려면 목적과 수단의 부분 요소들이 논리적으로 연결될 수 있음을 보여 주어야 한다. 즉, 프로그램 이론이 적절히 갖추어져야 한다는 것이다.

모든 프로그램은 각자의 고유한 이론을 가진다. 비록 그것이 명시되어 있지 않더라도, 심지어는 프로그램 실행자들조차 의식하지 못하고 있더라도 모든 프로그램에는 이론이 있다.

10대 임신과 관련된 문제 해결을 목적으로 둔 [프로그램 A]에서, 프로그램 활동으로 '피임 교육'과 '성 문제 상담'을 실시한다고 하자. 그러면 이 프로그램의 이론은 10대 임신의 주된 문제를 피임 방법에 대한 무지(인지적 측면)나 자기존중감의 결여(심리적 측면)에서 찾은 것이고, 10대 임신의 감소라는 성과를 목적으로 한 프로그램 활동은 자연스레 교육이나 상담 같은 개입전략에 치중한 것이라 설명된다.

동일한 목적과 성과(10대 임신의 감소)를 의도하고서도, 전혀 다른 프로그램 활동(개입전략)이 계획될 수도 있다. 예를 들어, '사회적 처벌의 강화' '피임기구 보급' '낙태자율화를 위한 캠페인' '부모들에 대한 청소년 성 인식 교육' 등과 같이 10대 당사자들을 문제의 원인으로 보지 않고, 그들의 환경적 여건의 문제를 주된 변화 대상으로 삼는 프로그램들[B, C, D …]이 계획될 수도 있다. 그렇다면 이러한 프로그램 [A]와 프로그램[B, C, D …] 등은 각기 다른 프로그램 이론을 가지는 것이다.

프로그램이라는 용어는 넓은 의미의 '이론'으로도, 좁은 의미의 '과정' 혹은 '활동'으로도 쓰일 수 있다. 그러므로 프로그램이라는 용어를 사용할 때는 그것이 프로그램의 어떤 측면을 뜻하는지가 분명해야 한다. 일반적으로 프로그램이라고 하면 과정과 활동을 포괄하는 프로그램 이론을 지칭하는 것이다.

프로그램은 크게 목적/목표, 실행 과정, 성과라는 세 가지 체계 영역으로 나누어진다.

1) 목적과 목표

목적(goal)이란 프로그램의 '의도(purpose)'에 해당하는 부분이다. 문제 상황의 분석을 통해 바람직한 방향으로의 변화를 의도하는 것이 프로그램 목적이 된다. '무엇이 어떻게 변화되어야 할지'이다. 목표(objective)는 목적 달성에 필요한 구체적인 의도들을 나타내는 것이다. 프로그램이 의도하는 목적을 달성하려면 구체적으로 '어떤 것들이 이루어져야 하는지'를 제시하는 것이 목표다.

'결식아동의 감소'가 프로그램의 목적이라면, 이를 위한 프로그램 목표는 '학교급식의 확대 실시' '빈곤아동가구 생활 지원' '위기아동 조기 발굴' 등에 관련된 것으로 설정할 수 있다. 하나의 목적을 성취하기 위해 하나 혹은 다수의 목표가 사용될 수 있다. 문제는 한정된 프로그램 자원을 가지고 하나의 목표에 집중하는 것이 프로그램의 목적 달성에 도움이 될 것인지, 아니면 복수의 목표들을 가지는 것이 좋을지를 판단하는 것이다. 자원은 늘 한정되어 있으며, 그러한 자원 활용의 효용성을 극대화시키는 전략을 찾아내는 작업이 목표 설정과 관련되어 있다.

새로운 프로그램을 만들어 내거나 기존 프로그램을 변화시키는 과정에서도 목적과 목표 부분은 프로그램의 '존재 이유(raison d'être, 레종 데트르)'에 해당하는 것이다. 자발적인 프로그램 기획에서는 보통 문제 확인이나 욕구 사정 등과 같은 경험적 조사결과를 바탕으로 의사결정의 과정을 거쳐 프로그램의 목적과 목표가 설정된다. 좁은 의미의 프로그램을 지칭하는 프로그램 실행 과정을 계획하는 경우에는 목적과 목표는 프로그램의 외부로부터 주어지는 어떤 것이 된다.

2) 프로그램 실행 과정

프로그램 실행 과정은 [투입-활동-산출]로 이루어진다. 이는 프로그램의 개입전략 (intervention strategy)을 구성하는 것으로 프로그램이 설정한 목적과 목표를 달성하기 위한 과정이 어떤 투입 요소, 활동, 산출물로 이루어졌는지를 나타낸다.

투입(input)　　프로그램의 활동에 필요한 원료와 자원을 의미한다. 사회복지 프로그램의 주된 원료(raw material)는 클라이언트 혹은 클라이언트의 문제 상황이 된다. 클라이언트 문제를 해결하는 데는 인적 및 물적 자원들이 투입되는데, 인적 자원이란 서비스 전문직, 행정 인력, 자원봉사자 등을 말하고, 물적 자원은 현금, 현물, 시설, 장비 등을 포함한다.

활동(activity)　　서비스 과정으로서의 개입이나 프로그램을 의미한다. 투입 자원들이 클라이언트에게 사용되는 과정으로, 사회복지 프로그램들의 경우에는 이러한 과정이 프로그램의 주된 활동으로 규정된다. 치료, 상담, 시설이용, 사례관리, I&R(Information and Referral, 정보 및 의뢰) 서비스 등과 같은 다양한 형태의 활동이 가능하다.

산출(output)　　클라이언트가 서비스를 얼마나 받았는지, 프로그램에 명시된 바와 같이 종료가 되었는지 등을 나타내는 것이다. 얼마나 서비스를 받았는지는 '서비스의 단위'로 나타내고, '서비스의 종료'가 최종 산출이 된다. '서비스 질'을 산출로 간주하는 경우도 있다.

프로그램의 실행 과정을 구성하는 내용은 '무엇을 투입해서, 어떤 활동 과정을 거치게 하면, 어떤 산출이 나올 것'을 제시한다. 예를 들어, '어떤 자격을 갖춘 인력을 [투입]해서, 얼마간의 상담 기간과 어떤 내용의 상담 세션을 거치면[활동], 대상자에게 어떤 결과가 나타날지[산출]'를 설명하는 것이다.

프로그램 실행 과정에 대한 설명은 곧 개입전략에 대한 이론이므로, 이를 개입이론 (intervention theory)이라 하기도 한다. 서비스 실천 전문직의 지식은 주로 이러한 개입이론을 중심으로 구축되어 있다. 프로그램의 목적과 목표가 외부에서 주어진 경우라면, 서비스 전문직의 프로그램 기획 활동 대부분은 이러한 프로그램 실행 과정에 포함된 요소들을 디자인하는 것에 초점을 둔다.

3) 프로그램 성과

프로그램의 성과(outcome)는 목적과 목표의 결과적 측면이다. 의도했던 목적과 목표가 달성되었는지를 나타내는 것이다. 프로그램 이론의 전 과정에서 의도했던 것은 변화 목적의 성취였으며, '투입-활동-산출'로 표현되는 프로그램 실행 과정은 그러한 의도를 실현하기 위한 수단일 따름이다. 산출은 단지 어떤 서비스가 주어졌는지를 나타내는 것이지, 그것이 클라이언트에게 어떤 영향(impact)을 주었는지를 판단하는 직접적인 근거가 되지 못한다. 궁극적으로 프로그램의 성과가 그것을 나타낸다.

프로그램 성과에 대한 고려는 프로그램 기획의 전 과정에서 중요하다. 특히 프로그램 평가에서 성과는 핵심 변수가 된다. 효과성 평가에서는 프로그램 활동이 독립변수가 되고 성과가 종속변수가 된다. 프로그램 활동이 원인이 되어서 성과라는 결과가 나타났는지를 확인한다.

프로그램의 실제 시행에서는 의도되었던 목적이 반드시 성과 결과로 나타나지 않을 수도 있다. 프로그램 평가는 프로그램의 성과가 과연 있었는지, 프로그램 활동 때문에 성과가 나타난 것인지를 파악해서 이를 프로그램의 이론적 혹은 활동적 측면에 대한 개선 목적에 활용한다.

성과는 보통 프로그램의 목적과 목표와 관련한 것을 변화량이나 크기로서 제시한다. 예를 들어, '결식아동의 50% 감소'라는 프로그램 목적의 성과는 다음처럼 나타낼 수 있다.

$$성과(\%) = \frac{프로그램\ 실시\ 전\ 결식아동의\ 수 - 프로그램\ 실시\ 후\ 결식아동의\ 수}{프로그램\ 실시\ 전\ 결식아동의\ 수} \times 100$$

또한 성과는 측정하는 시점에 따라 크게 몇 가지로 나눌 수 있다. 성과를 초기나 중간, 최종 성과 등으로 분리해서 보는 것은 프로그램의 이론과 기술을 상세화하는 데 도움이 된다.

사회복지 프로그램을 체계론으로 이해하는 것은 다양한 유용성을 준다. 무엇보다 사회복지 프로그램을 개발하고 개선시켜 나가는 과정이 보다 체계적이고, 논리적인 타당성에 근거할 수 있게 해 준다. 실천 현장에서 많이 활용되는 '논리모델(logic model)'은 이러한 체계론에 근거한 프로그램 개발의 대표적인 방법이다.[2]

2. 사회복지 프로그램의 기술

기술(technology)이란 이론을 적용하여 현상을 다루는 방법이나 능력을 뜻한다. 사회복지 프로그램의 기술은 프로그램 이론을 어떻게 구현할 것인지에 대한 구체적인 방안을 나타내는 것이다. 다수의 프로그램이 유사한 프로그램 이론을 채택할 수는 있으나, 특정한 프로그램이 가지는 고유한 성격은 그 프로그램이 채택하는 기술을 통해 차별적으로 드러난다.

여기서의 기술이란 단순히 실천 기법(technique)을 의미하는 것이 아니다. 프로그램과 그것을 실행하는 조직, 인력, 재정, 클라이언트 및 외부 환경들과의 관계에 대한 규

---

2) 이에 대해서는 이 책 '11장 논리모델과 성과측정'에서 상세히 설명한다.

정 등을 모두 포함하는 것이다.[3] 예를 들어, 어떤 프로그램이 재정자원을 지원해 주는 외부 기관과의 관계를 어떤 방식으로 처리하는지 등도 그 프로그램이 가지는 중요한 기술로 간주된다.

사회복지 프로그램의 기술은 의도된 변화(이론)를 현실화시키는 방법으로서, 다음 4가지 측면을 통해 파악될 수 있다.[4]

- 프로그램의 원리: 원인과 결과에 대한 설명
- 서비스 전달의 구조: 서비스 전달의 구조적 방식에 대한 선택
- 실행 전략: 운영 방법과 절차에 대한 구성
- 서비스 이용자의 역할: 이용자가 서비스 과정에서 맡게 되는 역할

하나의 프로그램 기술에 위의 4가지 측면에 대한 선택들이 모두 포함되어 있다. 어떤 프로그램 원리에 입각해서 어떤 개입 방식을 채택하고, 실행을 위한 구조와 절차는 어떻게 갖추고, 서비스 이용자는 어떤 역할이 부여되어 있는지 등으로 특정한 사회복지 프로그램의 기술이 파악될 수 있다.

1) 프로그램 원리

프로그램 원리(rationale)란 원인-효과(cause-effect)의 관계에 대한 설명이다. 모든 사회복지 프로그램은 각기 특정한 원리에 기반한다. 프로그램의 개입 활동은 그로 인해 어떤 결과가 초래될 것인지에 대한 인과관계의 설명에 근거한다. 이러한 프로그램 원리는 프로그램이 규정하는 조건, 개입의 본질적 측면, 프로그램 활동, 기대 성과 등으로 설명된다.

사회복지 프로그램들이 채용하는 원리는 크게 두 가지 유형으로 구분될 수 있다. 개

3) Austin, D. (2002). *Human Services Management: Organizational Leadership in Social Work Practice*. NY: Columbia University Press, pp. 89-137.
4) 상게서, pp. 89-137.

입의 대상을 문제 증상을 나타내는 개인들의 내부에서 찾는 개인초점 원리와 개인들 외부에 존재하는 원인도 개입 대상에 포함하는 환경초점 원리가 있다.

이를 다시 세분화하면, 〈표 2-1〉과 같이 사회복지 프로그램 원리들이 구분될 수 있다.

〈표 2-1〉 **사회복지 프로그램의 7가지 원리**

초점	원리	변화 대상
개인	급성질병	단기적 질병의 치료나 긴급 구호 욕구를 가진 개인의 속성
	만성질병	핸디캡이나 장애를 가진 개인의 속성
	발달/발달장애	발달장애를 가진 개인의 속성
	일탈	비행, 교정, 교도 대상자 개인의 행동
환경	환경	특정 집단이나 조직, 제도적 절차
	개인-환경	개인, 환경, 개인과 환경의 상호작용
	이념	개인, 집단 등의 신념이나 태도

급성질병 원리 현재 문제 증상을 보이고 있는 개인의 내부 조건들을 개입의 대상으로 삼는다.[5] 이를 '의료모델'이라고도 하는데, 병원에서 환자를 다루는 기본 원리로서 환자가 보이는 증상에 대한 대처 방안을 환자의 내부에서 찾아내고 '치료'하는 것과 유사하기 때문이다.

비행아동이나 가출청소년에 대한 문제를 일시적 위기 증상으로 간주하고, 이들을 단기적 심리 혹은 정서 치료의 대상으로 삼는다면 급성질환 원리를 채택하는 것이다. 학교폭력이 나타나는 학교를 대상으로 단기적 증상(폭력 발생)을 해소하기 위해 경찰력을 투입하거나 감독시스템을 강화하는 조치를 취하는 것 등도 이러한 원리에 근거하는 것이다.

---

5) 여기에서 개인이란 보통 사람을 말하는 것이지만, 집단이나 조직, 지역사회 등도 개별적(individual) 존재로서 개인에 포함될 수 있다. 개인이 문제 증상을 보이는 것처럼, 학교나 지역사회, 사회복지기관 등도 문제 증상이 나타날 수 있다.

급성질환 원리를 사용하는 데는 전문가의 역할(진단-처방)이 중요하고, 개입에 따른 효과성의 판단 기준은 '완치율'과 '좋은 상태'로의 개인들의 복귀에 둔다.

만성질병 원리 개인에 초점을 두는 대증처방(對症處方)이라는 점에서 급성질환 원리와 유사하다. 다만, 개인들의 증상에 대한 대처 방안이 만성적임을 가정한다는 것이 차이점이다. 일반적으로 장애를 가진 개인들에 대한 치료나 케어 프로그램이 이러한 원리를 따른다.

> 뇌성마비 장애를 가진 아동은 만성질환을 가지는 것이다. 관절염으로 이동이 불편한 노인, 발달장애인 등은 만성적인 증상에 대한 대응이 필요하다. 복합 문제 증상을 보이는 가족 등도 만성질환의 원리로 규정될 수 있다.

만성질환 원리 프로그램에서 전문가 역할은 진단 역할의 전문가(specialist)와 치료 수행의 기술 인력(물리치료사 등) 등으로 나누어진다. 효과성의 기준은 안정적인 기능 수행의 유지, 장기간 악화 방지 등에 둔다.[6]

발달/발달장애 원리 개입의 초점을 개인에 둔다. 이 원리는 개인의 지적·감성적·사회적·신체적 발달 수준이 연령에 비추어 정상적(normative)이어야 한다고 본다. 그래서 개입의 목표 기준을 '정상적 발달'의 성취에 둔다. 발달장애 아동의 진단과 치료에 적용되는 '연령별 발달 기준'이 이러한 원리에 따른다.

> 청소년수련관 프로그램들처럼 정상적인 인지 및 사회적 발달을 지원하거나, 특수교육 프로그램들처럼 발달 결손에 대한 치료를 의도하는 것 등이 모두 이 원리에 해당한다.

발달 원리의 프로그램들에서는 전문적 교육 기술 인력의 역할이 많이 소용되며, 교육적 치료의 특성상 이용자(클라이언트)의 자발성과 참여성을 높이는 기술을 중시한다. 효과성 기준은 개별 대상자가 프로그램이 의도하는 정도의 규준(norms, 정상성)을 성취했는지에 둔다.

---

6) 만성 조건의 전면적인 제거나 혹은 증상의 완전한 경감(remission)이 성과일 수 있으나, 보통은 그러한 기대를 하기 힘들다.

일탈 원리   개입의 초점을 일차적으로 개인의 상태에 둔다. 일탈(deviance)은 기존의 행동 규준에서부터 '벗어나는' 행동이며, 그러한 행동으로 말미암아 해당 개인 자신이나 다른 사람들에게 문제가 되는 것이다. 비행, 무단결석, 범죄 행위, 약물이나 마약의 사용, 성적 일탈, 비도덕적 행위 등이 모두 특정 사회의 규준에 위배되는 일탈 행동들이다.

식탐(compulsive eating)이나 흡연, 비만 등의 행동이 나타나는 개인들에 대한 교정 프로그램이 이러한 원리에 입각한 것이다. 가족이나 집단, 조직 차원의 특정 행동 등도 사회적인 용납 기준을 넘어서는 경우 일탈 원리 프로그램의 대상이 될 수 있지만, 그 안에서도 개인들의 행동 변화를 주로 의도한다.

일탈 원리 프로그램의 인력은 감별(鑑別, 일탈로 분류할 것인지) 활동, 교정이나 재사회화를 위한 처방과 치료 등의 역할을 주로 수행한다.[7] 여기서도 서비스 대상자의 적극 참여와 동기부여를 유인하는 전문적 기술이 중시된다. 일탈 원리의 효과성 평가는 일탈 행동의 재발률에 기준을 둔다.

환경 원리   개입 대상이 되는 문제 조건들을 사회 환경에서 찾는다. 증상을 나타내는 개인은 환경 조건들의 영향을 받았기 때문이라고 간주한다. 또한 개인들이 스스로 그러한 환경을 직접 통제하기 어렵기 때문에 개입이 필요하다고 본다.

높은 실업률이나 경기 침체 등이 개인들에게 나타나는 빈곤 증상의 환경적 문제 조건이 된다. 노인들에게 나타나는 '소외감' 증상은 가족이나 지역사회의 사회적 지지 네트워크가 작동되지 않는 환경적 조건에서 기인한다. 비록 개인들에게 증상이 나타나지만, 이들 개인이 스스로 이러한 환경을 변화시키기는 어렵기 때문에 사회복지 프로그램이 이에 개입해야 할 필요가 있다.

환경 원리의 프로그램에서는 '이해당사자'의 참여를 중시하고, 이를 위해 전문적인

---

7) 교정 치료는 보통 행동에 초점을 두고, '벌점제'나 '토큰 경제(token economy)' 등의 기법을 통해 행동 수정 목적의 통제를 수행한다. 토큰 경제란 행동주의 치료 이론들에서 많이 쓰이는 기법 중 하나로, 스키너(Skinner)의 조작적 조건화의 원리를 활용한 기법이다. 특정 행동을 직접적 강화인자를 사용하여 강화하는 대신에 토큰으로 보상하였다가 후에 내담자가 원하는 다양한 물건과 교환할 수 있도록 한다.

과업은 주로 조사/분석, 실행계획의 디자인, 실행 등에 둔다. 환경 원리의 효과성은 예를 들어, 새로운 법 제정이나 서비스 기관의 건립, 특정 조직이나 집단의 변화 약속 등을 성취하는 것에서 찾는다. 개인 초점 원리의 프로그램들에 비해 효과성 평가가 쉽지는 않다. 성과 자체를 객관적으로 측정하기 어려운 탓도 있지만 다양한 외부 개입변수의 통제나 장기적 효과 발생을 다루어야 하는 어려움 때문도 있다.

개인-환경 원리 개입 대상을 특정 개인이나 집단, 사회적 환경 측면들 간 상호작용의 조건에 둔다. 상징적 상호작용(symbolic interaction) 이론, 낙인(stigma) 이론 등에 기초해서 문제 조건이란 '환경과 그에 대한 개인의 반응이 합해져서 나타나는 결과'로 본다.

> 발달장애인의 사회적 기능 수행에 따르는 제약은 개인적 한계와 발달장애인에 대한 일반 사회의 제도적 반응 간의 상호작용 문제에서 초래된다고 본다. 청소년 자살은 경쟁적이고 소외적인 사회 환경에 대해 청소년들이 부적응함으로써 나타나는 결과로 간주한다.

개인-환경 원리의 프로그램은 주로 당면한 환경적 요인과 그에 대한 개인의 적응 행동(coping behavior) 간의 상호작용 과정에 초점을 둔다.[8] 전문적인 과업은 인간-환경 상호작용에 대한 평가, 행동 대안의 규정과 선택, 실행 과정에 참여 등이 주가 된다. 프로그램 대상자들의 참여 역시 중요하게 간주된다. 개입의 효과성은 개인들의 대응 능력 향상, 환경 문제 요소들의 연관된 변화, 양자 간 상호작용 개선 등에서 찾는다. 이 원리의 프로그램 역시 환경 원리와 마찬가지 이유로 효과성 평가가 쉽지 않다.

이념 원리 프로그램 대상이 되는 문제 조건을 사람들의 부적절한 신념이나 태도에서 찾는다. 어떤 문제 증상이 개인들에게 나타난다면, 원인은 그들 자신이나 혹은 그들에게 영향을 끼치는 사람들이 가지는 이념이나 태도가 잘못 형성되어 있기 때문이라고 본다. 이러한 이념 원리는 차별(discrimination) 혹은 배제(exclusion) 현상에 대한 환경적 변화 접근에 주로 사용된다.

---

8) Meyer, C. (1983). *Clinical Social Work in Eco-systems Perspective*. NY: Columbia University Press.

여성 취업에 있어서의 성차별 문제에 대응하는 프로그램 개발에 이러한 원리가 적용될 수 있다. 고용주의 잘못된 성차별 인식을 개선시키기 위한 다양한 노력이 프로그램 활동에 포함된다. 잠재적 취업희망자들에 내재된 자기 부정적 이념을 시정시키기 위한 노력도 이에 해당된다.

이념 원리를 채용하는 프로그램은 차별적 이념을 가진 파워 집단의 의식을 변화시켜 차별 행위를 감소시키거나[9], 차별이나 억압을 받는 개인들을 대상으로 '의식화(consciousness-raising)'하는 시도 등의 활동을 한다. 전문적 과업에는 문제 조건에 대한 깨달음을 선도하거나 교육과 설득을 실행하는 것이 주로 포함된다. 효과성의 기준은 신념의 변화나 직접적인 행동 변화의 측정에 둔다.

사회복지 프로그램들은 제각기 특정한 프로그램 원리를 갖추고 있다. 이에 따라 프로그램은 서비스 인력을 어떻게 구성할 것이며, 재정자원은 얼마나 필요할지, 서비스의 절차와 행정 구조, 서비스 과정 등에서 이용자의 역할과 참여 정도를 어떻게 할 것인지를 결정한다.

2) 서비스 생산 방식

서비스 생산 방식(mode)이란 프로그램이 서비스를 전달하기 위해 어떤 구조를 채택하는지에 관한 것이다. 동일한 프로그램 원리에 입각하더라도 각기 다른 서비스 생산 방식을 갖출 수 있다. 그래서 이 또한 프로그램의 독특한 기술을 평가할 수 있는 한 측면이 된다.

프로그램 원리가 인과관계에 대한 이론적 기술이라면, 서비스 생산의 방식은 일종의 생산 기술(production technology)을 뜻하는 것이다. 휴먼서비스에서 서비스 생산의 핵심은 제공자와 이용자 간 대면적 상호작용에 있으므로, 서비스 생산 방식에 관한 기술

---

9) 여기에서 파워 집단(power group)이란 영향력을 행사하는 힘을 보유하는 집단이다. 어떤 회사의 여성 직장인들에게 파워 집단은 예를 들어, 인사권을 직간접적으로 행사할 수 있는 영향력 있는 상사들을 의미한다. 참고: Mayer, R. (1976). *Utilization of Social Research Findings in Programs Effecting Institutional Change*. Washington, D.C.: DHEW/NIMH.

은 주로 서비스 인력과 이용자들을 어떤 방식으로 구조화하는지에 관한 것이다.

서비스 생산 방식과 관련된 기술 유형은 〈표 2-2〉와 같이 크게 6가지로 구분해 볼 수 있다.

〈표 2-2〉 **사회복지 프로그램의 6가지 서비스 생산 방식**

방식	관리자	주요 표적체계	서비스 제공자
전문가	실천서비스 전문가	개인	전문가
체계	사례관리자	개인, 지역사회	사례관리자, 전문가
임시서비스	실천서비스 직원	개인	실천서비스 일꾼
사회적 케어	사례관리자	개인	케어 종사자
일차집단 케어	가족 등 도우미	케어 네트워크	가족, 동료, 친구
공중보건	조사연구 책임자	문제 원천	조사연구 인력

전문가 방식   전문가의 역할을 중심으로 서비스 생산이 조직된다. 전문가는 진단, 처방, 직접실천 서비스, 성과평가자 등의 역할을 수행한다. 전형적인 케이스워크(casework)와 같은 전문가-클라이언트 관계가 서비스 생산의 핵심적인 구조가 된다.

전문가 방식에서는 전문가에게 폭넓은 자율성과 책임성을 함께 부과한다. 그래서 이 방식을 채택하는 프로그램의 주요 비용은 전문가의 급여나 활동에서 발생한다. 전문가 방식의 서비스 생산은 급성질병 프로그램 원리에서 주로 채용하지만, 발달 원리나 환경 원리, 개인-환경 원리 프로그램들에서도 나타난다.[10] 프로그램의 질(quality)을 평가하는 기준은 전문가 집단의 규준에서 설정한다.

체계 방식   다수의 서비스 전문가와 조직으로 구성된 전달체계 형태의 서비스 생산 방식이다. 사례관리 프로그램들이 주로 이 방식에 해당한다. 체계 방식에서는 클라이언트의 서비스 경로에 따라 아웃리치, 인테이크, 진단/사정, 서비스 계획, 서비스 급부,

---

10) 예를 들어, 노인 주거 공간을 개선하기 위해 디자인 건축가를 활용하는 프로그램은 환경 원리를 전문가 방식으로 구축한 것이다.

사례관리 및 서비스 모니터링, 성과평가 등으로 분화된 조직 부서와 인력들이 유기적으로 연결되어 서비스를 생산한다.[11]

체계 방식은 전문가 방식에 비해 관리자의 연계 및 조정에 관한 권한과 책임이 확대된다. 체계는 부분들로 구성되어 있으며, 부분들이 통일된 전체로서 기능하려면 연계자와 조정자의 역할이 보다 중요해지기 때문이다. 실천 전문가들의 역할은 부분적 기능들에 특화된다. 서비스 이용자에 대해서는 통합적 성과를 제시할 필요가 있는데, 서비스 기관의 프로그램 모니터링과 공식적 성과평가의 절차 등을 통해 이루어진다.

임시서비스(ad-hoc service) 방식　즉시적 · 제한적 · 단기적 지원을 위해 구성되는 서비스 생산 방식이다. 긴급한 상황에서 서비스 생산이 이루어지려면, 체계 방식과 같은 분화된 서비스 생산 방식은 부적합하다. 임시서비스 방식에서는 대개 동일한 서비스 인력에 의해 통합적 긴급조치가 취해지는데, 서비스에 접근하는 사람들을 대상으로 신속한 진단/사정 판단, 후속 행동조치(의뢰 등)에 대한 즉석 결정, 즉각적 실행 등이 이에 해당한다.

임시서비스 방식의 프로그램들에는 I&R서비스, 긴급 상담 전화, 긴급 지원 서비스, 병원의 응급실, 종합서비스 기관의 인테이크 창구 등이 해당된다. 여기에서 일하는 서비스 인력들은 기관이나 지역사회의 서비스 자원들에 대한 폭넓은 정보력이 업무수행 능력의 중요한 평가 기준으로 주어진다.

사회적 케어 방식　사람들의 일신상 케어(care)를 공식적 서비스 조직을 구성해서 생산, 제공하는 방식이다. 가족, 친지, 이웃 등의 일차집단(primary group)에 의해 제공되는 방식과 대조적이다. 생활시설과 재가복지 서비스들이 이에 해당한다. 사회적 케어 방식의 서비스 실천 인력으로는 위탁부모, 홈메이커, 아동/노인/장애인 돌보미 등이 있고, 유급뿐만 아니라 자원 인력도 여기에 포함될 수 있다.

사회적 케어 방식의 서비스 생산은 만성질환 원리와 주로 연관된다. 예를 들어, 노인

---

11) Rosenberg, M., & Brody, R. (1975). *Systems Serving People: A Breakthrough in Service Delivery*. Cleveland: School of Applied Social Sciences, Case Western Reserve University.

요양시설이나 중증장애인 활동지원 서비스 등과 같은 경우가 이에 해당한다. 이 방식에서 서비스 성과와 질은 대개 케어 서비스 인력을 종사자로 고용하는 서비스 조직이 책임을 지는 구조를 띤다.

일차집단(primary group) 케어 방식　사람들의 일신상의 케어가 가족, 이웃, 친지 집단 등의 자연스럽고, 일차적인 관계 유형을 통해 제공될 수 있도록, 이를 보조하는 형태로 서비스 생산을 조직하는 방식이다.[12] 예를 들어, 장애아동의 가족 케어를 보조하기 위한 휴(休, respite)서비스, 알코올중독자의 자발적 단주 노력을 보조하기 위한 AA(Alcoholics Anonymous) 모임 지원, 각종 지역사회 자원-진단 서비스 지원 등이 이러한 방식에 해당한다.

일차집단 케어 방식에서 일하는 서비스 인력은 다음 역할을 수행한다. ① 케어를 담당하는 일차집단에 대한 아웃리치, ② 만약 일차집단이 부재하다면 이를 조직화하는 작업, ③ 일차 케어 제공자들(가족이나 친지, 이웃 등)이 요구하는 보조자원의 개발, ④ 일차 케어 제공자들에게 상담 제공, ⑤ 제공되는 케어의 질(quality)에 대한 모니터링 등이다. 이 방식을 채용하는 프로그램에서는 일차 케어 제공자와 서비스 인력 모두 상대적으로 각자 높은 자율성을 가지고 활동한다.

공중보건 방식　직접 생산이 아니라 간접적으로 서비스가 생산될 수 있게 하는 방식이다. 특정 인구 집단에서의 문제를 초래하는 환경적 조건과 원인 매개체들을 확인해 내고, 이를 변화시키기 위한 프로그램을 디자인하는 등의 역할을 수행한다. 이를 통해 지역사회에서 서비스 생산이 가능한 여건이 갖추어지면 이것 역시 일종의 간접적 서비스 생산에 해당된다.

이 방식에서 전문가의 역할은 주로 조사연구와 새로운 형태의 서비스 디자인을 개발하는 것 등이다. 예를 들어, '아동의 스마트폰 중독 문제'를 다루는 프로그램이 공중보건 방식의 서비스 생산을 의도한다면, 먼저 아동 스마트폰 중독 현상의 심각성과 발생

---

12) Silverman, P. (1978). *Mutual Help Groups*. Washington, D.C.: Department of Health, Education and Welfare.; Froland, C., Pancoast, D., Chapman, N., & Kimboko, P. (1981). *Helping Networks and Human Service*. Beverly Hills, CA: Sage Pub.

원인을 파악하기 위한 체계적인 조사연구를 수행하고, 이에 의거해서 부모 인식 변화를 도모하고, 소아정신과적 접근 등과 같은 새로운 진단과 개입기술을 제안하며, 상담 및 치료 서비스를 제공하는 활동으로 나타날 수 있다.

　이 같은 6가지의 서비스 생산 방식은 앞서 설명했던 프로그램 원리의 차이와 함께, 사회복지 프로그램의 기술을 특징적으로 구분하는 요소가 된다.

　특정 프로그램 원리와 특정 서비스 생산 방식 간에는 높은 연관성을 보일 수 있다. 급성질병 원리와 전문가 방식, 환경적 원리와 공중보건 방식은 보통 서로 적절히 연관되어 나타나는 경향이 있다. 현실적으로는 하나의 프로그램에서 다수의 원리와 서비스 생산 방식이 결합되어 있는 경우도 많다.[13]

　서비스의 목적에 따라서는 특정한 생산 방식이 더 높은 유용성을 가질 수도 있다.

　　집 잃은 어린 아동들을 일시적으로 보호하는 데는 사회적 케어 방식이 유용하지만, 취학 전 발달장애 아동을 위한 프로그램에는 전문가 방식, 장애아동을 돌보기 위한 가족 지원 프로그램에는 일차집단 케어 방식, 장보기 동안의 아동보호를 위해서는 임시서비스 방식으로 서비스를 생산하는 것이 적절할 수 있다.

　프로그램이 어떤 서비스 생산 방식을 채택할 것인지는 중요한 기술적 결정이다. 이에 따라 요구되는 서비스 인력의 유형과 전문성 수준, 행정지원의 구조, 프로그램의 비용 등이 달라지기 때문이다. 예를 들어, 전문가 방식과 일차집단 케어 방식은 서비스 인력의 성격과 조직 구조, 비용 등에서 현저하게 다르다. 따라서 서비스 생산 방식에

---

13) 많은 휴먼서비스 프로그램들은 다양한 프로그램 모드 혹은 기술의 조합을 포함하고 있다. 그럼에도 그에 따른 직원의 필요성과 행정적인 구조화 절차들의 본질 차이가 그러한 조합을 어렵게 할 수 있다. 예를 들어, 하나의 프로그램에서 전문 실천자들을 채용해서 긴급한 문제를 가진 가족들에 대해 직접서비스를 제공하고, 한편으로는 공중보건 모드의 사회과학 조사연구자들을 통해 현재 문제의 본질이 미래에 미치는 영향의 기저 요인들에 대한 정보 수집을 동시에 수행할 수도 있다. 하나의 프로그램 구조에서 이런 조합을 하는 것이 불가능하지는 않지만, 이는 종종 높은 수준의 직원 갈등과 행정적인 문제들을 초래하는 원인으로 작용하는 것으로 보고된다. 참고: Paulson, R. (1984). 'Administering multiple treatment modalities in social service agencies'. *Administration in Social Work*, 8(1), pp. 89-98.

대한 결정은 프로그램에 미치는 이러한 기술적 함의를 적절히 고려한 상태에서 이루어져야 한다.

3) 실행 전략과 접근성

실행 전략이란 프로그램 과정에서 필요한 운영 구조나 절차들을 말한다. 프로그램이 어떤 운영 구조나 절차들을 선택해서 구비할 것인지도 특정 프로그램이 가지는 독특한 기술의 한 부분이 된다. 실행 전략의 기술적 차이도 역시 프로그램 원리나 서비스 생산 방식만큼이나 프로그램의 효과성과 효율성에 중요한 영향을 미친다. 서비스 이용자들에 의한 공동 생산의 질과 서비스 평가 등은 서비스가 실제로 운영되는 구조와 절차를 좌우하는 경향이 크다.[14]

실행 전략은 특히 프로그램의 접근성이나 활용도에 즉각적인 효과를 준다. 프로그램을 디자인할 때, 이용자들이 서비스에 어떻게 접근하도록 할 것인지는 결정적으로 중요하다. 이는 잠재적 이용자 풀(pool)에서 누가 실제적으로 서비스를 사용하게 될 것인지를 미리 할당하는 것과 마찬가지의 효과를 가진다.

서비스 접근성의 할당과 관련된 구체적인 실행 전략의 요소는 다음을 포함한다.[15] 프로그램이 이들을 어떻게 구성하고, 얼마나 제공할지에 대한 결정이 사실상의 접근성을 통제하는 규제 장치로서 작동한다.

- 정보제공과 아웃리치 활동
- 인테이크 절차
- 접수창구의 직원과 대기실 시설
- 이용자 픽업(pickup) 서비스 유무

---

14) 공동 생산이란 휴먼서비스 생산의 중요한 특성으로, 서비스 이용자가 가지는 자발성이 서비스 생산 과정에 적절히 반영되어야만 효과성이 높아진다는 것이다.
15) Austin, D. (1979). *Improving Access in the Human Services: Decision Issues and Alternatives.* Washington, D.C.: American Public Welfare Association.

- 서비스 시간대
- 시설 위치와 물리적 접근성

대부분의 사회복지 프로그램에서는 서비스의 가용 자원과 수요 요청 간에 일정한 격차가 있다. 특히 무료 공공서비스인 경우에 수요는 늘 공급을 초과하기 쉽다. 그래서 이러한 서비스들에서는 접근성 할당에 관련된 실행 전략의 기술이 매우 중요하게 다루어진다.

> 휴먼서비스 프로그램에 대한 사회정책 분석에서는 '잔여적' 서비스와 '보편적' 서비스 간의 구분을 종종 강조해 왔다. 이것은 특정한 서비스의 사회적 역할을 분석하는 데 중요한 개념적 구분이다. … 그럼에도, 특정 현실의 조건들하에서 전적으로 보편적인 서비스는 없다. 광범위하고 포괄적인 이용자를 의도하는 어떤 서비스도 여전히 특정 시기에는 자원의 한계하에서 작동될 수밖에 없고, 정해진 가용 자원의 규모에다 서비스 요구를 맞추기 위한 어떤 절차(기술)를 사용해야 한다.[16]

사회복지 프로그램에서는 서비스에 대한 수요가 공급의 가용성을 초과할 때, 접근성 할당을 위해 보통 다음을 사용할 수 있다.

- 일정 요금의 징수
- 소득/자산 자격 기준(예: 월 급여액)
- 지원 순서 기준(예: 선착순)
- 진단 혹은 문제 사정의 기준(예: 장애진단)
- 인구사회학적 기준(예: 거주 지역, 연령, 성별 등)
- 간접적 장벽의 부과(예: 오랜 대기시간, 홈페이지 접속 조절 등)
- 담보 절차의 부과(예: 은행잔고증명, 추천서, 진술서 등의 부가 서류 제출 요구)
- 담보 행동의 부과(예: 서비스를 받기 위해 다른 프로그램에의 참여를 요구)

---

16) Austin, *Human Services Management*, p. 134.

4) 서비스 이용자의 역할

사회복지 프로그램에서 서비스 이용자의 역할을 어떻게 규정할지는 또 다른 중요한 기술적 측면이다. 단순 현금이전을 목적으로 하는 프로그램들과는 달리, 휴먼서비스 사회복지 프로그램에서 서비스 이용자는 성과의 수혜 대상자이면서, 평가자이기도 하고, 한편으로는 공동 생산(co-production)의 과정에서의 생산자이기도 하다. 이러한 서비스 이용자의 역할을 어떻게 부여할 것인지는 대부분의 사회복지 프로그램에서는 매우 중요하게 다루어져야 할 기술이다.[17]

사회복지 프로그램들에서 이용자 역할은 다양하게 규정될 수 있다. 이용자 역할을 최대한 피동적으로 묶어 놓는 경우도 있고(예: 마취 수술의 환자), 이용자가 곧 서비스 생산자가 되는 능동적 역할 규정의 경우도 있다(예: 자조모임 참가자). 어떤 경우에도 사회복지 프로그램은 서비스 제공자와 이용자 간의 인간적 상호작용을 통해 서비스가 생산되며, 이 과정에서 이용자가 완벽히 수동적인 존재로 머물 수는 없다.

사회복지 프로그램마다 이용자의 역할을 어떻게 규정하는지는 주로 다음 부분들에서의 차이로 확인된다.

- 서비스 과정(활동)에서 이용자 참여 부분의 크기, 강도, 빈도
- 서비스 제공자(전문 인력)와의 관계 설정 방식
- 서비스 결과에 대한 이용자의 평가영역 및 반영도

특정 프로그램이 채택하는 이용자 역할에 관한 기술은 서비스의 목적, 이용자의 특성, 개입기술의 속성 등과 같은 프로그램 내부 요인들에 의해서도 영향을 받지만, 외부 환경으로부터 프로그램에 주어지는 각종 규제나 프로그램 운영 기관의 이념과 문화 등

---

17) 공동 생산의 속성을 감안하자면, 서비스의 소비자인 이용자는 단순한 수동적인 대상자로 간주되지 않는다. 이는 단순히 규범적인 문제가 아니라, 서비스의 효과성을 담보하기 위한 기술적 측면이 있는 것이다. 서비스에 열성으로 참여하는 이용자는 그렇지 않은 이용자보다 서비스의 효과성이 높아진다. 그래서 공동 생산은 인간의 변화를 꾀하는 휴먼서비스에서는 필수적인 속성이 된다.

에 따라서도 차이가 날 수 있다.

3. 사회복지 프로그램 기술의 개발

사회복지 프로그램을 개발하는 과정에서 기술에 대한 고려는 매우 중요하다. 단순히 '좋은' 프로그램 이론을 채택했다고 해서 프로그램이 효과적으로 작동할 것으로 기대할 수는 없다. 프로그램의 제반 기술적 측면에 대한 이슈들이 반드시 감안되어야 한다.

이제까지 사회복지 프로그램들의 기술에 관해서는 일반적으로 많은 문제가 지적되어 왔다.[18]

- 낮은 효과성과 효율성의 문제[19]
- 크리밍 (creaming) 현상의 문제[20]
- 목적과 수단의 전도(goal displacement) 문제[21]
- 서비스 활용을 방해하는 접근성의 문제
- 프로그램 디자인이 부적절해서 나타나는 직원들의 소진(burnout) 문제

이러한 문제들은 대개 프로그램의 기술 요소들에 대한 선택이 적절하지 못했기 때문

---

18) Austin, *Human Services Management*, pp. 109-111.; Rossi, P. (1978). 'Issues in the evaluation of human services delivery'. *Evaluation Quarterly, 2*(4), pp. 573-599.
19) 효과성(effectiveness)은 프로그램으로 인해 성과 목적(변화)이 나타났는지를 의미한다. 효율성(efficiency) 이란 동일한 성과를 만들어 내는 데 얼마나 비용이 적게 들었는지를 의미한다.
20) 크리밍 (creaming) 효과란 프로그램의 효과가 가장 잘 나타날 것으로 예상되는 클라이언트만을 받아들여서, 이들을 대상으로 하는 서비스 성과가 높게 나타나도록 하는 것이다. 사회복지서비스 프로그램들에서는 이러한 현상이 나타나면, 실제로 도움이 더 많이 필요한 클라이언트(성과는 낮게 나올 수 있지만)는 오히려 배척되는 문제가 발생한다.
21) 목적과 수단의 전도 현상이란, 목적을 성취하기 위해 만들어진 수단으로서의 프로그램 활동이어야 함에도 불구하고, 수단인 프로그램 활동이 목적을 지배하게 되는 경우를 말한다. 예를 들어, 특정한 문제를 가진 아동들의 심리치료(목적)를 위해 미술치료 기법(수단)을 프로그램 활동으로 선택했지만, 나중에 미술치료 자체를 유지하기 위해 그에 적합한 아동들을 찾아 나가는 경우다.

에 나타난다. 비록 프로그램 원리나 서비스 생산 방식, 실행 전략, 이용자 역할의 규정 등과 같은 프로그램 기술 요소들에 대한 선택이 대개 상위 조직이나 외부 자금원의 규제에서 결정되는 부분이 크지만, 그럼에도 프로그램 디자인의 세세한 영역으로 들어가면 거의 무한한 프로그램 대안 선택들이 가능하다.

사회복지 프로그램에서는 이러한 세세한 영역의 기술적 차이가 실제로는 효과성에 더 크게 영향을 줄 수도 있다. 그러므로 프로그램 기획자와 관리자는 큰 틀의 기술뿐만 아니라, 세세한 측면의 기술들까지도 섬세하게 다룰 수 있어야 한다.

사회복지 프로그램의 기술 요소들을 적절히 파악해야 하는 또 다른 이유는 이들이 프로그램에 대한 비교 분석의 틀을 구성하기 때문이다. 이를 통해 유사하거나 이질적인 프로그램들이 제반 기술적 속성에 따라 비교 분석될 수 있다. 이러한 분석 결과들이 모여서 일반화된 사회복지 프로그램의 기술 진전이 이루어지게 된다.

제2부

사회복지 프로그램
개발과 평가 과정

제3장

사회복지 프로그램 기획

사회복지 프로그램을 개발, 평가하는 과정은 곧 '기획'이다. 사회복지 프로그램을 새롭게 만들거나, 기존 프로그램을 변화시키는 과정에서 계획적 활동으로서의 기획이 필요하다. 사회복지 프로그램의 기획자는 올바른 사회복지 가치와 함께 기획에서 요구되는 합리적 지식도 갖추어야 한다.

1. 기획이란

프로그램이란 '일정 기간 지속되는 의도된 기관 활동 혹은 서비스로서, 규정된 생산물이나 서비스를 생산하기 위해 자체적으로 정책과 목적, 목표, 예산을 가지는 것'으로 정의된다.[1] 모든 기관의 활동이나 서비스가 프로그램으로 규정되는 것은 아니다. 자체적으로 규정될 수 있는 실체(목적, 예산)를 가진 경우만을 프로그램이라 규정한다.[2]

---

1) Martin, L. (2009). 'Program planning and management'. In R. Patti (Ed.), *The Handbook of Human Services Management*. Thousand Oaks, CA : SAGE publications, pp. 339-350.
2) 최근에 사회복지 프로그램에 대한 책임성이나 수행성과 측정 등이 강조되면서, 프로그램의 실체적 단위에 대한 구분이 중요해지고 있다. 상게서, pp. 339-350.

기획(企劃, planning)이란 '문제를 해결하고, 미래에 예상되는 사건들에 대한 경로를 통제하려는 의식적인 시도'로서, 핵심적인 활동은 예견, 체계적 사고, 조사, 가치선호 등을 통해 대안 선택을 해 나가는 것이다. 프로그램을 기획한다는 것(program planning)은 '현재와 미래의 환경 변화에 대응하기 위한 것으로, 프로그램의 목적 설정, 수단의 선택, 실행, 평가에 이르는 제반 프로그램 과정의 합리적 의사결정과 활동들'을 포함한다.

사회복지 프로그램을 기획하는 경우에도 다음과 같은 기획의 공통적인 지향과 요건을 갖추어야 한다.[3]

미래 지향 현재의 상태나 조건을 변화시켜 미래의 변화를 지향한다.[4]

목적 지향 계획을 세우는 활동이므로 목적을 중요하게 다룬다.

수단과 목적의 정합성 합리성을 높이기 위해 목적과 수단 활동 간 정합성(整合性, 서로 들어맞음)을 중시한다.

의사결정 기획은 곧 의사결정의 집합이므로, 합리적인 대안 선택의 방법을 갖추어야 한다.

지속성 사회복지 프로그램의 기획은 일회성 사건이 아닌, 지속적인 프로그램의 발전 과정으로 간주된다.

1) 기획의 필요성: 합리성과 책임성

프로그램 기획은 '격동적인' 사회복지 환경에서 특별한 중요성을 갖는다. 사회복지

---

3) York, R. (1982). *Human Service Planning: Concepts, Tools, and Methods.* Chapel Hill, NC: The University of North Carolina Press.

4) 프로그램이 반드시 미래지향적이어야 하는지에 대한 논란이 있다. 현실지향적인 문제나 목적을 다루는 것처럼 여겨지는 프로그램들이 많이 있기 때문이다. 그럼에도, 모든 프로그램은 미래지향적일 수밖에 없다. 예견되는 미래의 현실을 변화시키려는 것이기 때문이다. 예를 들어, 중증요양보호가 필요한 노인의 케어에 관련된 프로그램을 기획하는 경우에도, 마치 그것이 현실지향적인 것처럼 여겨질 수 있지만, 실제로는 예측되는 미래의 상태(예: 케어를 받지 못함)를 변화시키려는 것이므로 분명히 미래지향적이다.

환경은 새로운 사회문제들이 끊임없이 발생하고 변화되는 곳이다. 여기에서 사회적 개입의 수단이 되는 사회복지 프로그램들을 적절히 디자인하고 실행, 평가해서 다시 새로운 문제와 변화에 대처해 나갈 수 있게 하는 기획의 역할은 매우 중요하다.

사회복지 프로그램의 기획이 갖는 대표적인 의의는 프로그램의 '합리성'을 높여 '책임성'을 증진시키는 것에 있다.

합리성 제고   합리성(rationality)이란 '목적에 대해 최적의 수단이 선택되었는지'를 뜻한다. 어떤 프로그램 활동(수단)이 합리적인지의 여부는 곧 그 활동이 프로그램의 목적 달성에 기여했는지의 여부로서 판단된다. 따라서 사회복지 프로그램의 합리성을 제고하려면, 의도적인 계획 과정으로서의 기획을 통해 프로그램 활동의 합목적성을 높이는 것이 필요하다. 합목적성은 체계적 논리와 경험적 근거로써 검증될 수 있어야 한다.

책임성 증진   사회복지 프로그램은 사회적으로 부여된 목적을 성취하는 활동을 한다. 책임성(accountability)이란 그러한 활동이 정당하게 이루어지고 있는지에 대한 것이다. 사회복지 프로그램이 책임성을 제시하려면, 프로그램 활동이 특정한 사회문제를 경감시키려는 목적을 성취했는지(효과성), 다른 대안들보다 자원을 더 경제적으로 사용했는지(효율성) 등에 대한 논리적 및 경험적 근거를 갖출 필요가 있다. 기획을 통한 합리성 제고가 이러한 근거들을 제공하며 책임성 증진을 가능하게 한다.

사회복지 프로그램의 기획에서 합리성이 부재하면 정당한 책임성의 구현도 어렵다. 합리적 근거를 갖추지 못한 프로그램은 외부로부터 무분별하게 강제되는 규제나 요구에 적절히 대응하기 어렵다. 프로그램 이론이나 개입기술의 정당성을 입증할 자체적인 논리와 경험적 증거가 없기 때문이다. 합리적 기획을 통한 사회복지 프로그램의 역량 강화가 곧 사회적 책임성을 증진시키는 길이다.

2) 기획의 사전 검토

사전(事前) 기획 검토는 프로그램 기획에 본격적으로 들어가기 전에 시행하는 초기 개념화의 작업이다.[5] 어떤 프로그램을 구상할 때, 이것이 구체적인 기획을 시도해 볼 가치가 있는 것인지를 판단해 보는 것이다. 이 과정은 명료한 틀이나 절차하에서 진행될 필요가 없다. 서비스 대상이 될 표적 인구 집단, 프로그램이 의도하는 바, 이를 위한 프로그램 내용 구성 등을 대략적으로 검토해 본다.

표적 집단 어떤 사람들이나 집단이 서비스의 대상이 될지를 검토한다. 예를 들어, 학대 위험에 처한 아이들에 대해 일시보호시설 프로그램을 구상하는 경우에, 구체적인 기획에 앞서 특정 지역(서비스 구역)에 거주하는 학대와 유기의 위험에 있는 아이들(위기 인구) 가운데, 일시보호가 필요한 대상을 표적 집단으로 고려해 보는 것이다. 이것은 개인이나 집단이 가지는 복잡한 문제나 이슈, 욕구들 가운데서 프로그램이 특정하려는 의도가 무엇인지를 분명히 해 준다. 표적 집단이 명확해질수록 효과적인 사회복지 프로그램을 디자인할 가능성이 더 커진다.[6]

프로그램 의도 프로그램이 성취하려는 바가 구체적으로 무엇인지를 검토한다. 예를 들어, 독거노인 재가서비스를 구상하는 경우, 서비스를 제공함으로써 표적 집단이 '독립적인 삶을 계속하게 하는 것'이 프로그램의 의도가 될 수 있다. 동일한 서비스라도 프로그램 의도를 '건강한 삶을 유지하는 것'에 둘 수도 있다. 비록 유사한 것처럼 여겨지지만, 이러한 의도(purpose)의 차이는 향후 서비스의 내용이나 방법과 같은 개입 전략의 구체적인 사항들을 결정하는 프로그래밍 단계에서 크게 작용한다.

프로그램 내용 프로그램의 개입전략을 어떤 내용으로 채울 것인지를 고려해 본다. 서비스 목적을 성취하는 데 어떤 과업 활동이 필요하게 될지를 가늠해 보는 것이다. 이를 위해서는 표적 집단에 대해 익숙한 사람들이나 전문가의 검토를 받거나, 잠재적 서비스 이용자들에게 직접 서베이 방식 등으로 물어볼 수도 있다. 이 과정에서 '지역민감성(place sensitive)' 정책이 중요하다.[7] 예를 들어, 바닷가 지역의 노인과 도시 아파트

---

5) Martin, 'Program planning and management', pp. 339-350.
6) Kettner, P., Moroney, R., & Martin, L. (2008). *Designing and Managing Program: An Effectiveness-Based Approach*. Thousand Oaks, CA: Sage Pub.
7) Martin, L. (2005). 'Performance based contracting: Does it work?', *Administration in Social Work, 29* (1), pp. 63-77.

지역의 노인 생활 여건은 분명히 다를 수밖에 없다. 그러므로 생활 여건을 감안한 프로그램 내용에 대한 고려가 필요하다.

사전 기획 검토는 프로그램 기획의 본격적인 과정 이전에 수행되는 것이다. 이것은 단지 기획을 위한 가능성 검토의 정도로 간주된다. 그러므로 그다지 많은 시간과 비용을 들일 필요까지는 없다. 만약 앞의 사안들에 대한 대략적인 검토를 통해 기획의 가능성이 있다고 판단되면, 본격적인 기획의 과정에 착수한다.

3) 프로그램 기획의 시작요건

본격적인 기획의 시작점은 과연 제안된 서비스가 쓸모 있을지 판단하는 것이다. 시장(market) 상황을 염두에 둔 프로그램 기획이라면, 이 판단은 단순히 프로그램이 생산할 서비스를 '구매할 사람(고객)들이 있을 것인지'의 질문에 답해 보는 것이다. 반면, 보조금이나 서비스구매계약(POSC)과 같은 비시장적 공공 환경에서는 프로그램의 쓸모는 '문제와 서비스 욕구가 얼마나 심각한지' '누가 그렇게 판단하는지' '자원제공자를 확보할 수 있을지' 등의 다차원적 질문들을 통해 판단된다.[8]

어떤 환경에서든 프로그램의 기획은 기획의 의도가 존재하는지 확인하는 것에서 시작한다. 기획의 의도는 프로그램이 필요한 대상자가 존재하는지, 그 대상자들이 과연 프로그램에 참여할 수 있을지에 대한 예측이다. 이는 주로 다음의 확인과 관련되어 있다.[9]

---

8) POSC(Purchase of Service Contract, 서비스구매계약) 제도는 사회서비스의 공급 방식 중 하나다. 사회서비스를 위한 재정자원을 확보한 곳에서 먼저 서비스 기획을 통해 공급되어야 할 서비스 내용과 대상을 결정해 두고, 이를 시행할 서비스 제공자들을 경쟁적 입찰 방식 등을 통해 찾아내서 그들로부터 서비스를 구매해서 대상자들에게 서비스가 제공될 수 있게 하는 방식이다. 보조금(grant) 방식은 재정자원을 가진 곳에서 서비스 제공자들에게 서비스 대상과 내용에 관한 비교적 폭넓은 재량권과 함께 재정자원을 이관해 주고, 이들 서비스 제공자가 사회서비스 기획의 주요 부분을 수행하는 방식이다. 이들을 '비시장적'이라고 하는 이유는 서비스 이용자가 서비스 제공자에게 직접서비스 비용을 지불하는 관계로 서비스의 수요와 공급이 이루어지지 않기 때문이다. 참고: 김영종, "한국 사회서비스 공급체계의 역사적 경로와 쟁점, 개선 방향".
9) Martin, 'Program planning and management', pp. 339-350.

- 프로그램을 통해 편익을 얻을 것으로 기대되는 사람의 수
- 프로그램에 참여할 것으로 기대되는 사람의 수

사회복지 분야에서 프로그램에 대한 욕구의 판단은 쉬운 일이 아니다. 사회복지의 대부분 활동은 무형의 불확정적 인간의 욕구를 다루기 때문이다. 그러한 인간 욕구를 근거로 기획된 프로그램이 어느 정도의 수요를 가질 것인지는 사전에 계량화되기 힘들다.

그럼에도 개별 프로그램을 기획하는 과정에서는 비록 추정의 수준에서라도 사전에 필요 측정을 시도하는 것이 반드시 필요하다. 서비스 수요의 추정은 불충족 욕구라는 개념에 기초해서 이루어진다.[10]

불충족 욕구의 크기(UN) = 전체 욕구 수(A) − 현재 충족되고 있는 욕구 수(B)

기획 프로그램의 총 서비스 수요는 전체 욕구 수(A)에서 다른 프로그램 등을 통해 이미 충족되고 있는 욕구 수(B)를 뺀 나머지, 즉 불충족되고 있는 욕구의 크기(UN)로서 추정될 수 있다.

일반적인 욕구 사정은 일반적으로 해당 지역의 전반적인 욕구 크기의 추정치(A)만을 제공한다. 프로그램 기획을 위한 욕구 사정에서는 여기에다 추가적인 정보가 필요한데, 기획 중인 서비스와 관련해서 대안 서비스 프로그램들이 어느 정도의 욕구를 충족시키고 있는지에 대한 추정치(B)도 산출되어야 한다. 프로그램이 대상으로 삼을 수 있는 욕구의 크기는 그래서 (A) − (B) = (UN)을 통해 추정해 낼 수 있다.

2. 프로그램 기획의 구체화 단계

프로그램 기획에 대한 제반 사전 검토와 수요 확인 등이 이루어지고, 프로그램의 실

---

10) Martin(2009), 전게서, pp. 339-350.

현가능성이 타진되었다면 프로그램은 구체적인 기획 단계로 들어갈 수 있다.

넓은 의미에서 프로그램 기획은 프로그램 계획을 만드는 과정에 국한되지 않고, 실행과 평가까지를 포괄해야 한다. 그 이유는 프로그램 기획의 '지속성' 특징 때문이다.[11] 대부분의 사회복지 프로그램들은 프로그램을 만들어 실행하고 평가를 거치고 나서 프로그램이 종료되는 것이 아니라, 피드백 과정을 거쳐 다시 다음 사이클의 기획으로 계속해서 연결된다. [그림 3-1]이 이를 나타낸다.

[그림 3-1]에서 기획의 제반 과정은 현재의 시점에서 하나의 사이클에 그치는 것처럼 보이지만, 피드백을 거쳐 새로운 문제 확인으로 이어지는 과정에서 지속적으로 수행되는 성격을 가진다. 대부분의 인간 및 사회 문제들은 고착되지 않고 스스로 혹은 프

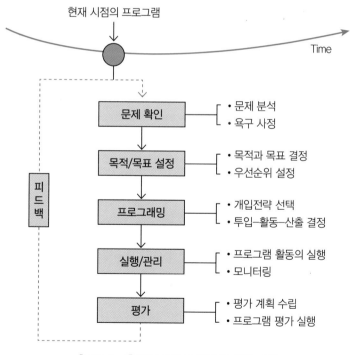

[그림 3-1] **프로그램 기획의 단계별 과업**

---

11) York, *Human Service Planning*, p. 27.

로그램의 영향으로 인해 변화되어 간다. 프로그램의 입장에서도 스스로 혹은 대상 문제의 변화에 따라 새롭게 전화(轉化)되어 가야 할 필요가 있다.

[그림 3-1]에는 기획 과정의 단계별 과업이 제시되어 있다. 이들은 비록 순차적으로 진행되는 것처럼 보이지만, 현실적으로 각 단계의 과업에 대한 기획은 상호 고려를 필요로 한다. 예를 들어, [목적/목표 설정] 단계에서 어떤 성과 목표를 결정할 것인지는 이 목표에 대해 [프로그래밍] 단계에서 가능한 개입전략이나 자원 확보의 가능성이 있을지 등을 고려하는 것과 직접 연결되어 있다.

1) 문제 확인

프로그램 기획 과정의 첫 번째 단계이다. 프로그램이 지향해야 될 사회적 조건의 변화(예: 실업률의 감소, 아동학대의 예방, 비행 방지 등)가 무엇인지를 찾아내는 것이다. '왜' 그것이 중요한 문제이며, '어떤 근거'에서 그렇다는 것인지를 설명한다. 문제 확인을 위해서는 사회문제의 분석과 욕구 사정이 시도된다.

2) 목적/목표 설정

앞선 단계에서 확인된 사회문제에 대해 '무엇을 추구할지'를 규정한다. 이는 목적과 목표를 규정하는 것이다. 목적(goal)은 프로그램이 성취하려는 바를 나타내고, 목표(objective)는 목적 성취와 관련된 결과의 구체적인 모습을 제시하는 것이다.

예를 들어, 여러 조사와 근거를 통해 특정 지역사회의 아동학대가 심각한 사회문제의 수준으로, 사회적 개입이 필요하다는 [문제 확인]이 이루어졌다 하자. 그리고 이 단계에서 검토되었던 여러 대안 목적 중 '지역사회 아동학대의 예방'이 프로그램의 목적으로 선택되었다면, 목표는 '지역사회 내 아동학대가 발생한 50가구에서 2023년 1월 1일부터 2023년 12월 31일까지의 아동학대 건수가 0이 된다' 등으로 할 수 있다.

3) 프로그래밍

[문제 확인]을 거쳐서 [목적/목표 설정]이 이루어지면 그에 따라 구체적인 프로그램 계획이 이루어지는데, 이를 프로그래밍(programming)이라 한다. 좁은 의미의 프로그램으로서 [투입-활동-산출]에 대한 결정이 이 단계에서 이루어진다. 무엇을 투입해서, 어떤 활동을 하고, 그 결과 어떤 생산 결과가 나타날지를 묘사하는 것이다.

프로그래밍의 선택에서도 폭넓은 대안들을 확보해 놓고, 그 안에서 최적의 대안을 찾는 의사결정이 필요하다. 이러한 과정을 효과적으로 수행하는 데 도움이 되는 프로그램 기획의 기법으로 논리모델(logic model)이 있다. 이 모델에서는 프로그래밍 단계의 검토를 [산출 → 활동→ 투입]의 순서로 할 것을 권장한다.[12]

산출 프로그램의 생산물(product)을 규정하는 것이다. 생산물은 뚜렷이 측정될 수 있어야 한다. 생산물은 클라이언트에 대한 성취의 기준으로 언급되는 것이 이상적이지만(예: 취업한 사람의 수), 서비스의 단위로 규정되는 경우들도 흔히 있다(예: 취업훈련의 시간 수). 때로는 단지 서비스를 받은 사람의 수나 서비스 발생(episode) 건수로서 확인되기도 한다(예: 아동학대 조사의 건수). 프로그램 생산물의 크기가 확인되면 그에 따른 프로그램 노력(활동)의 수준이 어느 정도 필요한지가 파악될 수 있고, 또한 프로그램 결과를 평가하기 위한 표적으로도 산출에 대한 규정은 중요하다.

활동 노력 부분에 해당된다. 산출을 효과적/효율적으로 얻기 위해서는 어떤 활동(activity)을 수행하는 것이 가장 적합할지를 고려하는 것이다. 동일한 산출의 크기를 위해서도 다양한 대안이 가능하다. 예를 들어, '방과 후 방임아동 10명에 대해 1년간 돌봄서비스 제공' 산출을 위해서도, 복지관 시설을 활용하는 방법, 지역아동센터를 활용하는 방법, 부모 참여하의 공동체지원 아동돌봄 방법, 자원봉사자 가정 파견 방법 등의 무수한 대안이 검토될 수 있다. 이들 가운데서 최적의 활동 방법(혹은 프로그램)을 찾아

---

12) 논리모델을 통해 프로그래밍 단계를 수행하는 방법에 대해서는 이 책의 '11장 논리모델과 성과측정'에서 상세히 제시한다.

내는 것이 프로그래밍의 핵심 과업이다.

투입 프로그래밍에서는 프로그램에 '어떤 자원'이 투입되어야 할지의 결정도 필요하다. 규정된 생산물과 활동에는 어떤 유형의 자원이 요구되는지, 그리고 얼마만큼 할당할지를 결정하는 것이 포함된다. 다른 지역사회 자원들이 욕구를 얼마나 충족시키고 있는지를 확인하고, 공백이 발생하는 부분에 대해 기관의 자원을 프로그램에 어떻게 투입할지를 고려한다.

4) 실행과 관리

프로그램 계획은 실행되고, 평가되어야 한다. 실행은 프로그램 목표들이 확실하게 실현되도록 하는 기능이다. 실행과 기획은 얽혀 있어서 기획의 결과가 실행으로 나타나고, 실행은 다시 기획을 위한 근거가 된다. 실행의 경험은 평가 과정을 통해 적절성이 판단되어 기획의 과정으로 다시 반영된다.

프로그램의 실행 단계에서도 계획이 필요하다. 즉, 계획의 실행을 위해서도 계획이 있어야 한다. 프로그램의 목표와 방법, 서비스가 확인되고 나면 실행계획을 세운다. 각 서비스 혹은 방법을 성취하기 위해서는 조직화된 일련의 실행 활동들이 필요하다. 실행 절차들은 명확히 계획되어야 하고, 프로그램 실행에 관여하는 각 업무자에게 분명한 책임을 부과하는 것도 필요하다.

실행계획에 포함될 사항들은 보통 다음과 같다.

- 내용 및 주요 활동: 프로그래밍 단계에서 선택된 방법을 실행하는 데 필요한 주요 활동들은 무엇인가?
- 책임자 및 책임 소재: 각 활동을 수행하는 데 있어서 누가 책임을 지는가?
- 시간 및 활동 기한: 주요 활동에 대한 시작과 종료 시점은 언제인가?
- 자원: 각 활동의 수행에 필요한 기초 자원은 어떤 것들인가?

실행계획은 예기치 못한 상황에 대비하기 위해 어느 정도 유연해야 한다. 그럼에도 책임과 기한 등을 사전에 명확히 규정해 두는 것은 합리적 기획의 관점에서 반드시 필요하다. 실행계획과 관련해서 사용할 수 있는 합리적 도구로는 간트(Gantt)나 퍼트(PERT) 도표와 같은 일정표(time-line), 업무자 개인별로 책임 과업을 명시하는 책임도표 등이 주로 쓰인다.[13]

5) 평가

평가(evaluation)는 목표가 얼마나 잘 성취되었는지를 결정하게 하고, 성공과 실패에 대한 이유를 확인시켜 준다. 평가의 결과는 프로그램의 방법이나 목표를 재규정하는 데 사용되고, 추가적인 조사연구가 필요한 부분을 찾아 준다.

프로그램 평가는 주로 '무엇이 성취되었으며, 이를 위해 얼마의 비용이 들었나?'에 답하는 것이다. 그래서 평가를 위한 조사연구는 주로 프로그램 결과에 대한 효과성이나 효율성 측면에 초점을 맞춘다.

평가 계획의 개발   기획된 프로그램은 적절히 평가될 수 있어야 한다. 이를 위해 서비스의 성공 여부를 어떻게 평가할지에 대한 계획이 필요하다. 이른바 '평가가능성 사정'은 프로그램이 '평가에 필요한 요소들을 갖추고 있는지'를 확인하는 것이다. 평가가능성 사정(evaluability assessment)의 주된 과업은 '프로그램 목표들이 제대로 된 평가가 가능하도록 개념화, 조작화되어 있는지'를 판단하는 것이다.[14] 프로그램에 대한 체계적 평가가 가능하기 위해서는 클라이언트 특성, 성과, 서비스 과정 등과 같은 관련 정보들에 대한 체계적인 관리시스템이 적절히 갖추어져야 한다.

사회복지 프로그램에서 기획의 전 과정을 평가 가능하게 만드는 것은 매우 중요하다. 평가는 프로그램이 불명확한 목적을 채택하는 것을 줄이게 한다. 다양한 이해집단

---

13) 더 자세한 내용은 〈김영종(2010). **사회복지행정**(3판). 서울: 학지사, pp. 331-374.〉를 참고.
14) Gabor, P., & Grinnell, R. (1994). *Evaluation and Quality Improvement in the Human Services*. Boston: Allyn & Bacon, p. 22.

의 기대에 효과적으로 대처할 수 있게도 한다. 특히 평가는 바람직한 생산물의 성격과 크기를 명확히 규정하도록 요구함으로써 프로그램 활동의 합리성과 책임성을 증진시키는 데 기여한다.

3. 프로그램 기획자의 자세와 역할

기획은 합리성에 입각해서 새로운 대안들을 찾는 과정이다. 기존의 익숙한 방법에 안주하는 점증주의에서 벗어나기 위한 노력이다. 그러므로 프로그램 기획자는 합리성을 보장하는 다양한 경험과 체계적인 지식을 최대한 활용할 수 있어야 한다. 이 같은 기획의 일반적인 특성과 함께, 휴먼서비스의 특수한 환경을 고려하더라도 사회복지 프로그램 기획자는 다음의 자세를 갖추는 것이 중요하다.

참여적 가치 관점   프로그램 기획의 제반 과정에서 다양한 이해관계자의 참여를 최대한 이끌어 낸다.

브레인스토밍(brainstorming)   프로그램 실행 인력들의 지식과 경험들에서부터 아이디어와 정보를 자유롭게 도출해 낸다.

프로파일링(profiling)과 수범 사례(best practice)   성공적인 사회복지 프로그램들에 대한 프로파일링을 통해 수범 사례를 찾아본다.[15]

합리적 도구 활용   논리모델(logic model) 등과 같은 합리적 기획 도구를 활용해서 프로그램 요소들을 체계적으로 디자인한다.

프로그램 기획은 현실이다. 이상과 합리성을 추구하지만, 현실적 가능성과 다양한

---

15) 프로파일링이란 알려진 특질들에 근거해서 어떤 것에 관한 정보를 추정하는 것으로, 휴먼서비스 프로그램들에 대한 다양한 자료를 근거로 실천을 유형화해 보는 노력에 쓰일 수 있다. '수범 사례' 찾기는 영리부문에서 품질경영 혁신 운동(quality movement) 등의 일환으로 보편적으로 행해지는 전략이다. 휴먼서비스에서는 전문가 모임이나 전문 소식지와 논문, 정부 보고서, 학술지 등에서 찾아볼 수 있다.

제약 속에서 행해지는 과정이다. 그러한 제약과 가능성들은 서로 간에 상충되거나 모순되는 경향조차도 내포할 수 있다. 따라서 프로그램 기획자와 관리자는 그 안에서 균형 있는 선택을 추구하는 것이 중요하다.

구체적인 프로그램 기획에 들어가기 전에 기획자는 다음과 같은 현실적인 문제를 먼저 검토해 보는 것도 필요하다.[16]

- 기관 적합성: 이 서비스는 기관의 사명이나 전략, 목적 우선순위에 들어맞는가?
- 모형 적합성: 이 서비스 모형의 성공에 대한 증거가 제시되어 있는가?
- 자원 가용성: 서비스 공급을 위해 적절한 가용 혹은 잠재적 자원들이 있는가?
- 서비스 수용성: 서비스는 지역사회 구성원이나 소비자들에 의해 받아들여질 수 있는가?
- 제공자 가용성: 서비스가 서비스 제공자들이 전달할 수 있는 것인가?
- 정책 순응성: 서비스가 기관이나 프로그램의 정책적 제한 틀을 충족하는가?
- 비용 효과성: 서비스의 잠재적 급부가 추정된 비용을 초과하는가?
- 효과성 측정의 가능성: 서비스 효과성이 측정될 수 있겠는가?
- 실행가능성: 실행계획이 개발될 수 있겠는가?
- 위험가능성: 서비스 실행에서 심각한 위험이 포함되어 있겠는가?

이러한 사안들에 답해 보는 과정에서, 사회복지 프로그램의 기획자는 프로그램이 현실적으로 실행되는 환경의 제약을 넘어설 수 있을 것인지를 파악할 수 있다. 이러한 질문들에서 긍정적으로 확인되면, 프로그램 기획자는 실행력과 추진력을 담보할 수 있다.

---

16) Lewis, J., Lewis, M., Packard, T., & Souflee, F. Jr., (2001). *Management of Human Service Programs* (3rd ed.). Belmont, CA: Brooks/Cole, pp. 60-61.

제4장

문제 분석과 욕구 사정

프로그램 기획은 문제 확인에서 시작한다. 문제 확인이란 문제를 찾아내어 규정한다는 뜻이다. 어떤 문제를 프로그램의 대상으로 할지를 결정하는 것인데, 프로그램의 목적은 이를 변화시키는 것이 된다. 허술한 문제 확인은 프로그램 기획의 합리성을 떨어트린다. 부적절한 프로그램 개입 활동과 대상자 선정의 오류 등을 야기해서 사회복지 프로그램의 책임성을 취약하게 만든다.[1] 따라서 사회복지 프로그램 기획에서는 일차적으로 문제 확인을 명확하게 하는 것이 무엇보다 중요하다. 문제 확인을 위해서는 문제 분석과 욕구 사정이 필요하다. 문제 분석은 '무엇이 문제인지를 사회적으로 규정하는 것'이고, 욕구 사정은 그러한 문제를 개인들이 '어떤 기준에서 얼마만큼 가지고 있는지'를 파악하는 것이다.

---

1) Rapp, C., & Poertner, J. (1992). *Social Administration: A Client-Centered Approach*. New York: Longman Publishing Group, p. 39.

1. 문제 분석

문제 분석은 무엇이 문제인지를 규정하는 과정이다. 사회복지 프로그램들이 다루는 문제는 일차적으로 사회적인 것들이다. 순수하게 개인적인 문제라면, 비록 그것이 아무리 고통스러운 문제일지라도, 사회적으로 해결책을 모색하려는 사회복지 프로그램의 대상이 되기는 어렵다.

1) 사회문제의 규정

사회문제는 사회적으로 규정된 문제다. 스스로 사회문제인 것은 없다. 블루머(H. Blumer)는 사회문제를 "사회의 내재적 기능 오류에 따른 결과가 아니라, 어떤 상태를 사회문제로 규정해 가는 과정(defining process)에 의한 결과로 나타나는 것"이라고 한다.[2] 단순히 어떤 비정상적인 상황들이 있기 때문에 사회문제로 규정되는 것이 아니라, 사회적 확인 과정을 거쳐서야 비로소 사회문제로서 인식된다는 것이다.

사회문제란 사람들이나 그들이 처한 환경의 조건이 일련의 사회적 과정을 통해 바람직하지 않은 것으로 규정된 것이다. 열악한 건강 상태, 실업, 저소득, 신체 학대 등과 같이 사회문제로 규정되는 '바람직하지 않은 조건'들은 사람들 자신의 존재나 혹은 성격에 바람직하지 않은 변화를 만들어 내는 것으로 규정된 것들이다.

서비스란 그러한 조건을 변화시켜 사회문제를 해결하기 위한 방안이다. 프로그램이란 그러한 서비스의 목적과 활동 내용, 절차를 담는 것이다. 조건과 서비스는 뚜렷이 구분되어야 한다. 서비스 혹은 서비스 프로그램의 부재가 곧 사회문제가 되는 것은 아니다.

실업이라는 바람직하지 않은 조건의 사회문제에 대해서는 취업훈련 서비스가 잠재적인 해결

---

2) Blumer, H. (1971). 'Social problems collective behavior'. *Social Problems, 18,* pp. 298-306.

방안이 될 수 있다. 부적절한 건강 상태의 사회문제는 다양한 형태의 의료보호 제공 서비스가 잠재적인 해결 방안이 될 수 있다. 그런데 이러한 서비스들이 부재하다는 것이 사회문제 자체가 될 수는 없다. 그것은 단지 그러한 형태의 잠재적 해결 방안들이 결여되어 있다는 문제일 뿐이다.

어떤 조건이 사회문제로 규정되기 위해서는 최소한 공공의 의견 합치가 필요하다. 한 사람의 눈에 문제로 보이는 것이 다른 사람의 눈에는 그렇게 보이지 않을 수도 있다. 마찬가지로, 한 사회의 한 시점에서 문제로 규정되는 것은 다른 사회의 다른 시점에서는 문제로서 규정하지 않을 수도 있다.

따라서 어떤 조건이 사회문제로 인정받으려면 다음을 충족해야 한다.[3]

· 상당히 많은 수의 사람에 의해 바람직하지 않은 것으로 인식되어야 한다.
· 바람직한 대안적 해결 방안을 가진 것으로 인식되어야 한다.
· 기존 상황을 바꾸려는 동기 유발이 가능할 정도로 중요하게 여겨져야 한다.

사회적으로 사회문제가 규정되는 맥락은 다양하게 존재한다. 사회복지 프로그램을 기획하는 것도 그러한 맥락의 하나다. 개인들이나 지역사회의 욕구를 조사해서 이에 대한 사회적 지원을 요청하는 것은 곧 사회문제를 확인하는 역할을 수행하는 것과 같다.

2) 문제 분석의 요소

사회복지 프로그램에서의 문제 분석은 궁극적으로 사회적 개입이 필요한 부분을 확인하는 작업이다. 이를 통해 프로그램의 목적 설정이나 개입 활동, 평가 등과 같은 전반적인 프로그램 과정에 대한 기획이 가능해진다. 문제 분석은 프로그램 기획의 출발점이자 전제다.

---

3) Tallman, I., & McGree, R. (1971). 'Definition of a social problem'. In E. Smigel (Ed.), *Handbook on the Study of Social Problems*. Chicago: Rand McNally, p. 41.

사회복지 프로그램의 기획을 전제로 하는 사회문제의 분석을 위해서는 다음 질문들이 기본적으로 필요하다. 이들은 문제 분석의 기본적인 요소를 구성한다.[4]

사람들에게 바람직하지 않은 것으로 간주되는 상황이나 조건들은 무엇인가?   예) 빈곤이나 실업, 사회적 배제 등으로 확인될 수 있고, 이를 명확히 개념 정의한다.

누가 문제로부터 고통을 받는가?   위기 대상을 구체적으로 명시하는 것이다. 예) 아동 유기 문제의 경우 고통을 받는 것은 아동만이 아니라, 저소득 맞벌이 가정 등과 같이 아동이 소속된 집단을 고통받는 위기 대상으로 간주한다.

당사자는 그것을 문제로 규정하는가?   예) 아동학대의 문제가 나타난다고 판단되는 아동과 부모 당사자들의 경우에 이를 스스로 인정하는지를 확인한다.

누가 문제 해결에 반대하는가?   변화에 대한 잠재적인 저항력을 판단하는 것이다. 예) 아동 방임에 대한 개입 시도에 부모들이 회피하거나 저항할 것인지를 확인한다.

무엇이 문제의 원인인가?   가능한 해결 방안이 무엇인지를 확인하려는 것이다. 예) 정신질환의 원인을 사회 환경 혹은 생물학적 요인 중 어디를 더 강조하는지에 따라 치료방법의 대안 접근과 투입되는 전문직의 성격도 달라진다.

어떤 프로그램들이 현재 이 문제를 다루고 있는가?   이 문제에 대한 기존의 해결 방안들을 분석해 봄으로써, 상대적인 강·약점을 파악해 본다.

이러한 프로그램을 중단하면 어떤 결과가 초래될 것인가?[5]   기존 프로그램의 퇴출로 인한 효과를 파악하면 새로운 프로그램 대안에 대한 비교 평가의 자료로 쓰일 수 있다.

얼마만큼의 사회문제를 해결(변화)하려고 하는가?   '어떤' 측면의 문제가 '얼마나 많이' 변화되어야 할지, 즉 표적과 변화량을 결정하는 것이다. 예) 지역사회의 청년 실업의 문제를 100% 없애자는 것인지, 아니면 50% 감축하자는 것인지 등으로 제시한다.

---

4) York, Human Service Planning, pp. 53-56.
5) 이 질문은 미국에서 1970년대에 '일몰법'의 형태로 나타났던 것이다. 일몰법(sunset act)이란 기존의 입법들은 다시 제정되지 않는 한 자동적으로 폐기되는 것을 원칙으로 한다는 것이다. 이는 특별히 입법하지 않는 한 기존의 입법을 지속한다는 것과 반대되는 것이다. 미국에서는 휴먼서비스 프로그램과 관련해서도 이 영향으로 1980년대에 각 주정부들마다 휴먼서비스 일몰(sunset) 위원회를 운영했다.

문제 해결을 둘러싼 이해집단의 관계는 어떠한가?   욕구와 자원 간의 격차를 좁히는 데 찬성하거나 반대하는 세력은 누구인지를 묻는 것이다. 이 질문에 대한 답은 앞서 질문들의 답에서 도출될 수 있다.

이 질문들은 특정한 조건이나 현상이 어떤 사회적 맥락을 통해 사회적으로 해결되어야 할 필요가 있는 문제로 규정되는지를 보여 준다. 이러한 요소들에 대한 분석을 통해 사회문제가 규정되고 나면, 그 문제와 관련된 구체적인 욕구의 성격과 규모를 밝히는 작업이 욕구 사정에서 수행된다.

2. 욕구 사정

욕구 사정(needs assessment)은 한정된 지역 안에서 사람들의 욕구 수준을 확인해 내고, 이를 수량화하는 방법이다.[6] 사회복지 프로그램이 효과적으로 기획, 실행, 평가되기 위해서는 서비스 욕구에 대한 체계적인 분석이 수행되고 이에 근거해야 한다.

사람들이나 사회가 가지는 욕구란 무엇인지를 규정하는 작업에는 다양한 시각과 관점이 개입될 수 있다. 사회문제에 대한 규정과 마찬가지로, 욕구의 개념 역시 이를 규정하고 선을 긋는 작업이 과학적이고 객관적인 사실들만으로 이루어지지는 않는다. 그러므로 욕구 사정을 적절히 이해하려면 먼저 욕구의 개념화 과정을 명확히 이해하고 정치경제학적 관점에서 욕구 사정을 파악할 수 있는 지식이 필요하다.

1) 욕구의 개념

욕구 사정을 이해하려면 먼저 욕구의 개념을 명확히 해야 한다. 욕구라는 용어는

---

6) Gates, B. (1980). *Social Program Administration: The Implementation of Social Policy*. Englewood Cliffs, NJ: Prentice-Hall, p. 101.

"어떤 구체적인 서비스에 대해 사람들이 갖는 잠재적이면서 내재적인 필요성"을 의미하는 것이다.[7] 이러한 욕구는 개인적이 아닌 사회적 차원에서 규정되는 사회적인 욕구를 말한다.

사회복지 프로그램이 대상으로 하는 욕구란 개인이나 집단이 사회인으로서 기능하는 데 필요한 경제적·사회적·심리적·신체적 욕구를 말하는 것이다. 욕구(needs)와 원함(wants)은 뚜렷이 구분되어야 한다. 이 경우에 욕구란 '필요로 하는 것'을 뜻하는데, 누구로부터 규정되는지가 관건이다.

> 어린아이는 밖에 나가 놀기를 원하지만, 엄마는 글자를 배워야 할 필요가 있다고 판단한다. 앞은 아이의 '원함'이고, 뒤는 엄마에 의해 규정되는 아이의 '욕구'가 된다. 원함과 욕구가 일치할 수도 있다. 배가 고파서 먹기를 원하고, 엄마가 먹여야 할 필요를 인정하는 경우다.

무엇을 욕구라고 해야 하고, 누가 어떻게 이를 규정하는지에 대해서는 다양한 견해가 있다. 그래서 욕구를 규정하는 과정은 정치경제적 의사결정의 과정으로 보게 된다.

2) 욕구의 유형

욕구 규정에는 다양한 관점이 동원될 수 있는데, 이는 어떤 '기준'을 적용하는지에 의해 구분된다. 브래드쇼(J. Bradshaw)는 사회적 욕구가 규정되는 유형을 네 가지 기준에 의거해서 분류하는데,[8] 〈표 4-1〉과 같다.

---

7) York, *Human Service Planning*, pp. 56-57.
8) Bradshaw, J. (1972). 'The concept of social need'. *New Society, 19*, pp. 640-643.

〈표 4-1〉 **브래드쇼의 사회적 욕구 유형**

욕구의 유형	기준	규정의 주체
규범적 욕구(normative needs)	전문적 표준	전문가
느껴진 욕구(felt needs)	대상자의 의식	대상자
표현된 욕구(expressed needs)	대상자의 행동	대상자
비교적 욕구(comparative needs)	외부 비교집단	일반 사회

규범적 욕구　전문가의 표준(standards)을 판단의 기준으로 한다. 예를 들어, 어린이 영양 표준이 의학적으로 제시되고, 이에 미치지 못하는 어린이의 상태를 욕구가 있는 경우로 규정한다. 규범적 욕구는 수량화하기가 쉬워서, 표적을 구체적으로 제시할 수 있다는 장점이 있다. 단점은 욕구의 표준을 획일화시켜 사람마다의 개별성을 인정하기 어렵게 하고, 시간의 흐름에 따른 변화를 탄력적으로 수용하기 어렵게 한다는 것이다.

느껴진 욕구　사람들이 스스로 욕구라고 느끼는 것을 기준으로 한다. 주로 서베이 조사 등을 통해 사람들은 자신이 무엇을 '원하는지'를 제시하고, 이를 기준으로 이들이 '필요로 하는 것'을 판단한다. 이는 욕구의 주체로부터 욕구 사정의 단초를 끌어낸다는 점에서 이용자 혹은 클라이언트 중심적 접근에 가까워질 수 있다는 것이 장점이다. 단점은 정치경제적 약자에 대한 욕구 사정이 느껴진 욕구를 중심으로 이루어지기 어렵다는 것이다.

표현된 욕구　대상자의 행동에 기준한다. 사람들이 실제로 요구하는 바를 행동으로 드러내 보일 때 그 행동으로 판단한다. 이는 느껴진 욕구와 다르다. '서비스를 받고 싶다'와 '받기 위해 찾아갔다'는 엄연히 다른 것이다. 표현된 욕구는 사회복지 프로그램 욕구 사정에서 가장 통상적으로 사용되는 것이다. 예를 들어, 어떤 장애인 서비스에 대한 지역사회의 욕구 정도를 파악하려면 해당 서비스 기관들의 등록자와 대기자 명단을 확인해 보는 것이다.

비교적 욕구　다른 대상들과의 비교에서 기준을 찾는다. 이는 각기 다른 인구 집단에 존재하는 서비스들의 수준 차이를 설명하는 데 적절하다. 어떤 집단에서의 서비스 이용(제공) 수준이 다른 집단에 비해 뒤떨어지는 것으로 나타날 경우, 이 집단은 그만큼의 서비스가 필요하다고 판단된다.

각 욕구 유형은 욕구를 규정하는 주체에서 차이가 난다. 규범적·비교적 욕구는 전문가나 일반 사회가 규정하고, 표현된 욕구는 클라이언트가 욕구 규정의 주체가 된다. 어떤 조건에 대해 모든 욕구 규정이 일치한다는 것은 전문가와 클라이언트, 일반 사회 모두가 욕구 사정에 합의한다는 것과 같다. 이런 문제 조건에 대해서는 사회복지 프로그램이 개입의 정당성을 주장하는 데 아무런 문제가 없다. 문제는 주체들 간에 욕구 규정이 일치하지 않는 경우다.

아동학대의 경우에 자신의 자녀를 체벌하는 부모나 체벌을 받는 아동이 변화의 욕구(필요)로 느끼거나 표현하지 않을 수 있다. 그럼에도, 일반 사회의 규범적인 기준에서, 혹은 외국 사회 등과의 비교 기준에서는 그것을 욕구(문제)라고 규정할 수 있다. 특히 '가끔 종아리 몇 대 때리는' 등의 체벌 수위를 두고서는 규정 기준들 간 대립이 더욱 복잡한 양상으로 나타날 수 있다. 이 경우에 누구에 의한 규정이 우선되어야 하는지의 문제가 나타난다.

사회적으로 욕구가 규정되는 과정은 결국 정치경제적 관점으로 이해될 수밖에 없다. 욕구의 규정에서 누가 어느 만큼의 정치적 파워와 경제적 자원을 보유하고 있는지가 중요한 결정 요인이 된다는 점을 인정하는 것이다. 사회문제의 규정에서도 그렇지만, 욕구의 규정에 있어서도 순수한 합리성만으로 그것을 이해하는 데는 한계가 있다.

〈표 4-2〉는 욕구가 규정되는 상황과 그에 대한 설명을 제시한 것이다. 사회적으로 제공되는 휴먼서비스의 경우에 상황[1]은 사회적으로 욕구 규정에 아무런 문제가 없는 조건이고, 상황[9]가 현실적으로 욕구 규정이 가장 어려운 조건에 해당한다.

⟨표 4-2⟩ **사회적 욕구 규정의 상황**

상황	욕구의 유형				설 명
	규범적	느껴진	표현된	비교적	
1	○	○	○	○	전문가와 클라이언트 모두가 욕구로 지정/ 논란의 여지가 없음/ 해결 가능성 높음 (예: 절대빈곤)
2	○	○	×	○	욕구가 표현 안 됨/ 서비스에 대한 접근성 문제의 가능성이 큼 (예: AIDS)
3	○	○	×	×	서비스 공급의 부족으로 인한 가능성이 큼 (예: 우울증 치료)
4	×	○	○	○	욕구가 표현됨/ 서비스가 존재함/ 전문가들은 필수 문제로 보지 않음 (예: 성형 수술)
5	○	○	○	×	모두가 욕구로 지정/ 전체적으로 서비스가 부족/ 새로운 서비스 수립에 최적 조건 (예: 노인 요양)
6	○	×	×	○	전문가 욕구 지정/ 서비스 제공/ 대상자들은 욕구로 지정하지 않음/ 서비스 실행에 가장 어려운 경우 (예: 청소년 비행)
7	○	×	×	×	예방적 개입 프로그램의 경우 (예: 아동학대, 가정 폭력)
8	×	×	×	○	대상자 욕구 미지정에도 서비스 제공/ 수급자보다는 공급자의 입장 고려 (예: 자선 행사)
9	×	○	×	×	이는 욕구라기보다 '원함(want)'에 가까움

참고: York, R. (1982). *Human Service Planning: Concepts, Tools and Methods*. Chapel Hill, NC: The University of North Carolina Press, p. 60.

3) 욕구 사정의 정치경제학

심리학·사회학적 관점들은 인간 욕구의 보편적 구조를 이해하거나 후천적 결정 요인들을 파악할 수 있게 한다. 그럼에도, 특정한 상황에서 구체적으로 어떤 상태가 욕구로 규정되는가에 대한 답은 제시하기 힘들다. 정치경제학 관점은 특정한 상황에서 욕구가 규정되는 구체적인 과정과 그 안에서 이루어지는 작용들을 적절히 설명해 줄 수 있다.

정치경제학 관점   욕구 사정을 포함한 사회복지 프로그램이나 조직들의 제반 측면을 이해하는 데 매우 유용하다. 정치경제학(political economy)이란 원래 국가사회적 차원에서 이루어지는 정치와 경제적 과정들 간의 상호작용과 같은 거시적 사회 과정을 설명하는 것이었다. 최근에는 정치경제학 관점이 지역사회나 조직의 차원에까지도 적용되면서, 정치적 영향력과 경제적 자원들이 지역사회나 조직들에 조달/할당되는 과정과 영향 등을 설명하는 데 유효하게 사용되고 있다.[9]

정치경제학 관점에서는 욕구를 '배분'의 개념으로 해석한다.[10] 한정된 사회적 자원을 사회구성원들에게 배분하는 데 있어서, 인간 욕구를 근거 기준으로 간주한다. 욕구는 자연적이기도 하고, 만들어지기도 한다. 욕구란 개인과 전체 사이에 존재하는 일련의 상호적인 기대의 산물이다. 개인이나 집단이 어떤 상태에서 결핍이나 박탈을 느낀다고 해서, 그것이 사회가 욕구를 인정하는 데 필요로 하는 단일한 기준이 되지는 않는다.

> 어떤 사람이 자기가 남들에 비해 못산다고 느낀다고 해서 사회가 반드시 그것을 욕구로 인정해 주지는 않는다. 비록 주위 사람들이 인정해 주더라도, 욕구 충족을 위해 필요한 자원을 배분받는 것과 반드시 연결되지는 않는다.

욕구에 대한 확인과 인정은 사회의 정치경제적 과정을 통해 자원할당에 대한 합리적이고 합법적인 근거가 마련되는 과정을 거쳐서야 비로소 가능할 수 있다.[11] 이런 점에서 정치경제학 관점의 욕구 규정은 '개인이나 집단이 갖는 결핍이나 박탈이 사회의 정치경제적 역학 관계를 통해서 사회적으로 인정되고, 배분이 허용되는 상태'를 뜻한다.

욕구를 배분의 개념으로 보면, 욕구는 두 가지 차원으로 구성된다. 욕구 사정은 '누가' '무엇'을 필요로 하는가를 결정하는 것이다. '누가'는 욕구의 주체, '무엇'은 욕구의

---

9) Austin, D. (1988). *The Political Economy of Human Services Programs*. Greenwich. CT: JAI Press, pp. 10-14.
10) Gates, *Social Program Administration*, p. 110.
11) 상게서, pp. 109-111.

객체 개념에 해당된다.

　　욕구의 주체　　빈민, 장애인, 아동, 노인 등과 같은 사회적 약자, 문제나 욕구를 가진 특정 지역이나 집단

　　욕구의 객체　　의식주, 취업, 의료, 재활, 보육, 케어 등과 같은 재화나 서비스들에 대한 구체적인 소비 욕구

　　이러한 두 가지 차원의 욕구 개념들 간 관계는 통상적으로 욕구의 주체가 객체를 결정하는 것으로 생각되기 쉽다. 욕구를 가진 개인이나 집단이 자신들에게 어떤 재화나 서비스가 필요한지를 결정하는 것이 당연한 것처럼 여겨질 수도 있다. 그러나 실제로는 욕구의 객체가 욕구의 상황을 규정하거나, 욕구를 창출해 내는 경우까지도 흔하다.[12]

　　정치경제학적 맥락으로 보자면 욕구 사정의 과정에서 서비스 제공자들의 역할이 결코 수동적이지 않다. 객체로서의 프로그램이나 조직들이 어떤 사람이나 집단에게 어떤 재화나 서비스가 필요한지를 규정하는 데 오히려 적극적인 영향력을 행사할 수 있다. 정치경제적 파워나 지불 능력이 약한 사회복지서비스 수급자들의 경우에는 욕구 사정에서 객체로서의 제공자(예: 국가나 서비스 기관)가 주체를 결정하는 것과 마찬가지다.

4) 욕구의 확인과 추산

　　프로그램 기획을 위한 욕구 사정의 과정은 크게 두 가지로 구분된다. 욕구를 확인하는 과정, 확인된 욕구의 크기를 추산해 내는 과정이 있다.[13]

---

12) Gates, 전게서, pp. 100-138.
13) Gates, 전게서, p. 111.

욕구 확인(identification)   욕구 사정의 일차적 과정이다. 조직적 개입을 요청하는 것으로 간주되는 사회적, 경제적, 인간적 조건들을 찾는 것이다. 개인과 사회의 안녕에 중요하게 간주되는 인간·사회적 존재의 질적(qualitative) 상태를 확인해 내고, 표시한다. 그런 상태는 '박탈'이나 '장애' 등으로 규정될 수 있는데, 정치적 과정과 문제 해결의 기술이 가능할 때 욕구로서 확인된다.

예를 들어, 거주지, 음식, 건강, 소득 등의 상실은 박탈의 상태를 말하고, 이들은 적절한 정치적 과정과 이에 대한 문제 해결의 기술(technology)이나 자원이 존재할 때 비로소 사회적 욕구 확인으로 연결된다. 이처럼 인간 욕구가 확인되는 과정은 사회문제의 규정 과정과 유사하다.

욕구 추산(enumeration)   확인된 욕구를 가진 사람들의 수를 헤아리거나, 그러한 조건을 완화시키는 데 필요한 서비스 단위들의 수를 산정하는 과정이다. 욕구 확인이 문제의 규정과 관련한 질적인 단계라면, 욕구 추산의 과정은 추상적인 문제 규정을 조작화·수량화하는 '양적(quantitative)' 단계다. 이는 박탈과 소외 등의 문제에 대한 적정선을 긋는 작업과 같다. 이러한 선은 자연적·생물학적으로 결정되어 있는 것이 아니며, 인위적인 작업을 통해 설정되는 것이다. 인간 욕구의 상위 단계로 올라갈수록 이러한 수량화된 선을 긋는 작업은 복잡하고 어렵게 된다.

> '아동학대'에 대한 개념을 추상적인 것에서 경험적인 것으로 바꾸는 데는 많은 복잡한 문제가 있다. 쉽게 느껴지지만 아동에 대한 정의부터 문제가 시작된다. 생물학적 나이로 적정선을 긋는다면 몇 살까지를 아동으로 볼 것인가? 모든 사회에서 아동의 기준 나이가 일치하는가? 아동을 '특성'으로 규정하려고 하면, 그 기준에 해당되는 것은 무엇인지를 결정해야 하는 문제가 있다. 어떤 특정한 상황에서 어떤 구체적인 행동을 '학대'라고 규정할지에 대해서는 더욱 복잡한 문제가 존재한다.

욕구 사정은 획일적이고 일관된 기준으로 행해지기 어렵다. 욕구 확인과 추산을 둘러싼 다양한 관점들 간 차이가 다양한 욕구 규정의 기준을 초래하기 때문이다. 이로 인해 욕구의 확인과 추산은 다차원의 기준들에 대한 검토를 필요로 한다.

5) 욕구 사정을 위한 자료수집

욕구 사정이란 주어진 인구 집단이 다양한 삶의 영역들에서 적절한 수준으로 기능할 수 있게 보장하려면 '무엇이 필요한지를 규정'하려는 시도다. 이런 시도를 합리적으로 수행하려면 무엇보다 경험적인 자료를 적절히 수집하는 것이 중요하다. 욕구 사정을 위해 필요한 자료원은 〈표 4-3〉과 같이 구분된다.

〈표 4-3〉 **욕구 사정에 활용되는 자료의 원천**

자료 원천	특징	주요 측정
이차자료	일반적 용도로 수집되고 활용되는 자료들 예) 주민등록통계	비교적 욕구
전문가 판단	해당 문제에 관한 전문가들의 의견 자료 예) 상담/진단/사정 자료	규범적 욕구
서비스통계	서비스에 접근한 클라이언트들에 관한 기록 자료 예) 이용자 현황/대기자 수	표현된 욕구
자원실태조사	지역사회서비스 자원들의 총량 실태조사 자료, 서비스 제공자들의 의견을 묻는 설문조사 자료	표현된 욕구 / 규범적 욕구
공청회	해당 문제에 관심 있는 지역 주민들이 표출하는 증언들을 취합한 자료	표현된 욕구
사회서베이	일반 인구, 표적 인구에 대한 일차적이고 구체적인 정보를 설문조사 방식으로 수집한 자료	느껴진 욕구

(1) 이차자료의 활용

이차자료(secondary data)란 다른(보통은 일반적) 목적을 위해 기수집된 자료들을 말한다. 욕구 사정에서 이차자료를 활용한다는 것은 욕구조사를 위해 직접(일차)적으로 자료를 수집하지 않고, 이미 수집되어 있는 자료들을 이용한다는 뜻이다. 광범위한 영역의 주민생활 조건들을 측정해 놓은 기존의 자료들을 사용하여, 현재 욕구 사정의 대상이 되는 특정 지역사회나 집단의 문제 혹은 욕구를 파악해 볼 수 있다.

사회지표(social indicators)   욕구조사에서 가장 대표적으로 쓰이는 이차자료다. 사회지표란 "지역이나 인구 집단을 특징적으로 나타내는 표준화된 수치"를 말한다.[14] 사회복지 욕구조사에서는 주로 지역사회의 인구사회학적 특성을 반영하는 사회지표들이 중요하게 취급된다. 지역사회의 인구 변화, 성비, 혼인 및 이혼율, 가족 구성, 주택 보급률, 소득 분포, 질병률, 범죄율, 서비스 기관들의 분포 등이 그러한 예다.

사회지표 등과 같은 이차자료들은 기존의 정부나 민간기관의 통계 데이터베이스에서 추출될 수 있다. 비록 시중에 유포되지는 않으나 공공기관 등에서 행정 절차로 수집된 자료들도 만약 소재 파악과 접근성만 확보된다면 유용한 정보로 활용될 수 있다.

> 인구센서스 자료, 경제통계, 사회지표조사, 노동통계, 의료보험, 시·군·구 등 각급 정부 단위들에서 실시하고 축적하는 사회조사와 행정통계, 연구기관들에서 수행되었던 각종 연구물 결과와 통계 자료 등이 이차자료의 예다. 여기에서 지역사회의 욕구 추정에 필요한 자료를 구할 수 있다. 이러한 자료들을 찾기 위해서는 국가통계포털(kosis.kr), 보건복지부 통계포털 (stat.mw.go.kr) 등을 비롯해서 광역이나 기초지자체 포털의 통계 자료실 등부터 탐색해 들어갈 수 있다.

욕구조사에서 이차자료는 보통 비교적 관점의 욕구 파악에 유용하다. 특정 지역이나 집단의 문제를 비교 지역이나 집단들에 비추어 파악해 보기 위해서는 이들 모두에 대해 수집된 자료가 필요하다. 그러므로 폭넓은 지역이나 집단을 대상으로 표준화되어 수집되어 있는 사회지표 자료 등을 이차적으로 활용하는 것이 적절하다.

대부분의 사회지표와 같은 이차자료들은 종단적(longitudinal)으로 누적된 자료수집의 형태를 띤다. 주간/월간/연간 등으로 통계 자료들이 작성되고 축적된다. 그러므로 이러한 자료들은 장기적 관점에서 지역사회의 욕구 변화 등을 파악하는 데 유용하게 사용될 수 있다.

---

14) Meenaghan, T., Washington, R., & Ryan, R. (1982). *Macro Practice in the Human Services*. NY: The Free Press, p. 179.

　　사회복지 프로그램의 기획을 위한 욕구조사의 자료수집에서 이차자료 방식을 채택하는 데 따르는 장·단점은 다음과 같다.

· 장점: 신속하고, 저렴하다. 이미 존재하는 자료들에서 욕구조사에 필요한 것을 추출해 내기 때문에, 자료수집의 비용이 많이 들지 않고 신속하게 수행될 수 있다.
· 단점: 구체적 욕구 사정의 상황에 적합한 자료를 얻기 어렵다. 딱히 들어맞는 이차자료가 부재할 경우가 많고, 소재 파악이 어렵거나 접근 권한을 얻기 어려운 경우도 발생한다.

　　만약 현재의 욕구조사에 적합한 이차자료가 존재하고 확보 가능하다면, 이는 다양한 방법으로 활용될 수 있다. 대표적으로는 시각적 및 통계적 활용 방법이 있다.

　　지역사회 욕구/자원 지도　　지역사회의 지도를 세부 구역들로 나누고, 거기에 해당 지표의 자료값들을 투입해 대조해 보는 것이다. 자료값은 빈도나 평균, 표준편차 등과 같은 통계치를 숫자로 표시할 수도 있고, 그래프의 길이 등으로 나타낼 수도 있다. 비록 단순하지만 이를 통해 지역사회의 욕구와 자원에 대한 분포가 시각적으로 쉽사리 파악될 수 있다.

　　통계학적 분석　　욕구조사의 질문에 답하기 위해 통계학적 분석을 실시하는 것이다. 예를 들어, '지역사회의 65세 이상 인구 중 독거노인이 차지하는 비중은 얼마인가'를 알기 위해 빈도와 백분율 분석 등의 일원분석(univariate analysis)를 실시한다. '지역별로 보육 욕구가 어떻게 차이 나는지'를 알기 위해서는 평균 비교나 상관관계 등과 같은 이원분석(bivariate analysis)을 실시하기도 한다. 보다 고급 방법으로는 제반 다원 분석 기법들의 적용도 가능하다.[15]

　　각종 도표나 지도, 통계학적 분석들을 수행하는 데는 컴퓨터가 중요한 역할을 한다.

---

15) 일원분석은 하나의 변수를 대상으로 분석하는 것이고, 이원분석은 두 개의 변수를 분석해 양자 간 관련성을 확인하는 것이다. 다원분석(multi-variate)에서는 셋 이상의 변수들 간 관계를 보는 것인데, 다중회귀분석, 경로분석 등이 이러한 예다.

자료의 입력과 변형, 다양한 형태의 출력에 거의 필수적으로 활용된다. 최근에는 일반인 수준에서도 쉽게 이용할 수 있는 통계 프로그램들이 많이 나와 있으므로, 각종 사회지표 자료를 처리하거나 분석하는 과업 자체는 그리 어렵지 않다. 다만, 적절한 자료의 선택과 해석을 위해서는 양적 자료분석에 대한 일정한 지식이 필요하다.

욕구조사에서 이차자료 방식을 활용할 때는 이들 자료의 성격과 한계에 대한 정확한 이해를 전제로 해야 한다. 이차자료는 현재 욕구조사의 목적을 위해 직접 측정된 것이 아니므로, 특히 다음을 주의해야 한다.

첫째, 이차자료들은 욕구를 간접적으로 추정할 따름이다. 사회지표와 같은 이차자료들은 개인들의 고통이나 어려움에 관한 욕구를 직접적인 형태와 크기로 제시하지 못한다. 다만 간접적인 추정 도구일 따름이다.

> 어떤 지역에서 이혼율이라는 사회지표 수치가 증가하고 있다 하자. 이 경우에 이혼율이 증가하는 것, 그 자체는 문제나 욕구가 되지 않는다. 이혼율은 단지 개인들이 이혼하는 비율을 나타낼 따름이다. 아이들의 양육 어려움 문제라든가, 개인들의 정서적 불안정, 개인적 및 사회적인 경제적 손실 등이 보다 직접적인 문제다. 마찬가지로 저출산이나 고령화와 같은 사회지표가 곧 문제나 욕구의 크기를 직접적으로 보여 주는 것은 아니다. 다만, 그로 인해 야기될 수 있는 개인들의 고통과 어려움을 간접적으로 추정하게 하는 것이다.

둘째, 자료의 한계를 벗어나는 해석을 하지 말아야 한다. 이차자료의 방법은 특정한 욕구를 파악하는 데 들어맞는 자료를 직접 수집하지 않는다. 그래서 기존의 자료들을 활용해서 최대한의 추정을 시도할 수밖에 없다. 그러다 보니 종종 자료의 한계를 벗어난 결과들을 유추해 내는 오류가 발생하기 쉽다. '생태학적 오류'가 대표적이다. 생태학적 오류(ecological fallacy)란 집단 차원에서의 관계 확인이 개인 차원으로 해석되거나 혹은 그 반대로 되는 경우를 말한다.

> 어떤 두 지역을 사회지표 자료로 분석 비교했을 때, 한 지역이 다른 지역보다 이혼율이 높게 나타나고, 이혼율이 높게 나타나는 지역에서 청소년 비행률이 높게 나타난다고 하자. 이런 집합적인 자료를 접하고서 보통은 쉽게 이런 결론을 내릴 수 있다. '이혼하는 가정의 자녀들이 비행에 빠질 가능성이 높다.' 그러나 이것은 명백히 잘못된 추론이다. 활용된 자료의 차원(=

집단)과 해석되는 현상의 차원(=개인)이 다르기 때문이다. 이혼율이 높은 지역에서 이혼하지 않은 가정의 청소년들이 비행에 더 많이 빠질 가능성이 있을지도 모른다. 이처럼 차원이 다른 자료를 가지고서 추론을 시도하는 잘못을 생태학적 오류라 한다.

셋째, 이차자료의 정확성에 대한 의심이 필요하다. 흔히 수량화되어 있는 자료를 사용하다 보면, 이들 자료가 어떻게 생성되었는지를 고려하지 않고 스스로 객관성을 띠는 것처럼 간주하기 쉽다. 아무리 정교하게 보이는 사회지표 측정들도 자료수집의 과정에서 오류와 편향의 가능성을 당연히 안고 있다. 따라서 이차자료의 올바른 활용은 반드시 정당한 의심을 전제로 하여야 한다.

(2) 서비스 제공기관 자료의 활용

현재 지역사회에서 서비스를 제공하고 있는 기관들을 통해 자료를 획득하는 방법이다. 기관의 관리자나 직접서비스 인력, 혹은 기관이 정기적으로 생성하고 비축하는 각종 정보를 자료수집의 대상으로 한다. 이를 통해 지역사회의 각종 서비스 현황 통계, 자원실태조사, 욕구 현안들에 대한 전문가 의견 조사 등이 가능하다.

서비스 제공기관으로부터 자료를 수집하는 방법은 지역사회에서 제공되고 있는 서비스들의 성격과 분포, 클라이언트의 수와 특성, 서비스 활용(utilization)의 실태, 서비스 전달체계의 적합성과 충분성, 미충족된 욕구에 대한 추정, 비서비스 지역 등에 관한 정보를 얻는 데 특히 유용하다.

서비스 제공기관들로부터 자료를 수집하는 데는 다음 세 가지 기법들이 주로 쓰인다.

① 비구조화 면접

기관에서 근무하는 관리자나 서비스 인력들을 대상으로 면접조사를 하는 것이다. 구조화란 질문 내용들을 사전에 정해 두는 것이다. 면접을 하기 전에 질문과 응답을 예상하여 정형화된 면접 질문의 틀을 갖춘다. 비구조화 면접은 이와 반대로 대략적인 주제만을 결정하여 정형화된 질문과 응답 형식 없이 자유롭게 면접을 수행한다. 주로 소수의 관리자나 서비스 인력들로부터 서비스 정황에 대한 깊이 있는 정보 획득을 위해 비구조화 면접이 사용되는 경우가 많다.

- 장점 : 비용이 적게 들고, 시간 조절이 용이하다. 연구자가 재량권을 가지고 심도 있게 추적(probing)해 들어가면서 예상치 않은 중요한 자료를 획득할 수도 있다.
- 단점 : 표준화되지 않은 자료수집의 절차로 인해 수집된 자료들 간 일관성이 떨어진다. 면접 대상자의 선별로 인해 발생하는 편향성 한계를 극복하기 어렵다.

② 구조화 서베이

구조화된 설문지나 면접 절차를 사용해서 기관 혹은 구성원들로부터 정보를 수집하는 것이다. 주로 서비스 인력들을 대상으로 하는 조사에서 이 방법을 채택하는 경우가 많다. 다수의 자료는 일정한 정도의 일관성과 표준화가 필요하기 때문이다.

- 장점 : 일관성 있는 자료수집이 가능하다. 표준화된 자료수집의 도구와 절차를 사용하므로, 다수 개인으로부터 수집된 자료들이라도 일관된 분석틀을 적용할 수 있다.
- 단점 : 비용이 많이 든다. 설문 제작이나 인터뷰에 드는 시간, 우편 비용, 후속(follow-up) 조사, 자료분석 등에 드는 비용이 만만치 않다. 비구조화 면접에 비해 심도 있고, 내밀한 정보를 얻기도 어렵다.

③ 서비스 이용실태 자료의 조사

서비스를 이용하기 위해 기관에 접근한 사람들의 자료를 조사하는 것이다. 이는 지역사회 주민들의 '표현된 욕구'를 파악하는 데 유용하다. 만약 어떤 프로그램이 많은 대기자 명단을 가진다면, 이는 필요에 비해 서비스가 충분히 공급되지 못함을 나타내는 것이 된다.

서비스 이용실태에 관한 조사를 위해서는 서비스 기관이 클라이언트에 관해 축적해 놓은 자료를 사용한다. 모니터링과 인테이크 절차를 위해 축적된 자료, 인구사회학적 자료, 문제와 욕구 사정에 관한 자료, 제공된 서비스의 종류와 빈도, 지속 기간에 관한 자료, 기타 의뢰 기관이나 개입 성과 등에 관해 기관이 비축해 둔 자료들이 이에 해당된다.

특히 서비스 이용률과 관련한 자료들은 지역사회 욕구 사정을 위해 중요한 자료원이 된다. 이러한 자료는 다른 방법으로 수집된 자료들과 비교·대조해 가면서, 욕구 사정 정보로서의 전반적인 타당성과 신뢰도를 획기적으로 향상시킬 수 있다. 이렇게 작성된 정보들은 지역사회의 욕구 사정뿐만 아니라, 서비스 기관들의 건전한 경영 통제와 프로그램 평가를 위해서도 크게 도움이 된다.

- 장점 : 저렴한 비용으로 자료수집이 가능하다. 지역사회 주민들의 욕구와 서비스 경향 간의 관계를 분석하는 데도 유용하다.
- 단점 : 클라이언트 정보 보호 등의 이유로 자료 접근이 용이치 않을 수 있다. 기관의 자료들은 대개 경영 통제의 목적으로 작성되므로, 이를 욕구조사의 목적에 맞게 활용하기 쉽지 않다. 기관이나 부서별로 자료들이 표준화되어 있지 않은 경우가 많다. 서비스 기록은 클라이언트 인구에 한정된 것이므로, 서비스를 받지 않는 사람들을 포함한 지역사회 전체 인구의 욕구를 파악하는 것은 불가능하다.[16]

(3) 주요 정보제공자 조사

대상 집단에 대해 잘 알고 있는 사람들, 예를 들어 지역사회 내부 사정을 잘 아는 지역 주민, 해당 지역을 담당하거나 특정 문제의 성격을 잘 파악하고 있는 전문가나 공무원 등이 욕구 사정 조사의 주요 정보제공자(key informant)다. 이들을 대상으로 질문을 하여 집단의 욕구 및 서비스 이용실태 등을 파악하는 것을 주요 정보제공자 조사라 한다.

- 장점 : 비용이 적게 들고, 표본을 쉽게 선정할 수 있다. 지역의 전반적인 문제를 쉽게 파악할 수 있게 한다.
- 단점 : 의도적인 표본 선정으로 인한 편향 현상이 나타날 수 있다. 조사 대상이 되는 주요 정보제공자 표본이 특히 민감하게 고려하는 문제들이 중심이 되면서, 실질적으로 지역 주민이 관심을 갖는 문제들은 소외될 가능성도 크다.

---

16) Gates, *Social Program Administration*, pp. 119-135.

지역사회 문제에 대한 주요 정보제공자의 자료수집을 위해서는 일반적으로 구조화
나 비구조화 서베이 조사를 실시한다. 만약 특정 현안에 대해서 주요 정보제공자들 간
합치된 의견이 확보될 필요가 있는 경우에는, 델파이(Delphi) 기법이나 초점집단 면접
(FGI) 기법 등을 통한 자료수집이 시도될 수도 있다.

(4) 지역사회 서베이

지역사회 서베이(survey)는 욕구조사를 위한 일차적 자료수집의 방법으로서, 해당
지역사회 주민이나 표적 집단 개인들로부터 직접적으로 자료를 수집하는 것이다. 조사
대상자 표본의 규모가 크므로, 대개 우편이나 전화, 방문 구조화 설문조사의 형태를 띤
다. 지역사회 서베이를 통한 욕구조사는 욕구의 크기나 관계 등을 수량화된 형태로 추
정할 수 있는 근거를 갖추기가 쉽다.

- 장점: 잠재적 클라이언트로서 서비스를 받을 사람들의 의견과 인지를 직접 끌어낼
  수 있다. 욕구에 대한 인식, 선호되는 서비스 유형, 서비스 활용에 대한 생각이나 정
  도 등을 직접적으로 파악할 수 있다. 그래서 사회지표 등의 이차자료 활용에 따른 한
  계라든지, 기관들의 서비스 이용 자료 활용 시 수반되는 공급자 편향성의 오류 등을
  피할 수 있게 한다.
- 단점: 일차적으로 시간과 비용이 많이 든다. 조사연구와 관련된 전문적 능력도 구비
  해야 한다. 우편이나 전화 설문을 사용하면 직접 대면 면접에 비해서는 비용이 적게
  들 수 있으나, 낮은 응답률과 정보 손실 등이 발생하기 쉽다. 프로그램의 가능성을
  염두에 둔 지역사회 서베이의 경우에는 지역사회의 프로그램 설치에 대한 과도한 기
  대감을 초래할 수 있다는 점도 문제다.

지역사회 서베이가 욕구 사정을 위한 엄격한 자료로 활용되기 위해서는 설문도구의
측정 타당도와 신뢰도가 확보되어야 한다. 타당도는 측정 도구가 의도된 개념을 제대
로 측정하는 것인지를 말한다. 예를 들어, 대상 아동들의 '자아존중감'을 측정하기 위
해 표준화된 측정 도구인 '로젠버그 Self-Esteem'을 쓰는 것이 타당한지, 혹은 어느 정
도로 타당한지를 확인해야 한다. 측정 도구의 신뢰도란 같은 도구를 써서 측정한 값들

이 어느 정도로 일관성을 가지고 산출되는지를 말한다. 표준화된 측정 도구들의 경우에는 대개 타당도와 신뢰도에 대한 알려진 평가가 존재한다.

대부분의 지역사회 서베이는 표본(sample, 標本) 조사를 통해 이루어진다. 전수(population, 全數) 조사는 실시하기도 어렵거니와, 대개 비용에 비해 효용성도 크지 않다. 표본조사에서는 전체 인구의 특성을 추정하기 위해 통계학적 유추를 사용한다. 이를 흔히 추론통계(inferential statistics)라 한다. 추론통계를 사용하기 위해서는 먼저 대표성 있는 확률 표본수집이 필요하다. 만약 확률 표본이 아닌 자료수집을 한 경우에는 지역사회 서베이의 결과를 통해 지역사회의 욕구 규모를 추정하는 노력이 제한을 받는다.

(5) 지역사회 포럼

지역사회 포럼(forum, 공개토론회)은 지역사회의 다양한 구성원으로부터 가치나 태도, 의견 등을 직접적으로 청취하는 자료수집의 방식이다. 이를 보통 공청회(public hearing)와 혼용해서 쓰기도 한다.

지역사회 포럼에서는 수집될 정보의 내용이 사전에 결정되어 있지 않다. 그러므로 자유로운 지역사회의 의견 도출을 가능하게 만든다. 지역사회 서베이에서와 같이 서비스 유형을 미리 설정해 두고 그 안에서 선택하게 하는 등의 문제를 줄일 수 있다. 또한 개인별 면접으로는 알아내기 힘든 지역사회의 총체적인 분위기를 파악할 수 있게도 한다.

- 장점: 비용이 적게 든다. 비록 포럼을 준비하는 과정, 사람들과의 접촉, 포럼에서 도출된 의견들을 요약하고 분석하는 과정, 회의 개최 자체에 걸리는 시간 등도 적지 않은 노력과 비용을 필요로 하지만, 서베이 방법 등에 비해 전반적으로 비용이 적게 든다. 자유로운 의사 개진이 가능하다는 것도 중요한 장점이다.
- 단점: 지역사회 포럼의 특성상 참석하는 사람들을 의도적으로 선별하거나 통제하기 힘들다. 이럴 경우 참석자들이 특정 집단의 이익을 대변하는 편중을 보일 수도 있다. 의사 진행의 어려움도 포럼의 단점이다. 전체 참석자들에게 유익한 의사 표출을 유도하고, 특정한 방향으로 의사를 집중해 가는 것이 쉽지는 않다. 시간의 제약 등도 실질적인 문제가 된다. 이로 인해 특정 사안들만이 포럼을 통해 과도하게 부각될 우

려가 충분히 있다. 이러한 것들이 포럼으로 수집된 욕구조사 자료의 편향성 문제를 야기한다.[17]

포럼의 활용에서 가장 중요한 것은 지역사회의 대표성을 가진 참석자들을 확보하는 것이다. 그럼에도 현실적으로 전체의 대표성을 획득하는 것은 힘들다. 따라서 현실적인 포럼 구성과 진행의 한계를 정확하게 파악해서, 욕구 사정에 필요한 자료로서의 분석과 해석에 적절히 반영시키는 것이 중요하다.

포럼 방법의 유용성은 욕구조사 자체만이 아니라, 개발될 프로그램의 우호적 환경조성에서도 나타난다. 포럼의 진행 과정에서 개발 중인 프로그램의 존재와 가능성이 지역사회에 자연스레 받아들여질 수 있다.[18] 지역사회에서 프로그램의 실행과 협조를 구하는 데 필요한 지역사회 리더들의 존재와 동향도 포럼 과정을 통해 파악될 수 있다.

(6) 욕구 사정 기법의 선택

욕구 사정은 욕구의 확인과 조사로 구성된다. 욕구 확인의 과정은 대부분 정치경제적 작용에 대한 질적인 이해를 필요로 하지만, 욕구조사의 기법들은 구체적인 자료 확보와 그로부터 욕구의 규모를 추산해 내는 데 필요한 고도의 기술적 방법을 필요로 한다. 따라서 욕구 사정을 진행하는 전문가는 주어진 욕구조사의 상황에서 어떤 기법들이 적절한지를 취사선택할 수 있는 지식을 가져야 한다.

적절한 기법을 선택하는 과정은 기계적이지 않다. 욕구 사정의 목적, 욕구 사정이 수행되는 기관의 성격, 특정 자료들의 가용성, 측정의 정교화가 요구되는 정도 등이 복합적으로 고려되어 결정된다. 이상적으로는 복수의 자료수집 기법들을 동시에 적용하는 것이 좋다. 각각의 기법들이 가지고 있는 자료수집의 장·단점을 서로 보완해서 욕구조사의 신빙성을 높일 수 있기 때문이다.

---

17) Patti, R. (1983). *Social Welfare Administration : Managing Social Programs In A Developmental Context.* Englewood Cliffs, NJ : Prentice-Hall, pp. 75-78.
18) 상게서, p. 78.

예를 들어, 지역사회 포럼과 서베이를 같이 사용하면, 자유로운 지역사회의 의견 수렴과 전반적인 분위기를 파악하면서 표준화되고 수량화된 욕구 사정도 동시에 가능할 수 있다. 그러나 이들이 모두 주민 관점의 자료수집이라는 한계가 있으므로, 여기에 서비스 기관의 자료나 이차자료들까지를 추가해서 비교해 보면 보다 풍부하고 균형 있는 욕구 사정이 되게 할 수 있다.

비록 제한된 비용이라는 현실을 고려하더라도, 동일 비용으로 하나의 기법에 투자하기보다는 둘 이상의 기법 활용이 가능한지를 우선 검토할 필요가 있다.

제5장

목적과 목표 설정

문제 분석과 욕구 사정을 통해 프로그램의 목적이 설정된다. 이 과정은 프로그램이 구체적으로 무엇을 성취할지를 결정하는 것이다. 프로그램의 목적이 결정되고 나면, 목적 달성을 위한 세부 과제인 목표가 설정된다. 목표 설정은 개입방법의 선택과 연결되어 있다.

1. 목적과 목표

일반적으로는 목적과 목표가 유사한 의미로 쓰인다. 둘 다 '추구하는 바'라는 뜻이다. 그런데 프로그램 기획에서 목적과 목표가 함께 쓰일 때는 이 둘의 의미를 뚜렷이 구분해서 사용한다.

목적(goal)　　보통 장기적·추상적으로 추구하는 바를 나타내는 것이다. 프로그램이 추구하는 특정한 가치나 상태, 결과, 방향 등을 목적으로 제시한다. '지역사회의 노인 복지 증진' '노인인구의 여가 선용 기회 확대' 등과 같이 다양한 추상 수준의 목적 설정이 가능하다.

목표(objective)   프로그램 목적을 달성하는 데 필요한 세분화된 추구 방향이나 상태를 나타낸다. 목적이 추상적이라면, 목표는 경험적인 차원으로 나타낸다. 경험적이란, 구체적이면서 관찰과 측정이 가능한 상태를 뜻한다. 일정 기간 동안 프로그램이 성취하려는 구체적 변화의 양상을 흔히 목표라고 표현한다.

예를 들어, '발달장애인의 지역사회 적응'을 목적으로 둔 프로그램이 목표들 중 하나를 '2023년까지 발달장애인 0명이 취업한다'로 할 수 있다.

프로그램에서 목적과 목표 간 관계는 논리적으로 합당해야 한다. 목표는 목적을 달성하는 데 어떻게 기여하는지를 중심으로 구성되어야 한다. 이와 같은 목적과 목표 간의 연관성이 곧 프로그램 이론의 핵심을 구성한다. '어떤 활동을 통해, 무엇을 성취할 것인지'를 설명하는 것이다. 목적과 목표 간 관계가 합당하지 못하면, 각자는 아무리 그럴듯하더라도 프로그램 의도는 적절히 달성되지 못한다.

어떤 프로그램이 '한부모 가정의 자립 지원'이라는 목적을 설정했다고 하자. 이 목적을 달성하기 위해 다양한 목표들이 검토되어 선택되는데, 그중 하나가 '미취업 한부모 가정에 월 100만 원의 현금 제공'이라 하자. 얼핏 보아서는 목적 달성을 위한 하나의 바람직한 목표일 것 같지만, 과연 이 목표가 성취되었다 해서 프로그램의 궁극적 목적인 '자립'으로 연결될지는 불명확하다. 오히려 이 목표만으로는 자칫 '자립'이라는 프로그램 목적에 상반되는 '의존'에 기여할 수도 있다. 취업 중인 한부모 가정이 현금급여를 받기 위해 취업을 포기하도록 만들 수도 있기 때문이다. 국가의 공공부조 프로그램에서 나타나는 '빈곤함정(poverty trap)' 효과도 이러한 목적과 목표들 간 괴리 현상의 일종이다.

프로그램에서 목적과 목표 간 괴리는 곧 목적과 수단 간의 불일치를 뜻한다. 프로그램의 목적 달성과는 무관한 목표들이 수단으로 설정되었다는 것이다. 이런 경우에 프로그램은 불합리하게 되고, 비록 실행 과정에서 각각의 목표들이 아무리 최대한의 성과를 내더라도, 그것은 프로그램이 추구하는 목적 달성과는 무관하게 된다.

사회복지 프로그램에서는 목적과 목표 간 관계를 합리적으로 만드는 과업의 주된 책임이 사회복지전문직에게 주어져 있다. 이러한 과업 역할을 효과적으로 수행하는 데는 사회복지의 전문적 가치와 지식이 필수적이기 때문이다.

2. 목적 설정

목적 설정은 프로그램 기획 과정의 핵심 부분이다. 엔지니어링이나 여타 분야에서는 대개 목적이 주어져 있으며, 프로그램 기획은 단지 그것을 어떻게 성취할 것인지에 초점을 맞춘다. 반면 사회복지 프로그램 기획에서는 목적 설정 그 자체가 중요한 부분이 된다.[1]

사회복지 프로그램 기획에서 목적 설정의 과정을 등한시하고 해결 방안에 대한 기술적 디자인에만 치중하는 것은 문제다. 비록 디자인은 잘 짜여 있더라도 프로그램이 추구해야 할 목적이 불분명하면, 프로그램의 실행과 평가 제반 과정에 부정적인 결과가 초래된다. 목적이 명료하게 정의되어 있지 않으면 목적 갈등(goal conflict)이나 심지어는 목적 전도(goal displacement) 현상까지도 초래될 수 있다.[2]

불명확한 프로그램 목적은 사회복지 프로그램의 책임성을 약화시킨다.[3] 그러므로

---

1) Young, R. (1966). ‘Goals and goal setting’. *Journal of the American Institute of Planners, 32,* p. 7.
2) 목적 갈등이란 서로 적대적인 목적들이 동시에 존재하는 경우에 나타나는 갈등이다. 목적 전도 혹은 목표 전치란 목적 갈등의 한 형태다. 수단에 해당하는 목적과 결과 목적이 갈등을 일으킬 때 목적 전도가 나타난다. 사회복지 프로그램이 자기 존속(수단 목적)을 앞세워서, 사회문제의 해결이라는 대의(cause)적 결과 목적을 이차적인 것으로 만드는 것이다.
3) 사회복지 프로그램에는 대개 다양한 이해집단이 존재한다. 이들 간의 상충된 이해관심을 두루뭉술하게 나타내기 위해, 프로그램들은 명확한 목적 설정을 의도적으로 회피하는 경향이 있다고도 본다.

프로그램 기획의 출발 단계에서 목적을 가능한 명료하게 설정하는 것이 무엇보다 중요하다.

1) 목적 설정의 단계

프로그램 목적을 설정하는 것은 프로그램의 정책을 결정하는 것과 같다. 프로그램이 추구할 방향을 결정하는 것이기 때문이다. 프로그램의 정책적 방향을 나타내는 이러한 목적은 다음 단계를 거쳐 설정된다.[4]

- 단계[1]: 프로그램의 관심 영역과 경계 설정
- 단계[2]: 목적 선택 시 고려되어야 할 범위의 결정
- 단계[3]: 목적들 간의 관계 설정
- 단계[4]: 최적의 프로그램 목적 조합 선택
- 단계[5]: 목적(들)에 대한 기술(記述)

단계[1]에서는 사회복지의 이념이나 지향에 바탕을 둔 관심의 경계를 설정하고, 그 안에서 가능한 목적(하위 목적 포함)들을 구체적으로 규정한다. 사회복지 프로그램의 기획에서는 적어도 '무역구조의 개선'이나 '동네 치안질서 확립' 등이 포함되는 경계는 긋지 않는다.

단계[2]에서는 명백히 받아들여질 수 없는 대안 목적들을 일차적으로 배제한다. 예를 들어, '한부모 가정의 경제사회적 위기 완화'라는 목적은 '가족생활 안전망 제공' '취업 확대' '정서적 지지 제공' 등의 하위 목적 범위 내에서 고려된다. '결혼 장려'와 같은 하위 목적은 이념적 혹은 현실적으로 받아들여지지 않는 경우에 목적 선택의 범위에서 배제된다.

단계[3]에서는 선택 가능성이 있는 목적들을 대상으로 그들 간의 관계 구조를 검토

---

4) Young, 'Goals and goal setting', p. 82.

해 본다. 어떤 목적들은 서로 목적과 수단의 관계를 보일 수도 있고, 상호배타적 혹은 의존적 관계 등의 형태로 다양하게 나타날 수도 있다. 프로그램 기획에서 어떤 조합의 목적들을 선택하는 것이 가장 바람직할지를 결정하기 위해서는 먼저 이러한 관계들을 검토해 보아야 한다.[5]

단계[4]에서는 어떤 목적(들)을 선택하는 것이 가장 좋을지를 판단한다. 이 단계에서의 주요 과업은 의사결정의 권한이 '누구'에게 '어떤 방법'으로 주어질지를 판단하는 것이다. 집단을 통해 결정할 것인지, 행정 관료나 전문가 집단이 할 것인지, 아니면 일반시민이나 지역주민 혹은 이용자들에게 맡길 것인지 등의 고려가 필요하다.

단계[5]의 과업을 수행하기 위해서는 '목적을 기술하는 문구나 문장이 프로그램이 추구하는 상대적인 가치를 드러내는 지침이 되도록 하는 것'이 결정적으로 중요하다.[6] 목적은 적절한 쓰기 방법에 따라 기술되어야 한다.

2) 목적 기술의 방법

목적 기술(記述)은 '무엇을 성취하고 싶은지'를 쓰는 것이다. 일반적으로 목적은 추상적으로 제시되고, 그 때문에 프로그램은 구체적인 활동 선택의 자유도를 가질 수 있다. 추상적이라는 것과 불명확하다는 것은 다르다. 프로그램의 목적은 비록 추상적이지만 공통적인 지향점을 명확하게 제시해 줄 만큼 분명하게 기술되어야 한다.

프로그램의 목적을 명확하게 기술하려면 목적들 간의 연계가 적절히 드러나야 한다. 한 프로그램 내에도 여러 다양한 목적이 있을 수 있고, 그들 간에는 횡적 혹은 종적인 연계도 있을 수 있다. 최상위에 위치하는 프로그램의 전체 목적은 가장 추상적인 상태로 기술될 것이고, 하위 목적들로 내려갈수록 목적 기술은 점차 구체성을 띤다.

대부분의 사회복지 프로그램들은 현장의 실천서비스를 의도하므로 목적 기술들은

5) Young, 전게서, p. 83.
6) York, R. (1982). *Human Service Planning: Concepts, Tools and Method.* Chapel Hill, NC: The University of North Carolina Press, p. 91.

보다 구체적으로 이루어져야 한다. 사회복지 프로그램의 목적 기술에서 공통적으로 고려해야 할 점은 다음과 같다.[7]

문제 분석에서 도출   문제 분석에서 나타나는 인과론(因果論, 원인과 결과의 관계 설명)과 결부시켜 프로그램이 추구해야 할 목적을 설정하는 것이 필요하다.

성과 지향적   성과는 '클라이언트의 바람직한 변화가 무엇인지'를 위주로 나타내는 것이 좋다. 그것이 프로그램의 궁극적인 의도에 보다 더 가깝기 때문이다. 서비스 제공 기관의 입장에서 성과 목적을 기술하는 것, 예를 들어 '기관이 무엇을 할지' 등은 가급적 지양한다.

현실적   프로그램의 목적은 재정/기술적으로 뒷받침될 수 있고, 윤리/법적으로도 저촉되지 않는 것이어야 한다. 이는 목적 설정의 앞 단계들에서 고려되어야 하지만, 목적 기술의 과정에서도 유념해서 확인한다.

명료성   목적은 프로그램이 사회적으로 존속하는 정당성을 나타내는 것이다. 따라서 많은 사람들에게 쉽게 이해될 수 있도록 전문적인 용어나 어려운 수식어 등을 가급적 피해야 한다.

클라이언트 인구에 대한 언급   프로그램의 목적은 '누구에게 어떤 변화를 의도하는지'를 제시하므로, '누구'라는 대상이 필히 기술되어야 한다.

경험적 추정에 대한 예비   비록 목적 자체는 추상적이지만, 추후에 목적 달성의 과정과 결과가 관찰되고 측정될 수 있도록 해야 한다. 경험적 검증의 가능성이 아예 없는 목적을 설정하거나 기술하는 것은 옳지 않다.

긍정적 방식의 기술   목적을 기술할 때는 부정적 방식을 가급적 피한다. 예를 들어, '무엇을 줄일 것인지'보다는 '무엇이 증가될 것인지'로 기술하는 것이 좋다. '비행 행동을 줄인다'와 '긍정 행동이 늘어난다'는 동일한 목적의 양면일 수 있다. 이 경우에 '줄이는 것'은 과정이고 그 결과로서 '늘어나는 것'이 있으므로, 프로그램의 목적을 긍정

---

7) Rapp, C. & Poertner, J. (1992). *Social Administration : A Client-Centered Approach*. NY : Longman Publishing Group, pp. 50-52.

적인 변화 측면으로 기술하는 것은 언제나 가능하다.

3. 목표 설정

목표(objective)는 목적을 성취하는 데 필요한 구체적인 지향이나 활동들을 나타내는 것이다. 목표는 추상적이지 않고 경험적이며, 일정한 분량의 성취도를 측정 가능한 형태로 제시하는 것이다.[8] 그래서 프로그램 실행에 따른 평가에서는 이러한 목표들을 경험적 검증의 표적으로 삼는다.

1) 목표의 구분

목표는 주어진 시간 내에 프로그램이 성취하려는 결과와 영향을 구체적으로 기술하는

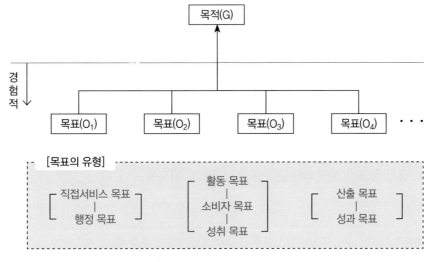

[그림 5-1] **프로그램 목적과 목표의 관계 구조**

---

8) York, *Human Service Planning*, p. 96.

것이다.[9] [그림 5-1]을 보면 하나의 목적(G)에 여러 개의 목표들(O_1, O_2, O_3, O_4)이 연결되어 있으며, 이 목표들을 통해서 목적이 달성되는 구조를 가지고 있음을 볼 수 있다.

(1) 직접/간접 기준

클라이언트의 변화에 직접적으로 영향을 주는 것인지, 프로그램 운영에 영향을 주는 것인지를 기준으로 직접서비스 목표와 행정 목표로 나눌 수 있다.

직접서비스 목표(direct service objective) 클라이언트에게 제공되는 직접적인 서비스와 관련된 목표다. 프로그램의 목적 달성을 위한 서비스 수행의 과정이나 결과를 목표로 삼는 것이다.

행정 목표(administrative objective) 프로그램의 유지를 위한 기능 수행에 필요한 목표다. 자원을 획득하거나, 서비스 절차를 수행하는 것 등과 같이 프로그램의 목적 달성에 간접적으로 지원하는 역할 목표다.

직접서비스 목표와 행정 목표를 적절히 구분해서 활용하면 프로그램 기획의 합리성이 높아질 수 있다. 예를 들어, '자활율 20% 달성'이라는 목적이 있다. 이를 위해 '○○까지 서비스 예산 ○○○○○를 확보'가 하나의 행정 목표로 설정될 수 있다. 예산 확보를 위한 행정 목표가 달성되어야만 목적이 달성될 수 있기 때문이다.

그럼에도 행정 목표만을 제시해서는 목적이 어떻게 달성될지를 가늠하기 어렵다. 직접서비스 목표인 '○○명 자활대상자에게 취업패키지 서비스 제공' 등이 필요하다. 이를 통해 목적 달성을 위해 합리적인 프로그램의 가능성이 있는지, 또한 왜 그 정도의 예산 확보 행정 목표가 설정되었는지도 합리적으로 검토될 수 있다.

---

9) Weiner, M. (1990). *Human Services Management: Analysis and Applications* (2nd ed.). Belmont, CA: Wadsworth Publishing, pp. 254-255.

(2) 활동/대상 기준

목표를 활동 측면에 둘지 아니면 표적 대상에 둘지에 따른 기준에 의거하자면, 목표는 활동 목표와 소비자 목표, 성취 목표 등으로 구분될 수 있다.

활동 목표(activity objective)   활동 목표는 '구체적으로 어떤 서비스를 어느 정도로 제공할 것인지'를 나타낸다. 예를 들어, ○○ 회계연도 동안 "노숙자들에게 총 2,520 시간의 ○○기법의 심리 상담을 제공한다"(A), "30명의 비행우려 청소년들에게 각각 2회의 집단캠프 경험을 실시한다"(B), 혹은 "기관의 직접서비스 인력 12명에게 20시간의 특별 직무관련 교육을 실시한다"(C) 등이다. A와 B 같은 활동 목표는 직접서비스 목표인 데 반해, C는 행정 목표에 해당한다.

소비자 목표(consumer objective)   얼마나 많은 소비자가 서비스를 받게 될 것인지를 나타내는 목표다. 예를 들어, "○○ 회계연도 동안 30명이 취업훈련 서비스를 받는다"이다. 소비자 목표는 성취의 수준이나 활동량을 나타내지는 않는다. 그래서 평가 목적에는 크게 기여하지 못한다. 그럼에도 "A시의 노인인구 취업희망자 중 30%에게 취업훈련을 제공한다"와 같이 표적 인구와의 관련성을 제시하면 프로그램 의사결정에 유용할 수 있다.

성취 목표(achievement objective)   목표를 '무엇이 얼마만큼 성취되어야 할지'로 나타내는 것이다. 서비스 프로그램들에서는 성취 목표는 산출 목표보다 성과 목표에 더 가깝다. 예를 들어, "○○ 회계연도에 전체 노숙자 126명에게 가정복귀서비스를 실시한다"가 아니라, "전체 노숙자 중 50%를 가정에 복귀시킨다"로 나타내는 것이다.

이러한 기준의 목표 구분은 목표 기술의 초점을 어디에 두는지에 따라 이루어진다. 비록 유사하게 보여지는 목표일지라도, 활동과 소비자, 성취의 측면 중 어디에 표적을 두어 기술하느냐에 따라 각기 다른 용도로 쓰인다.

(3) 산출/성과 기준

프로그램의 결과를 어떤 방식으로 나타낼지를 목표의 기준으로 삼으면 산출 목표와 성과 목표로도 구분될 수 있다.

산출 목표(output objective)　　프로그램 활동의 종료 시 도출되는 생산물(product)의 양으로 보통 나타낸다. 사회복지 프로그램들에서는 '서비스를 받은 사람들의 수'가 흔히 쓰이는 산출 목표다.

성과 목표(outcome objective)　　프로그램의 시행 결과로 나타나게 되는 의도된 변화의 크기나 양으로 나타낸다. 성과 목표는 '사람들이 변화된 정도의 크기, 수' 등으로 흔히 나타낸다.

사회복지 프로그램들에서 산출 목표와 성과 목표를 적절히 구분하는 것은 중요하다. 이 두 목표 간의 관계가 프로그램의 이론적 토대를 형성하기 때문이다. 예를 들어, 'A학교에서 학교폭력 발생률 0% 감소'라는 성과 목표를 위해 '800명의 전교 학생에게 학교폭력 예방교육 실시'라는 산출 목표가 설정될 수 있다. 이 경우 산출 목표는 원인이 되고, 성과 목표는 결과가 된다. 예방교육을 실시하면 학교폭력이 사라질 것이라는 프로그램 이론(설명)인 것이다.

프로그램 이론이 발전해 가려면 산출 목표와 성과 목표를 구분하고, 이 둘을 모두 활용하는 것이 중요하다. 또한 이들 간의 관계가 합리적인지를 논리적·경험적으로 검증해 볼 필요가 있다. 실천 현장에서는 이해관심에 따라 이 둘에 대한 선호가 다를 수 있다. 서비스 제공자의 관점에서는 '누구에게 얼마만큼의 서비스를 주었나'와 같은 산출 목표가 주요 관심이지만, 서비스 이용자나 후원자의 입장에서는 '누구에게 어떤 변화가 얼마만큼 있었나'라는 성과 목표가 중시된다.

2) 목표와 목적의 관계

목표를 기준에 따라 구분해 보는 이유는 특정한 목표가 프로그램의 목적 성취를 위해 어떤 측면의 기능을 가지는지를 확인하기 위한 것이다. 대부분의 프로그램에서 목적은 그 자체로서 어떤 활동이 수행될지를 파악하기 어렵다. 목적 성취를 위해 취해지는 다양한 활동은 목표들로 구체화되고, 이를 통해서만 비로소 프로그램 활동의 구체적인 양상이 드러난다.

하나의 프로그램이 모든 유형의 목표들을 다 갖추어야 하는 것은 아니다. 어떤 프로그램에서는 소비자 목표가 별다른 의미가 없을 수 있다. 성취 목표나 성과 목표는 측정조차 어려운 경우도 있다. 경우에 따라서는 [그림 5-1]의 유형과는 다른 방식의 목표 구분이나 명칭도 사용할 수 있다. 어떠한 방식으로 유형을 구분하더라도, 프로그램을 디자인하는 단계에서 이들의 성격을 명확히 구분해서 사용하는 것은 중요하다.

3) 목표기술의 방법

프로그램의 목표를 어떻게 기술할지에 대해서는 다양한 지침들이 있다. 이 가운데 사회서비스 프로그램의 목표 작성에서 공통적인 요구 사항은 다음과 같다.[10]

욕구와 목적의 연관성   목표들은 프로그램 목적과의 위계구조에 적합해야 하지만, 실행구조와도 들어맞아야 한다. 예를 들어, '수익사업을 통해 ○○○만 원의 프로그램 비용 확보'라는 행정 목표가 프로그램 목적과의 적합성만을 보자면 훌륭한 대안이 될 수 있지만, 프로그램 수행 기관의 사명이 수익사업을 불가한 것으로 경계를 긋고 있다면 소용없는 목표가 된다.

클라이언트에 대한 성과 목표 포함   사회서비스 프로그램들의 목표 설정에서 특히 중요하다. 목표는 목적이 지향하는 바를 성취하기 위한 구체적인 활동 방향 및 세부 성과를 나타나는 것이기 때문에 클라이언트 변화 중심인 성과 위주로 설정하는 것이 중요하다. 기관이나 서비스 제공자들의 활동 위주만으로 목표를 규정하는 것은 바람직하지 못하다.

뚜렷이 구분되어 측정 가능한 용어로 기술   목표들은 변화의 방향(예: 증가)뿐만 아

---

10) York, *Human Service Planning*, pp. 100-102.; Rapp & Poertner, *Social Administration*, p. 52.

니라 정도(예: 10%)까지도 나타내야 한다. 그렇지 않으면, 예를 들어 어떤 목표가 단순히 '노숙자 수를 감소시킨다'라고만 되어 있을 경우, 기술적으로는 한 명의 노숙자라도 해당 목표 기간 동안에 줄어든다면 이 목표는 성취된 것으로 된다. 뚜렷이 측정 가능한 목표가 있어야만 프로그램 평가의 구체적인 표적이 드러난다.

시간-연계적   목표가 성취되는 시간적 틀이 확인되어야 한다. 예를 들어, 노숙자 수를 감소시킨다는 것도, '10년 기간'에 한다는 것과 '6개월 기간'에 한다는 것은 아예 서로 다른 목표가 된다. 보통 단기적 목표들은 단일 회계연도를 기준으로 하지만, 그보다 장기적 목표 설정도 필요에 따라 가능하다.

현실적   목표는 실행과 성취가 가능한 것으로 규정되어야 한다. 그럼에도 지나치게 현실적인 '쉬운' 목표를 설정하는 것은 바람직하지 않다. 너무 어렵거나 혹은 너무 쉬운 목표들도 모두 성취를 위한 동기부여에 실패한다.[11]

명확하고 긍정적인 형태로 기술   목적을 기술할 때와 마찬가지로, 목표 역시 부정적인 측면보다는 긍정적인 변화 측면을 대상으로 삼아 기술하는 것이 좋다.

---

11) Bell, G. (1978). *The Achievers*. Chapel Hill, NC: Preston-Hill.

제6장

개입전략 선택 및 프로그래밍

프로그램 디자인 단계는 프로그램 활동을 구체화하는 과정이다. 개입전략을 선택하고, 구체적인 실행안을 만든다. 개입전략을 선택하는 것은 문제 분석과 욕구 사정을 통해 도출된 문제와 욕구를 해결하기 위하여 프로그램 개입구조를 구축하고, 그에 따른 프로그램 실행 전략을 수립하는 것이다. 프로그래밍(programming)이란 '프로그램을 만드는 과정'이라는 뜻인데, 이때의 프로그램은 좁은 의미의 '프로그램 활동'을 의미한다.[1] 프로그래밍은 프로그램 활동을 '짜는' 것으로, 복수의 개입전략 대안들을 놓고 비교 검토한 후 선택하는 일을 한다. 프로그래밍 단계의 과업은 ① 가능한 프로그램(활동) 대안 후보들을 확인해 보고, ② 각 대안이 제시하는 생산물(products)을 정의하고, ③ 각 대안의 생산에 예상되는 비용을 계산하고, ④ 대안 선택의 기준을 마련하고, ⑤ 기준에 따라 최적의 프로그램(활동) 대안을 선택한다.

---

1) 프로그램을 넓은 의미로 말할 때는 목적, 개입전략, 성과, 영향 등의 부분을 포괄한다. 좁은 의미에서는 개입전략을 둘러싼 활동들, 즉 '무엇을 어떻게 할 것인지'를 의미한다. 프로그래밍은 좁은 의미의 프로그램을 어떻게 만들 것인지에 대한 것이다. 일반적으로 현장에서 '프로그램을 짠다'고 할 때는 프로그램 활동들을 계획한다는 좁은 의미에 가깝다.

1. 개입전략

프로그램 목표들은 '무엇'이 변화될지를 구체적으로 제시한다면, 개입(서비스) 전략은 이를 '어떻게' 실천에 옮길 것인지까지를 포괄하는 것이다. 목표와 이를 실현하기 위한 개입기술 간의 관계는 논리적·경험적으로 타당한 실천 이론으로 뒷받침되어야 한다.

1) 프로그램 이론과 개입전략

프로그램 이론은 프로그램이 어떤 활동을 수행하면 어떻게 프로그램이 의도하는 목적을 달성하게 되는지를 설명하는 것이다. 여기에서 프로그램 활동은 목표와 개입전략으로 나타낼 수 있다. 개입전략은 목적 성취를 위한 실행적 목표들로 구성된다. [그림 6-1]이 이러한 관계를 나타낸다.

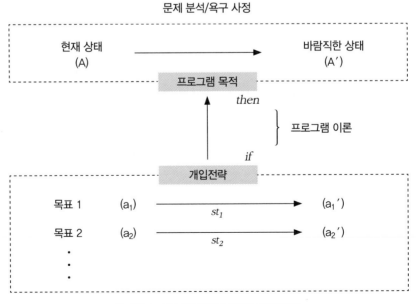

[그림 6-1] **프로그램 이론과 개입전략**

문제 분석과 욕구 사정을 통해 문제 조건 혹은 불충족된 욕구로서의 현재 상태(A)가 파악되었다. 프로그램이 이를 바람직한 상태(A′)로 변화시키려 의도할 때, 그것은 프로그램 목적으로 설정한다.

프로그램의 목적은 추상적이고 장기적인 변화인 '무엇'으로 제시되며, 이것만으로는 프로그램이 '어떻게' 그것을 달성할지를 알 수 없다. 프로그램의 목표들로 구성되는 개입전략을 통해서만, 그러한 목적을 위해 프로그램이 경험적으로 어떤 활동을 수행하려는지가 드러난다.

개입전략은 목표와 서비스 기술들로 구성된다. 일반적으로 하나의 프로그램 목적을 달성하는 데는 다수의 목표를 필요로 한다. 서비스 기술(service technology, st)은 각각의 목표가 실행되는 방법과 절차를 포함하는 제반 노하우(know-how)를 말한다. 목표와 그것을 실행하는 서비스 기술 간의 관계를 설명하는 것을 실천 이론(practice theory)이라 부른다.

> 지역사회 청소년 비행의 심각성이 문제 분석과 욕구 사정을 통해 확인되고, 비행을 낮추는 변화(A → A′)가 프로그램 목적으로 선정되었다 하자. 주어진 예산하에서 어떤 개입전략이 이 같은 프로그램의 목적 달성에 가장 효과적/효율적일지를 판단해야 한다. 기존의 비행 청소년들을 대상으로 재발을 방지하거나, 아직 비행에 노출되지 않은 청소년들을 대상으로 예방하는 등으로 목표의 방향을 설정할 수 있다. 구체적인 목표와 관련해서는 부모 인식 개선, 교사들의 인지 및 대응 역량 강화, 지역사회 청소년 활동 공간 확보 등으로 설정할 수 있다. 각각의 목표들을 위해서는 각각에 유효한 서비스 기술을 선택할 필요가 있다. 부모 인식 개선을 위해 개별상담, 집단상담, 자조모임, 집체교육 등의 다양한 서비스 기술의 대안이 존재한다. 이처럼 프로그램의 개입전략이란 프로그램 목적 달성을 위해 제반 목표와 서비스 기술들을 효과성, 효율성, 중요도, 필수성 등의 기준에 의거해서 최적의 조합으로 선택한 것이다.

[그림 6-1]에서처럼 프로그램 목적과 개입전략 간의 관계가 $if → then$의 인과관계로 설명되는 것이 프로그램 이론이다. 모든 프로그램은 이러한 프로그램 이론을 가진다. 비록 구체적, 명시적이지는 못하더라도 프로그램 이론은 반드시 전제되어야 하는 것이다. 프로그램에 대한 평가는 언제나 이러한 프로그램 이론이 적절한지에 대해 설명하는 것이다.

2) 개입전략의 원인론

프로그램의 개입전략 선택은 프로그램 실행 주체들의 시각과 기술을 대변한다. 사회
복지서비스 프로그램의 주된 실행 주체는 사회복지전문직이다. 사회복지전문직은 '상
황 속의 인간(person in situation)'이라는 개인과 환경의 상호작용적 원인론(etiology)에
기반해서 전문직 고유의 개입전략을 발전시켜 왔다.[2] 사회문제는 전적으로 개인이나
환경의 어느 일방적인 원인만으로 설명하기는 어렵다고 보기 때문이다.

사회복지 프로그램의 원인론은 이처럼 개인과 환경 두 측면을 모두 다루게 하지만,
현실적으로 강조를 어디에 두는지는 개입전략마다 상대적으로 차이 날 수 있다. 개인
측면을 강조하는 개입전략을 선호할 수도 있고, 환경 측면을 강조하는 개입전략을 선
호할 수도 있다.

펄먼(H. Perlman)에 따르면, 사회복지 프로그램이 채택하는 개입전략의 원인론은 동
기·능력·기회(M·C·O)에 대한 상대적 강조의 기준으로 분류될 수 있다.[3] 여기에다
하센펠드(Y. Hasenfeld)의 생체(BP) 접근을 추가하면, 사회복지 프로그램의 개입전략
은 〈표 6-1〉과 같은 원인론 유형으로 분류된다.[4]

〈표 6-1〉 사회복지 프로그램 개입전략의 원인론 유형

원인론 유형		강조 측면	프로그램 예
개인	동기	정서적 측면	심리치료 프로그램
	능력	인지적 측면	교육/정보제공 프로그램
	생체	생리/신체적 측면	일상생활보조 프로그램
환경	기회	생태학적 환경 측면	주거환경개선 프로그램

---

2) Kendall, K. (1986). 'Foreword'. In F. Turner (Ed.), *Social Work Treatment: Interlocking Theoretical Approaches* (3rd ed.). New York: The Free Press, p. xv.

3) Perlman, H. (1957). *Social Casework: A Problem-Solving Process*. Chicage, IL: The University of Chicago Press.; Perlman, H. (1986). 'The problem solving model'. In F. Turner (Ed.), *Social Work Treatment: Interlocking Theoretical Approaches* (3rd ed.). NY: Free Press, pp. 245-266.

4) Hasenfeld, Y. (1983). *Human Service Organizations*. Englewood Cliffs, NJ: Prentice-Hall, pp. 127-128.

동기(M, Motivation)　　개입전략의 원인론을 개인들의 동기 측면에 맞추는 것이다. 개인들의 사회 부적응으로 인한 문제는 그들의 심리적 측면 변화를 통한 문제 해결이 적절하다고 본다. 클라이언트의 정서, 감정, 가치, 태도 등에 변화 의도를 두는 상담이나 심리치료 프로그램 등이 이에 해당한다. 예를 들어, 동기 접근에 의거한 프로그램이 빈곤 문제 해결의 목적을 추구할 때, 개입전략의 주요 내용은 대상자들의 '자활 의지 향상'과 관련된 목표와 활동, 실행 기술들로 구성될 가능성이 크다.

능력(C, Capacity)　　개인들의 능력 측면을 강조하는 원인론이다. 이를 인지적 접근이라고도 하고, 교육, 훈련, 정보제공 등을 통해 클라이언트의 인식과 인지를 변화시키려는 의도를 가진다. 개인적 측면을 강조한다는 점에서 동기(M) 접근과 비슷하지만, 능력 접근은 문제 해결의 동기보다는 능력 측면을 강조한다. 프로그램 목표와 활동들은 개인들의 지식과 기술 습득과 활용을 증대시키는 데 강조점을 둔다. 예를 들어, 빈곤 문제 해결의 목적을 위해 '취업 기술의 향상' 등에 연관된 목표, 활동, 실행 기술을 프로그램의 주된 개입전략으로 구성할 것이다.

생체(BP, Bio-Physical)　　문제의 초점을 클라이언트의 생물학적, 신체적 상태에 두고 그 변화를 모색하는 데 초점을 둔다. 약물치료, 수술, 물리요법, 일상생활보조 프로그램 등이 이에 기반한 개입전략을 가진다. 개인들의 상태 변화에 초점을 둔다는 점에서 동기(M)와 능력(C) 접근에 가깝지만, 생체 접근은 개인의 정신적 측면이 아닌 생리/신체적 변화에 초점을 둔다는 점에서 뚜렷이 구분된다. 예를 들어, '자활 의지'나 '취업 기술'의 향상보다는 '취업을 저해하는 신체적 장애 완화'를 위한 목표, 활동, 실행 기술에 주목한다.

기회(O, Opportunity)　　환경적 원인론이라고도 한다. 문제의 초점을 개인들의 상태보다는 그들의 문제를 유발하는 환경적 조건들에 둔다. 동기(M)나 능력(C), 생체(BP) 접근과는 달리, 문제 해결을 위한 개입전략의 구성도 개인 측면보다는 환경 변화를 주로 의도한다. 클라이언트의 경제적·사회적·생태적 환경을 조절하기 위한 소득보장, 사회적 유대관계 형성, 환경개선 등을 목적으로 두는 프로그램이 기회 접근에 기반한다. 예를 들어, 빈곤 문제 해결을 위한 프로그램이 개인들의 '자활 의지'나 '취업

기술'의 향상, '신체적 장애 완화' 등보다는 '일자리 창출 및 확대'와 연관된 목표, 활동, 실행 기술 등으로 구성될 것이다.

모든 개입전략은 그 안에 나름대로의 원인론을 각자 내포하고 있다. 그것이 실제로 사회서비스 실천의 기초 이론을 형성한다. 효과적이고 효율적인 서비스 프로그램을 만들려면, 해당 문제 상황에 대해 어떤 원인론에 입각한 개입전략이 주효할지를 적절히 선택해야 한다. 사회복지 프로그램 기획에서 사회복지전문직의 주된 역할도 여기에 있다.

3) 사회복지 프로그램 개입전략의 선택

모든 사회복지 프로그램은 각자의 개입전략을 갖추고 있다.[5] 이 가운데서도 단순 현금이전 목적의 프로그램과는 달리, 사회복지 프로그램들의 경우에는 특히 개입전략의 성격을 적절히 구축하는 것이 중요하다.

〈표 6-2〉는 사회복지 프로그램에서 활용하는 주요 개입전략들을 사회적 구성의 차원에 따라 구분해 본 것이다.[6] 사회적 구성을 개인, 가족 집단, 조직, 지역사회, 제도, 전체 사회 차원으로 나누어 지역정신보건, 아동복지, 노인복지 서비스에서의 개입전략들의 예로 들어 본 것이다.[7]

---

5) 비록 명시적·체계적으로 제시되지는 않더라도, 프로그램 이론과 개입전략이 부재할 수는 없다. 그것이 논리적인지, 효과적인 것인지, 혹은 체계적으로 제시 가능한 것인지 등은 언제나 검증 대상이 된다.

6) Rapp & Poertner, *Social Administration*, pp. 29-30.

7) Davidson, W. & Rapp, C. (1976). 'Child advocacy in the justice system'. *Social Work Journal, 21*(3), pp. 225-232.; 또한 참고: Germain, C. & Gitterman, A. (1980). *The Life Model of Social Work Practice*. New York: Columbia University Press.

〈표 6-2〉 사회복지 프로그램 개입전략의 차원별 구분의 예

서비스 차원	지역정신보건	아동복지	노인복지
개인	• 사례관리 • 심리치료/약물치료 • 자원자-Ct 관계 형성 • 개인별 직업재활	• 아동 상담/ 부모 상담 • 개인별 부모 교육 • 부모 옹호/아동 옹호	• 사례관리 • 소비자 교육 • 옹호
가족	• 가족 치료 • 가족 지지 그룹 • 휴(休) 서비스* • 심리교육 워크숍	• 가족 치료 • 위탁가정 계약 • 홈메이커 서비스** • 가정 상담 방문자	• 보호자 지지 프로그램 • 가족 문제 해결 모임 • 소비자가족 교육
집단	• 집단 치료 • 약물복용 모니터 집단 • 지지 집단 • 기술개발 교실/집단	• 익명 부모 모임 • 부모 교육 교실 • 가해자 집단(치료, 모임) • 부모 지지 집단	• 보호자 지지 • 노인 주간보호 • 지역사회 옹호 • 정치 참여
지역사회/ 이웃	• 일시보호 • 아동 위기 센터 • 응급 보호소	• 공동 육아/아동보호 • 소년법원 사례기획 • 부모 센터	• 상호 도움 • 이웃 조직화 • 노인 센터
제도적	• 입/퇴원 규정 변화 • 소비자 중심 서비스 • 소비자 옹호	• 입양 기준 변화 • 체벌 금지 • 학교복지 프로그램 도입	• 후견인 프로그램 개선 • 옴부즈맨 프로그램 도입 • 소비자 보호 입법
사회적	• 정신병원에서 지역사회 중심 서비스로 사회적 지 지 이동	• 양육 보호에서 가족 지원 으로 서비스 전환 • 부모 교육의 보편화	• 자산분할 입법 • 노인학대방지 캠페인 • 지역사회 장기요양 지원 확대 운동

참고: Rapp, C. & Poertner, J. (1992). *Social Administration : A Client-Centered Approach*. NY : Longman Publishing Group, p. 38.

* 휴(休) 서비스는 respite care로서 정신장애인 등의 가족 돌봄에 대한 부담을 덜어 주기 위해 일시적으로 서비스 기관에서 돌봄을 대행해 주는 것이다. 이를 통해 부양자에게 일시적 휴식과 원기 회복을 도모하는 목적을 성취한다.

** 홈메이커 서비스란 취사, 세탁 등의 서비스 욕구를 방문서비스 인력이 제공해 주는 것이다.

많은 사회복지 프로그램이 재활이나 사회통제 목적의 개입전략을 사용하는 경향이 있다.[8] 환경적 접근보다는 개인의 문제에 초점을 둔 정서적 · 인지적 · 생체적 접근의 인과론이 선호된다는 뜻이다. 이러한 인과론을 채택한 개입전략은 적어도 사회의 구조적 변화를 모색하지 않는다는 점에서,[9] 납세자를 비롯한 자원제공자들로부터 사회적 지지를 얻어 내기가 쉽다.[10]

개인적 원인론의 개입전략들은 문제의 원인보다는 결과적으로 나타나는 현상에 초점을 둔다. 그래서 일종의 '피해자 비난 이론'이 되어 버릴 수도 있다.[11] 피해자 비난 (victim blaming) 이론이란 문제의 원인을 가해자에게 두기보다는 정작 피해자인 개인에게 두는 결과를 말한다. 개인을 프로그램의 변화 대상으로 삼게 되면 마치 문제의 초점을 피해자 개인에게 있는 양 비난하는 모양이 된다는 뜻이다.

> 실업으로 고통받는 사람들의 문제를 해결하기 위한 프로그램에서 실업자들의 '취업 의욕'이나 '근로 능력 향상' '체력 강화' 등의 개입전략을 쓴다 하자. 이는 정작 실업의 피해자인 개인들의 문제를 '취업 의욕의 박약' '근로 능력의 부족' '체력 약화'의 탓으로 규정하는 효과(비난)를 낳을 수 있다. 실업의 주된 원인론을 과연 그것에 두는 것이 정당한가? '경기 불황'이나 '부조리한 고용제도' '악덕 고용주' 같은 본원적 가해자에 대해서는 왜 비난하지 않는가?

사회복지 프로그램들은 개인과 환경의 상호작용 관점을 균형 있게 유지하는 개입전략의 채택이 중요하다. 적어도 개인적 차원의 개입전략들을 과도하게 애호하는 경향만큼은 스스로 절제되어야 한다. 또한 가급적 하나의 차원보다는 다차원적인 개입전략을 구사해서 다양성 관점을 유지하는 것도 효과적이다.[12] 하나의 프로그램이 채택하는 개입전략들에서 동기 · 능력 · 생체 · 기회 등의 원인론이 고루 갖추어지는 것도 방법이다.

---

8) Rapp & Poertner, *Social Administration*, pp. 29-30.
9) Fairweather, G. (1972). *Social Change: The Challenge to Survival*. NJ: General Learning Press, p. 7.
10) Rapp & Poertner, *Social Administration*, pp. 29-30.
11) Fairweather, *Social Change*, p. 7.
12) Rapp & Poertner, *Social Administration*, pp. 29-30.

어떤 프로그램의 목적이 클라이언트의 고용을 성취하고 유지하기 위한 것이라고 한다. 그것을 위해서는 반드시 심리사회적 개입, 사전 직업훈련, 직업 알선, 직업 적응 훈련, 조직의 요구와 기술의 적응 방법, 장기적 지원과 옹호 등의 개입전략들이 골고루 함께 구사되어야만 효과적이다.

사회복지 프로그램이 해결하고자 하는 개인이나 사회의 문제는 다양한 원인론으로 연결되어 있다. 대상자의 개인적 동기나 능력, 신체적 조건 등이 원인이 되어 고통이 발생할 수 있으며, 이들 간에도 서로 영향을 주고받는다. 또한 외부 환경적 조건 등과도 모두 결부되어 있다. 따라서 사회복지 프로그램을 설계할 때는 다양한 원인론이 문제 해결에 미치는 영향을 적절히 감안하고, 개입전략의 구성과 결부시켜야 한다.

사회복지 프로그램의 기획에서 사회복지전문직이 효용성을 발휘하는 것도, 바로 이러한 다차원의 원인론에 기반한 사회복지 프로그램의 개입전략을 기획할 수 있기 때문이다. 비록 제한된 자원으로 인해 하나의 원인론 차원에만 개입전략이 집중되더라도, 그로 인해 다른 차원들에 나타나는 영향과 상호작용의 효과 등은 적어도 이해할 수는 있어야 한다.

2. 프로그래밍

1) 대안 찾기

프로그래밍 단계의 기획에서도 '대안들 중 선택'이라는 의사결정이 중요하다. 사회복지 프로그램의 프로그래밍에서 선택하려는 대안은 '서비스 활동'이다. 프로그램이 최적의 서비스 활동을 갖추려면 합리성을 아예 고려하지 않는 단순 점증주의나 현실적 수행이 어려운 포괄적 합리성 접근의 의사결정은 배제한다. 제한적이나마 최대한의 합리성을 추구하는 방식의 제한적 합리성 의사결정 접근이 타당하다.

프로그램 대안들에 대한 체계적 검토를 위해서는 우선 이들을 '가능한 한' 충분히 상세하게 규정해야 한다. 그래야 합리적 대안 선택을 위한 의사결정이 가능하다.

2) 사회복지서비스의 정의

사회복지 프로그램에서 대안 선택의 핵심은 서비스다. 합리적인 서비스를 선택하기 위해서는 우선 이를 상세히 정의할 필요가 있다. 서비스에 대한 정의는 일차적으로 ① 기능, ② 실행 활동, ③ 생산물(product)로 규정하고, 이러한 내용의 서비스에 드는 ④ 생산 비용(cost)의 추정을 포함한다.

각 대안들에 대한 서비스 정의와 비용 추정이 모두 이루어지면, 이를 토대로 최적의 프로그램 대안을 선택하는 의사결정을 한다.

> 미국의 유나이티드웨이(United Way, 공동모금)에서는 대규모 모금과 배분을 수행해 오면서 이를 합리적 방식으로 처리할 필요성을 느껴 UWASIS라는 일종의 '서비스 분류체계'를 만든 바 있다.[13] 자금 지원 신청을 해 오는 수많은 프로그램 대안들 가운데서 무엇을 선택할지에 대한 의사결정을 합리적으로 수행하려면, 우선 이들이 각기 어떤 '기능'을 수행하고, 그에 따른 '활동'은 무엇이며, 최종 '생산물'은 무엇인지를 일관된 기준으로 제시하도록 해야 했다. 프로그램 제안서에는 이를 근거로 한 '비용' 예산서도 첨부토록 한다. 「UWASIS II」에서는 총 171개의 휴먼서비스 프로그램들을 이런 방식으로 정의하고 있다.

〈표 6-3〉의 예시는 사회복지서비스의 정의에 기능과 활동, 생산물에 대한 규정이 어떻게 들어 있는지를 함축적으로 보여 준다. 여기에서 생산물은 성과(outcome)가 아닌 산출(output) 위주로 구성되어 있다. 그로 인해 프로그램 목적 성취와의 직접 연관성은 제시될 수 없지만, 적어도 프로그램 활동에 소요되는 예상 비용을 추정하는 데는 절대적으로 필요하다.

---

13) UWASIS는 United Way of America Services Identification System의 약자다. 미국의 사회복지 분야 공동모금회를 대표하는 UW에서 미국 사회의 무수한 휴먼서비스 프로그램을 분류하기 위해 만든 체계표다. 1971년에 1판, 1976년에 2판이 책자로 발간되었다. 여기서는 사회서비스의 위계구조를 6개의 사회적 목적을 상위에 두고, 그 아래 22개의 서비스 시스템, 시스템 아래 총 57개의 서비스, 최종적으로 171개의 휴먼서비스 프로그램들을 배치하고 있다. 이를 통해 특정 프로그램이 어떤 서비스, 서비스 시스템, 사회적 목적에 소속되어 있는지를 파악할 수 있다.

〈표 6-3〉 UWASIS II에 포함된 프로그램 정의의 예시

「가족 보존 및 강화 서비스를 위한 카운슬링 프로그램(UWASIS 7.1.01.01)」의 정의

(서비스 기능)
가족 보존 및 강화 서비스는 가족들이나 개별 가족 단위의 구성원들을 지원하기 위한 것이다. 부부 갈등, 부모-자녀 관계 갈등, 이성관계 등과 같은 이유로 인해 사회적 기능 수행이 어렵게 되거나, 사회적 상황, 퍼스낼러티, 혹은 관계 형성의 문제들로 인해 스트레스를 경험하게 되는 가족이나 개인들을 위한 것이다. 이런 서비스 기능을 수행하는 프로그램들의 주된 목표는 가족 단위를 보존하고, 강화하고, 가능한 복구하는 것이다.

(카운슬링 활동)
카운슬링(케이스워크 상담)은 가족이나 가족 구성원들이 직면한 감정적 문제나 일시적 스트레스를 파악하고 해결하도록 조언을 주고, 능력을 부여하기 위해 케이스워크 방법(예: 클라이언트와 인터뷰, 대화, 의논, 공감 청취 관련 전문가)을 사용한다. 상담자는 자신의 경험이나 기회 제공을 통해 클라이언트가 사회적 기능 수행의 문제에 대한 자신의 태도와 느낌을 표현할 수 있도록 하고, 그 문제를 다루는 가능한 수단들에 대한 의논을 통해 새로운 관점을 얻을 수 있도록 돕는다. 카운슬링 활동은 일대일 차원에서 하거나, 전문가 직원의 수퍼비전하에 자원봉사자들에 의해 행해질 수도 있다.
프로그램 요소 : 아동 상담, 가족 상담, 미혼모 상담, 미혼부모 및 커플 상담, 양부모 상담, 이혼한 가톨릭 신도 상담, 성병-관련 청소년 및 성인 상담

(생산물)
- 개인 차원에서 상담받은 개인의 수
- 집단상담 세션에서 상담받은 개인의 수
- 상담받은 가족들의 수
- 상담받은 사람들의 총 수
- 일대일 관계의 총 상담 시간
- 집단상담 세션의 총 상담 시간 수

주: UWASIS II (1978). *United Way of America*, pp. 209-210.

기본적으로 〈표 6-3〉과 같은 서비스 프로그램에 대한 정의가 이루어지고 나면, 다음 작업은 프로그램 활동에 대한 구체적인 규정 작업이다. 실제로 특정 사회복지 프로그램을 기획하는 과정에서는 서비스의 정의가 현실적 실행 상황에 맞추어 구체적

으로 묘사되어야 한다. 이를 위해 ① 클라이언트 인구에 대한 추정, ② 서비스 절차와 활동 등이 포함되어야 한다. 프로그램 실행에 소요되는 비용의 추정은 기본적으로 이 두 가지 정보를 필요로 한다. 대안들에 대한 합리적 비교에 비용 예상 정보는 필수불가결하다.

(1) 클라이언트 인구 추정

사회복지 프로그램에서는 서비스 대상인 클라이언트의 수를 통해 그 활동 규모가 예측될 수 있다. 그래서 클라이언트 인구에 대한 추정은 프로그래밍의 가장 기초적인 과업이다.

〈표 6-4〉는 프로그램 대상자 결정에 사용되는 인구 깔때기 모형이다. 일반 인구에서 출발하여 위기 인구를 가려내고, 그중 프로그램이 표적으로 삼을 인구와 최종적으로 현실적인 상황에서 실제로 서비스에 참여하게 될 클라이언트 인구는 얼마일지를 순서대로 추정하는 모형이다. 클라이언트 인구 추정은 프로그램 목적을 설정하는 단계에서 예비적으로 검토되기도 하지만, 프로그램 대안 검토의 단계에서는 필수적으로 다루어져야 한다.

인구 깔때기 모형으로 클라이언트 규모를 추정하는 방식은 공급자 주도의 사회복지서비스 상황에서 적절하다. 시장 주도 방식의 사회서비스들에서 클라이언트 규모 추정은 이용자의 선택권에 의해 영향받는 특성이 있으므로, 깔때기 모형과는 일정 부분 다른 추정 방법이 필요하다. 이용자의 욕구와 선호도를 시발점으로 서비스 인구 규모를 추정할 수 있는 마케팅(marketing) 방식 등이 부분적으로 반영될 필요가 있다.

〈표 6-4〉 **프로그램 대상자 결정을 위한 인구 모형**

프로그램이 대상자 규모를 막연하게 두면 프로그램 활동이 불분명하게 규정된다. 표적 인구에 대한 업무자들 간 기준 적용에서 혼선이 초래될 수도 있다. 이는 서비스의 형평성과 통일성에 관한 문제를 야기시킨다. 인구 깔때기 모형은 이러한 문제들을 예방하는 목적으로 사용된다.

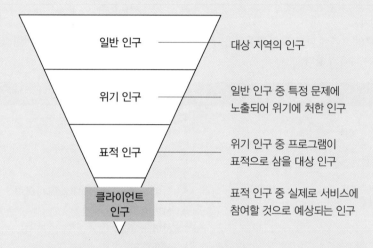

- 일반 인구: 프로그램 목적과 관련된 일반적인 인구 집단이다. 일반 인구에 대한 묘사는 규모와 상황 등을 포함한다. 예를 들어, 아동복지 프로그램이라면, 해당 지역의 아동과 가족의 규모와 현황 등에 대해 기술한다. 만성 정신질환자 대상의 프로그램 경우는 일반 인구에서 정신질환의 유포에 대해 설명한다.
- 위기 인구: 프로그램이 제기하는 사회문제에 특히 민감하게 저촉될 것으로 판단된 집단이다. 가장 취약한 상태에 있는 사람들의 특성, 그런 특성을 소유한 것으로 판단되는 사람들의 수에 대한 추정 등이 포함된다.
- 표적 인구: 위기 인구 중에서도 프로그램이 구체적인 개입 대상으로 삼은 집단이다. 프로그램이 채용하는 개입이론의 성격, 가용 자원의 특성 등이 표적 인구를 결정하는 데 영향을 미친다.
- 클라이언트 인구: 표적 인구 중 서비스에 실제로 참여할 것으로 예상되는 인구다. 서비스 접근성의 문제 등으로 표적 인구 모두가 클라이언트 인구로 되지는 않는다.

(2) 서비스 절차와 활동

서비스 절차는 서비스 내용이 어떤 시간 흐름에 따라 진행되는지를 말한다. 일종의 생산 공정에 해당하는 것이다. 휴먼서비스를 위주로 하는 사회복지 프로그램에서는 클라이언트가 서비스의 단계를 어떤 순서로 거쳐 가고, 각 단계에서는 어떤 활동이 수행되는지를 통해 서비스 절차가 나타난다.

〈표 6–5〉 **전형적 사회복지서비스의 절차와 활동에 관한 예시**

〈서비스 절차〉
서비스 진행의 흐름에 따른 과업 활동들을 구체화시켜 놓는다. 전형적인 사회복지서비스의 절차에 대한 예는 다음과 같다.

공통 절차	〈상담 프로그램〉의 세부 절차
1. 사정	1. 인테이크 및 심사
	2. 문제 규정 및 사정
2. 개입계획 및 계약(목표 설정)	3. 사례계획 수립
	4. 사례계획 실행
3. 개입 실행	5. 서비스 제공과정에 대한 모니터링
	6. 서비스 효과성 평가
	7. 서비스 종료
4. 평가	8. 사후관리

〈서비스 환경과 활동〉
사회복지서비스에서는 대인(對人)적 요소들이 주요 환경이자, 핵심 활동으로 구성된다.

• 클라이언트에 대한 서비스 효과에 영향을 미치는 주요 인물들의 확인: 이들의 개입 및 참여 여부, 기대되는 역할이나 활동들에 대한 예상을 제시한다.
• 서비스 환경의 규정: 작업 환경에 대해 설정한다. 예를 들어, 상담기술을 적용할 시에 비밀보장과 같은 원칙들이 지켜질 수 있는 적절한 상담 공간에 대한 규정, 장애인 프로그램의 경우는 필요한 시설이나 장비의 구비조건 등을 확인한다.
• 실질적 서비스 행동의 규정: 클라이언트와 서비스 참여 인력들이 어떤 상황에서 어떤 행동을 취할 것인지를 묘사한다. 특히 서비스 담당자와 관리자들이 각각의 예상되는 상황에서 어떤 반응을 취해야 할지를 규정한다.
• 예상되는 감정 반응의 확인: 사회복지서비스의 특성인 업무자와 클라이언트 간 긴밀한 대인관계 과정으로 말미암아, 감정의 교류를 적절히 조절하고 에너지화될 수 있도록 유도할 필요가 있다. 감정 통제의 실패는 업무자에게는 감정 폭발이나 소진 현상을, 클라이언트에게는 냉소와 좌절감을 심어 주는 부정적인 영향을 초래할 수 있다. 이에 대비하려면 감정적 상황들을 사전에 묘사해 두고, 이에 대한 반응을 마련한다.

〈표 6-5〉는 개입 위주 사회복지서비스의 전형적인 절차와 활동의 개요 예시다. 사회복지서비스에서는 특히 제공자와 클라이언트 간 대면(對面)적 상호작용이 핵심이므로, 그에 수반된 절차와 활동들을 세세히 규정한다. 이는 프로그램 활동 내용의 정확한 파악과 비용 추정의 근거를 확보하기 위해서도 필요하다.

(3) 생산물의 정의

프로그램 대안 검토에서 생산물에 대한 정의는 프로그램 비용과 밀접히 관련되어 있다. 생산물은 프로그램이 활동을 통해 직접 만들어 내는 결과다. 사회복지 프로그램의 생산물은 일반적으로 세 가지 차원으로 정의된다.

성취(achievement)   프로그램 생산물을 가장 책임감 있게 규정하는 방법이다. 프로그램이 의도한 바를 얼마나 성취하는지를 중심으로 규정한다. 프로그램이 '사람들의 취업'을 의도했다면, '취업자 수'가 성취 기준의 생산물 규정이 된다. 프로그램 논리모델에서는 이를 성과(outcome) 기준이라 부른다. 이 같은 성취 위주의 생산물 규정은 비록 바람직하지만 실제 적용이 힘들 때가 많다. 예를 들어, '아동학대의 예방'에 대한 성취 기준의 생산물은 '예방 건수'가 될 수 있다. 이 경우 아동학대의 범위는 누가 어떻게 규정할지, 예방이 된 경우, 즉, 가만히 두었으면 발생했을 것인데, 프로그램 활동 때문에 발생하지 않게 된 경우는 어떻게 측정할지 등의 어려움이 나타날 수 있다.

서비스 단위   현실적인 이유 등으로 생산물의 규정을 성취 차원으로 나타내기 힘들다면, 서비스의 생산 단위로 규정할 수도 있다. 예를 들어, 상담 시간, 집단 보호 일수, 무료급식 수, 의료검사 건수, 아동학대조사 건수 등으로 서비스 단위 기준의 생산물을 규정할 수 있다. 서비스 단위로 생산물을 규정하는 것은 의사결정자나 평가자들이 프로그램을 통해 얼마나 많은 분량의 서비스가 제공될 수 있을지를 판단하는 데 도움을 준다. 논리모델에서는 이를 대개 활동(activity) 영역으로 간주하지만, 산출(output)에 포함시키는 경우도 있다.

소비자 수   생산물에 대한 규정을 서비스를 받은 소비자 수로 하는 것이다. 대부분의 프로그램은 이에 대한 정보를 기본적으로 갖춘다. 논리모델에서는 이를 주로 산출

(output)로 간주한다. 소비자 수를 결정하려면 먼저 소비자의 개념부터 규정해야 한다. 소비자는 직접서비스를 받는 사람(수급자, recipient), 수급자가 서비스를 받게 됨으로써 혜택을 보는 사람(수혜자, beneficiary)으로 나뉠 수 있다. 이 둘은 일치될 수도, 분리될 수도 있다. 수급자와 분리된 수혜자는 클라이언트의 가족, 이웃, 지역사회, 국가 등으로 다양하게 제시될 수 있다. 예를 들어, 어떤 알코올중독자가 치료를 받으면 그 사람만이 서비스 소비자가 되는 것은 아니다. 오히려 가족과 이웃, 지역사회가 더 큰 수혜자로서의 소비자가 될 수 있다. 프로그램에서 소비자 수를 규정할 때는 이를 명확히 구분해 두는 것이 중요하다.

최근에는 사회복지 프로그램의 기획 혹은 제안서 작성 등에서 성과 관점을 중시하는 경향이 있다. 그래서 단순히 서비스 단위를 제시하거나, 소비자 수 등의 생산물 규정만으로는 적절히 인정받지 못할 수 있다. 사회복지 프로그램들은 가급적이면 성취까지를 포함한 세 가지 차원의 생산물 규정을 모두 갖추는 것이 바람직하다.

제7장

프로그램 평가

사회복지 프로그램에서는 평가가 중요하다. 평가는 전문적 실천에 대한 내재적 타당성을 확보하기 위해서도 중요하지만, 사회적 자원을 할당받은 프로그램들로서 사회적 책임성을 제시하는 의무와도 관련되어 있다. 사회복지 프로그램들에게 평가란 일종의 내·외부적 성찰(reflection)의 기제인 것이다.

1. 평가의 개념과 유형

평가(evaluation)는 프로그램이 의도된 목적을 적절히 수행하는지를 알려는 것이다.[1] 평가에서 도출되는 정보는 외부 자원제공자가 프로그램 지원을 계속할지 결정하는 데 도움을 주고, 내부적으로는 프로그램 개선을 위한 피드백(feedback) 목적에도 활용된다. 프로그램 평가에 대한 결과가 공개되면, 서비스 이용자들 또한 이를 참고해서 해당 서비스의 이용 여부를 판단하는 데 도움을 얻을 수 있다.

---

[1] 여기에서 조직과 프로그램은 뚜렷하게 구분될 수 없는 것으로 간주한다. 비록 초점을 어디에 두는가에 있어서는 차이가 있으나, 둘 다 사회적 목적 달성을 위한 도구로서 간주되며, 따로 떼어서 평가하기 어려운 부분들이 많기 때문이다.

　　모든 평가에는 제각기 목적이 있고, 그에 따라 평가의 방법과 유형도 각기 다르게 나타난다. 평가의 목적은 '평가를 통해 도출되는 정보를 어디에 사용할 것인지'와 관련된다. 평가는 프로그램의 개발이나 개선에 목적을 둘 수 있고, 목표 달성의 여부 확인과 자원 할당의 의사결정에 필요한 정보제공에도 목적을 둘 수 있다. 일반적으로 평가는 크게 두 가지로 구분한다.

　　형성평가(formative evaluation)　　형성평가는 프로그램 개발이나 개선의 목적에 필요한 정보를 수집, 사정하는 활동이다.[2] 프로그램의 계획 과정이나 실행 중에 수행된다. 이 과정에서 모니터링과 피드백에 필요한 정보가 수시로 산출되어야 하므로, 정보 수집의 틀은 비교적 유연하게 적용된다.

　　총괄평가(summative evaluation)　　프로그램 종결 후에 실시하는 것으로, 프로그램 결과의 성과 발생 여부와 그에 수반된 비용 문제 등을 파악하려는 목적이있다. 과정지향적 형성평가와 달리 총괄평가는 목표지향적이다. 이러한 평가에는 엄격하고 객관적인 조사 틀이 요구된다.

2. 평가의 단계

　　평가를 수행하는 과정은 몇 가지의 필수 단계로 되어 있다. 비록 개별 평가의 의도나 성격에 따라 세부 단계들은 달리 구성될 수 있지만, 대부분의 평가는 다음처럼 진행된다.[3]

---

2) 체계적이고 공식적인 평가를 강조하는 입장에서는, 엄밀히 따지면 형성평가와 같은 과정지향적인 평가들이 프로그램 평가에 포함되지 않는다고도 본다. York, R. (1982). *Human Service Planning: Concepts, Tools and Methods.* Chapel Hill, NC: The University of North Carolina Press, pp. 140-141.

3) York, *Human Service Planning,* pp. 140-141.

[1] **프로그램의 확인**　평가의 표적을 찾는다. 프로그램이 다루는 사회문제, 목적과 목표, 프로그램 활동들을 찾아내서 평가의 대상으로 삼는다.

[2] **평가 기준 선택**　평가의 기준을 어떤 것으로 할지 결정한다. 대개 노력 기준은 모든 평가 조사에서 기본적으로 필요하고, 여기에다 성과를 측정해서 효과성/효율성 기준에 사용할 것인지, 영향(impact) 기준을 필요로 하는지, 서비스 전달의 질, 배분의 공평성 기준 등이 요구되는지를 검토하고 판단한다. 기준 선택은 평가 전략의 수립에서 핵심적인 사안이다.

[3] **디자인 결정**　선택된 표적과 기준들을 감안해서, 어떤 조사 디자인이 적절할지를 결정한다. 디자인은 프로그램 활동(독립변수)과 결과(종속변수) 간 인과관계를 검정하는 데 필요한 조사연구의 틀이다. 프로그램 종료 후에 발생한 자료들만으로 평가를 할 것인지(예: 단일집단 후검사), 미리 통제된 실험디자인을 통해 자료를 구할 것인지(예: 통제집단 전후검사), 혹은 다른 방법으로 할 것인지 등을 판단한다. 이론적으로 이상적인 것보다는 현실적으로 최적의 디자인을 찾는 것이 중요하다.

[4] **자료수집**　평가에 필요한 자료들을 측정, 수집한다. 누구 혹은 무엇(자료 원천)으로부터, 어떤 자료(자료 종류)를 도출하기 위해, 어떤 수단(측정 도구)을 써서, 어떤 절차(측정 시점)에 의거해서 실시할지를 결정하고 실행한다. 자료수집은 평가팀이 태스크포스(taskforce) 형태로 실행하거나, 프로그램에 내재된 경영정보시스템(MIS)을 활용하는 방식이 있다.

[5] **자료분석 및 결과 활용**　수집된 자료들을 평가의 기준에 맞추어 분석하고, 목적에 따라 활용한다. 예를 들어, 효과성 기준의 평가라면 프로그램이 성과 목표의 기준치에 도달했는지, 목표 달성이 프로그램 활동 때문이었는지, 그 이유들은 구체적으로 무엇인지 등을 밝히는 것이다. 분석 결과에서 도출된 정보들은 평가 실시의 목적(예: 프로그램 개선)에 의거해서 적절히 쓰도록 한다.

　평가 단계들에 대한 디자인에서는 보통 여러 단계들에 대한 복합적 고려가 필요하다. '자료분석 및 결과 활용'을 감안해서 '평가 기준의 선택'이 이루어진다. '자료수집 방법'의 한계를 파악해서 '평가 기준의 선택'을 한다. 평가의 단계들을 고려할 때는 진행 순서보다 일관성이 확보되는지를 고려하는 것이 더 중요하다.

평가의 제반 단계들이 일관된 선택으로 구성되려면 일차적으로 평가 활용의 주된 소비자가 누구일지가 우선 파악되어야 한다. 외부 자원제공자나 내부 관리자, 인증·감독 기관, 일선 업무자, 클라이언트 집단, 옹호집단, 시민사회 등으로 평가 정보의 소비자 유형은 다양할 수 있다. 이 가운데 현재의 평가 조사에 가장 중요한 이해관계를 가지는 소비자를 파악하고, 그에 적절한 평가 정보를 생산하기 위해 적절한 평가디자인이 이루어져야 한다.

만약 그렇지 않다면, 흔히 실천 현장에서 목격되는 바와 같이 평가는 소중한 프로그램 자원만을 낭비하고서 쓸모없는 자료 생산을 끝으로 용도 폐기되고 만다.

3. 평가의 기준

평가 기준(criterion)이란 무엇을 '판단의 근거'로 하는지이다. 예를 들어, 어떤 사람이 한 일을 평가할 때, '얼마나 열심히 노력했는지' 혹은 '성과가 좋았는지'를 물을 수 있다. 하나는 노력을, 하나는 결과로서 평가하려는 것이다. 노력과 결과의 기준이 반드시 일치하는 것은 아니다. 그래서 평가에서는 어떤 기준을 채택하는지가 대단히 중요한 판단이다. 기준 선택은 대개 평가의 목적과 밀접히 연관되어 있다.

평가의 기준으로는 노력, 효과성, 효율성, 영향, 서비스 질, 과정, 공평성 등이 사용된다.[4] 평가의 목적이나 수행 주체에 따라 선호하는 평가 기준이 다를 수 있지만, 일반적으로 사회복지 프로그램들의 평가에서는 노력과 효과성, 효율성 기준이 많이 쓰인다.

---

4) York, Human Service Planning, pp. 146-150.; 〈Paul, B. (1956). 'Social science in public health', *American Journal of Public Health, 64*, pp. 1390-1396〉은 노력(실행되는 활동의 양), 효과(노력의 결과), 과정(효과가 왜, 어떻게 성취)으로 나눈다. 〈Shuman, E. (1967). *Evaluative Research: Principles and Practice in Public Service and Social Action Programs*. NY: Russell Sage Foundation〉은 여기에다 수행의 '적정성'(효과적인 수행이 전체 욕구의 양에 적절한지의 정도), '효율성'(노력과 수행의 비율에 관심)을 추가한다. 또한 참고: Tripodi, T., Fellin, P., & Epstein, I. (1971). *Social Program Evaluation: Guidelines for Health, Educatuon,*

정책이나 기획 차원의 프로그램 평가에서는 영향이나 공평성 기준에 대한 관심도 중요하다.

1) 노력

노력(effort) 기준은 '얼마나 열심히 했는지'를 보는 것이다. 노력 기준의 평가는 보통 프로그램 수행(performance) 정보를 도출한다. 프로그램 참여도, 수행된 활동들의 양이나 질, 투입된 자원의 정도 등이 프로그램의 노력 정보에 해당한다. 일반적으로 다음의 자료가 노력 기준의 평가에서 중요시된다.

- 클라이언트: 수, 나이, 성별, 소득 수준, 가족 구성 등
- 표적 인구의 서비스 활용 정도: 적용 범위, % 등
- 클라이언트의 서비스 경험: 서비스 접촉의 수와 빈도, 서비스 요청과 최초 접촉 사이의 소요 시간(예: 응급구조 시간), 중도탈락 사례 수 등
- 서비스 담당자들의 활동: 케이스부담률, 서비스 제공 단위(예: 상담 시간), 서비스 유형(예: 진단, 치료, 출장, 의뢰), 서비스 방법(예, 개인, 집단, 가족) 등
- 서비스 담당자 업무수행의 질: 적절한 치료 기법의 활용, 구체적 계획에 의거한 서비스 진행, 행정 규칙과 보고 의무의 준수 등
- 지출과 자원 활용: 예산 항목의 지출, 물품 사용, 공간과 시설의 적합성 등
- 서비스 비용: 서비스 단위 생산에 따른 실질적 비용

프로그램 모니터링에 필요한 대부분의 정보들은 이러한 노력 기준의 평가에서 도출될 수 있다. 효과성이나 효율성 평가를 위해서도 노력 기준의 평가 정보들이 기초가 된다.

and Welfare Administrators, Itasca, Ⅲ.: F. E. Peacock., pp. 45-50.; Patti, R. (1983). *Social Welfare Administration: Managing Social Programs In A Developmental Context*. Englewood Cliffs, NJ: Prentice-Hall., pp. 178-180.

2) 효과성

효과성(effectiveness) 기준이란 제공된 '서비스'와 성취된 '결과' 간의 관계를 평가하는 것이다. 효과성 기준의 정보는 '목표가 성취되었는지, 그것이 프로그램 활동으로 인한 결과인지'를 알려 준다. 이를 위해서는 노력 기준의 정보에 성과측정에 관한 정보가 가미되어야 한다.

프로그램의 성과 정보는 직접/간접 자료 측정을 통해 도출될 수 있다.

직접 자료　클라이언트에 대한 의도된 성과를 직접적으로 측정한 자료. 예) 생활수준 향상, 가족기능 증진 등

간접 자료　간접적인 지표로 측정해서 성과를 추정하는 자료. 예) '노인여가 선용'의 성과를 추정하기 위한 '서비스만족도' 자료

효과성 기준의 평가에서는 목표의 성취 정도를 확인하는 자료 측정이 기본적으로 필요하다. 그럼에도 무형의 장기적 목표를 성과로 두는 경우가 많은 사회복지 프로그램에서는 이러한 측정이 쉽지 않은 경향이 있다. 사회복지 프로그램에서는 이러한 효과성 관련 정보의 획득이 늘 어려운 문제가 되어 왔다. 대안으로 클라이언트의 서비스 만족도나 참여도 등의 간접 지표 자료를 활용하는 경우도 흔하다.

3) 효율성

효율성(efficiency) 기준은 프로그램의 자원 활용에 따른 정당성 여부에 주로 관심을 둔다. 프로그램이 주어진 자원들(인력, 자산, 공간 등)을 경제적, 효율적인 방법으로 적절히 활용했는지, 서비스의 편익은 과연 비용에 견주어서 합당한지, 동일한 목적을 더 경제적으로 수행할 수 있는 방법들은 없는지 등을 확인하는 데 효율성 기준의 평가 정보가 활용된다.

효율성 평가를 위해서는 다음과 같은 비용 관련 자료들의 산출이 필요하다.

· 프로그램 산출물의 단위와 관련한 비용. 예) 한 아이의 입양에 드는 비용
· 프로그램 목표를 성취하는 데 부과된 비용. 예) 인력, 재료, 장비 등
· 다른 프로그램들과 비교를 통해 나타나는 상대적 비용. 예) 기회비용
· 프로그램 비용과 편익의 화폐 가치 환산

이러한 비용 자료들을 기초로 해서, 투입 대비 산출 혹은 성과라는 두 가지 유형의 효율성 평가가 가능하다. 투입-산출(input-output) 효율성 평가는 $\frac{산출}{투입비용}$로 하는데, 노력 기준 정보를 필요로 한다. 투입-성과(input-outcome) 효율성의 평가는 $\frac{성과}{투입비용}$로 하고, 노력 정보에 효과성 혹은 성과에 관한 추가 정보를 필요로 한다.

4) 영향

영향(impact) 기준은 프로그램의 개별적 목표 성과의 기준과는 다르다. 주로 거시적 기획 차원에서 검토되는 것으로, 어떤 프로그램이 주어진 목표에 대해 특정한 성과를 나타내고 있는지에 더해서, 그로 인해 원래 의도했던 사회문제의 해결에는 어느 정도의 영향을 미쳤는지를 파악하는 것이다. 영향평가에는 복잡한 추론과정이 필요한데, 하나의 프로그램 성과에 의해 판단될 수 있는 영역을 벗어나 있기 때문이다.

지역사회 청소년 비행을 예방하기 위한 목적의 일환으로 어떤 청소년 상담 프로그램이 시행되고 있다고 하자. 이 프로그램은 '300명의 청소년이 또래집단 상담 활동에 참여하고', 그 결과 '비행 행동에 대한 인식을 50% 이상 높인다'라는 목표를 두었다. 이 경우 효과성 평가는 과연 또래집단 상담 활동 때문에 300명 청소년이 평균 50% 이상의 비행 행동 인식 제고가 나타났는지를 본다. 그런데 문제는 이 프로그램이 효과를 나타내고 있다 해서, 그것이 전체적으로 지역사회의 청소년 비행 예방에 어떤 영향을 미치는지를 직접 측정하기란 쉽지 않다. 지역사회에는 다양한 사회 환경적 변화 요인과 청소년 관련 활동들이 함께 이루어지고 있으므로, 이 프로그램에 의한 영향만을 따로 가려내서 판단하기 쉽지 않기 때문이다.

프로그램의 영향평가는, 예를 들어 청소년 비행률이나 실업률과 같은 사회문제의 지표를 감소시키려는 목적에서 다수의 지역사회 프로그램, 정책, 기타 제반 활동과 노력들이 있다면, 그 프로그램이 거기에 몇 % 정도 기여했는지를 확인하는 것과 같다. 이것은 개별 프로그램 내에서 설정한 목표들에 대해 효과성 기준의 성취를 확인하는 것과는 명백히 구분된다.

5) 서비스 질

일반적으로 서비스의 '질(quality)'이라는 용어는 효과성을 나타내는 기준으로도 폭넓게 사용된다. 보다 좁은 의미로 사용하자면, 서비스 질이란 그 프로그램에서 '전문적인 기준이 채용되는 정도'를 가리키는 것이다.[5] 이 경우에 서비스 질의 전형적인 지표는 프로그램 수행 인력이 어느 정도의 전문적인 교육 수준과 경험 정도를 갖추었는지를 보는 것이다.

실제 평가들에서 서비스 질 기준은 노력 기준 다음으로 많이 쓰인다. 효과성 기준에 대한 직접 측정이 어려운 상황에서도 프로그램 자체 평가의 기준을 단순히 노력 정도를 넘어서서 질의 차원으로 높이는 것은 언제나 바람직하기 때문이다. 물론 이때의 가정은 서비스 질과 효과성 기준이 같이 움직인다고 전제하는 것이다.

> 사회복지사 1급이 사회복지사 2급보다는 가족치료를 더 잘할 것이라고 가정한다. 직원들의 평균 학력이 높은 기관이 낮은 기관보다 서비스의 효과성이 높을 것이라고 가정한다. 전문의가 있는 병원이 일반의가 있는 병원보다 치료를 더 잘할 것이라고 가정한다. 특급호텔 주방장 출신이 요리하는 식당의 음식이 동네 중국집 주방장 출신의 식당 음식보다 더 맛있을 거라고 가정한다.

---

5) York, *Human Service Planning*, p. 149. 시설이나 프로그램들에 대한 인증(accreditation) 제도가 주로 이 기준을 따르는 방식이다. 참고: 정기원(2000). "사회복지 평가인증제와 심사원 제도." 한국사회복지행정학회 2000년 추계학술대회 자료집, 11, pp. 41-63.

전문 평가자들은 서비스 질 기준의 평가를 그다지 선호하지 않는다. 이유는 서비스 질 기준의 평가가 효과성 평가를 직접 대체할 수 있는 근거가 없다는 점 때문이다. 예를 들어, 학력이 높은 서비스 인력이 반드시 높은 서비스 효과를 초래하지는 않는다는 것이다.

그럼에도 불구하고, 실제 프로그램 평가에서는 서비스 질 기준이 널리 사용되고 있다. 적어도 서비스의 현재 상태에 관해 많은 것을 시사해 줄 수는 있기 때문이다. 그 결과 평가에 관여하는 많은 사람에게, 서비스 질 기준은 특정 프로그램을 쉽게 평가해 볼 수 있는 방법으로 널리 사용된다.

6) 과정

과정(process) 기준의 평가는 프로그램의 실행 과정에 관한 정보를 도출하는 데 쓰인다. 이는 프로그램의 성공이나 실패 결과에 대한 이유를 설명하는 근거로 사용된다. 과정 기준의 정보는 프로그램의 속성이나 서비스 상황 등을 나타내는 자료들로 구성된다.[6]

프로그램 구성요소   프로그램의 구성요소를 접근성, 수행 방법, 수행 인력, 기타 속성 등으로 나누어 분석한다. 프로그램의 결과 특성이나 문제들이 과연 어떤 속성 요소와 관련되어 있는지를 판단하는 데 사용된다.

서비스 인구   서비스 인구 집단의 특성을 차별적으로 분석한다. 프로그램이 각기 다른 서비스 인구 집단에 대해 저마다 어떤 다른 효과를 내는지를 파악하는 데 쓰인다. 예를 들어, 프로그램이 남성보다 여성 이용자에게 더 잘 작동했는지, 젊은 세대와 노인 세대 간 효과의 차이는 어떠한지 등을 밝히는 데 쓰일 수 있다.

환경 조건   프로그램이 제공되는 환경 조건을 분석하는 것이다. 계절별 여건의 차

---

6) Suchman, *Evaluative Research*, p. 67.

이, 주변 경쟁 프로그램들의 상태, 프로그램이 소속된 모기관의 영향 등을 평가의 대상으로 한다. 이런 정보 역시 프로그램의 성공과 실패를 분석, 설명하는 데 쓰인다.

효과의 본질　프로그램이 성취한 효과의 유형과 본질을 나누는 분석이다. 예를 들어, 프로그램의 효과가 인지나 태도, 행동 중 어느 측면에 속하는 것인지 등을 나누어 본다. 효과의 지속성이나 영향 등도 분석할 수 있다. 이들은 모두 평가의 결과를 충실하게 설명해 주는 근거가 된다.[7]

과정 기준의 평가 정보들은 프로그램의 개선 방향을 결정하거나, 다른 환경에 프로그램을 이식, 복제할 가능성이 있는지 등을 확인하는 데 필수적으로 쓰인다. 대부분의 프로그램 평가에서 과정 기준의 정보 역시 노력이나 질 기준 정보들과 함께 공통적으로 수집, 활용된다.

7) 공평성

서비스나 그로 인한 편익이 인구 집단에 공평하게 배분되었는지를 평가하는 기준이다. 이 기준은 정부 정책이나 기획 차원의 평가에서 주로 검토되는데, 합리적 이유보다는 정치적 고려에 의해 채택되는 경우가 많다.

프로그램이 자원배분이나 절차에서 공평했는지에 대한 판단 기준은 대개 '일관성' 근거에서 찾아보기 쉽다. '욕구에 따라 공평하게 분배'가 보다 합리적이겠지만, 그러한 근거를 현실적으로 적용해서 측정하기란 쉽지 않다. 그래서 대개 '모든 사람에게 똑같이'라는 일관성 근거가 채택되기 쉽다. 비록 공평성 기준이 정치인이나 행정 관료의 입장에서는 쉽게 선호되지만, 전문직 인력들에게는 비합리적으로 간주되는 경향이 있다.

---

7) Suchman, 전게서, p. 67.

4. 평가 디자인의 선택

평가 디자인은 프로그램 결과를 분석하기 위한 기본 계획이다. 프로그램 평가에서의 디자인(design, 설계)은 프로그램 활동(수단)이 변화(목적)를 유발하였음을 경험적이고도 객관적인 근거로 제시하기 위해 필요하다. 프로그램 활동의 효과성에 대한 객관적 근거는 외부 효과로 인한 설명력이 제어(control, 통제)된 상태에서만 구할 수 있는데, 평가 디자인은 그러한 제어를 어떻게 할 것인지에 관한 것이다.

평가 디자인에 대한 선택은 평가의 목적, 자원의 가용성, 실천 및 윤리적 제약사항 등을 감안해서 결정한다. 이에 따라 평가의 각종 절차나 활동들이 달리 구성된다. 평가 디자인의 선택은 '이론적' 우수성만이 아니라, '현실적' 실행가능성을 고려하는 것도 중요하다. 다양한 대안적 디자인 유형들에 대한 이해가 필요한 까닭이다.

1) 프로그램 후 측정 디자인

프로그램이 종료된 후(後)에 한번 자료를 수집하고, 이를 근거로 효과성을 판단하는 디자인이다. 이 디자인은 실시가 간편하고, 비용이 적게 든다는 것이 유일한 이점이다. 문제는 프로그램 이론 검증에 필요한 경험적 근거가 현저히 약하다는 점이다.

예를 들어, 프로그램 종료 후에 이용자들을 대상으로 다음처럼 질문하고, 대답을 모으고, 이를 근거로 프로그램의 효과성을 평가할 수 있다.[8]

> 【질문】 서비스를 받기 전 상태와 비교해서 지금은 어떻습니까?
>   ⑤ 훨씬 나아짐   ④ 약간 나아짐   ③ 차이 없음   ② 약간 악화   ① 훨씬 악화

---

8) Millar, A., Hatry, H., & Koss, M. (1977). 'Monitoring the outcomes of social services'. *A Review of Past Research and Test Activities, 2,* p. 21.

해석: 한 개의 질문에 대한 답만으로 이용자 개인의 변화량을 측정한다. 즉, 개인의 변화량 (Y_i) = [서비스 후 상태(Y_B) – 서비스 전 상태(Y_A)] 라고 한다면, 여기서는 개인들로 하여금 스스로 Y_i를 계산해서 답을 제시하도록 한 것이다. 측정과 계산이 개인들의 내면에서 일어난다. 프로그램 참여자가 다수 개인들(N)이라면, 이 프로그램의 효과성은 N명 이용자의 변화량(Y_i)을 모두 합한 것($\sum Y_i$)을 N으로 나눈 평균 점수($\frac{\sum Y_i}{N}$)를 근거로 삼을 수 있다.

앞의 디자인은 그나마 단순히 프로그램 종료 후에 만족도를 묻는 질문(예: '만족하십니까?')만으로 효과성을 측정하는 디자인보다는 낫다. 적어도 질문에서 서비스를 받기 이전과 이후를 '비교해서 생각'하라는 근거를 제시했기 때문이다. 그럼에도, 이런 측정 디자인은 하나의 질문에 이전 상태와 이후 상태에 대한 비교를 묶어 놓았기 때문에, 동일한 Y_i 값이라도 이를 동일하게 다룰 근거가 없다. 예를 들어, Y_i = 4라고 해도 이전 상태가 어떠했는지를 모르기 때문에 이것이 어떤 효과의 크기인지를 판단할 수 없다.

이러한 한계를 극복하기 위해 디자인을 조금 더 발전시킬 수 있다. 예를 들어, 어떤 교육 프로그램이 효과성 평가를 위해 다음처럼 질문을 구조화할 수 있다. 이것 역시 프로그램 후 측정 디자인이지만, 측정의 방법을 살짝 바꾼 것이다.

【질문 A】이 교육 주제와 관련해서, 프로그램을 받기 전에 얼마나 많이 알고 있었는가?
　　　① 거의 몰랐음　② 약간 알았음　③ 적당히 알았음　④ 많이 알았음

【질문 B】이 교육 주제와 관련해서, 지금은 얼마나 많이 알고 있나?
　　　① 거의 모름　② 약간 앎　③ 적당히 앎　④ 많이 앎

해석: 이용자 개인의 변화량(Y_i) = [서비스 후 상태(Y_B) – 서비스 전 상태(Y_A)]인데, 여기서는 프로그램 개시 전, 후 상태를 두 개의 질문으로 나누었으므로 Y_i = (【질문B】–【질문A】)로 측정한다. 전체 대상자들의 성과 평균 점수는 $\frac{\sum Y_i}{N}$으로 계산된다. 앞서 하나의 질문 측정과 비교하면, 비록 같은 Y_i 혹은 $\frac{\sum Y_i}{N}$의 값이라 할지라도 그에 대한 평가가 질적으로 달라질 수 있는 근거가 여기서는 생긴다. 예를 들어, Y_i 값이 2인 사람이 두 명 있을 때, 앞서 하나의 질문 측정에서는 이 둘을 질적으로 달리 평가할 수 없지만, 여기서는 (【④】–【②】) = 2인 사람과 (【③】–【①】) = 2인 경우를 질적으로 달리 평가할 수 있다.

비록 두 개의 질문이 하나의 질문 디자인에 비해 조금 낫기는 하지만, 이러한 두 예들은 모두 지극히 낮은 수준의 평가 디자인에 불과하다. 평가 디자인이 핵심으로 삼는 '다른 설명의 가능성을 배제하는' 장치가 거의 고려되지 못하고 있기 때문이다.

프로그램 종료 후의 상태를 전(前)의 상태와 비교하는 것이 성과(변화) 측정의 핵심이다. 그럼에도 앞서 두 예는 모두 프로그램 전 상태에 대한 측정을 프로그램 종료 후에 이용자들에게 물어서 과거의 기억을 떠올리게 하는 방법을 쓴다. 그러므로 '옛 기억이 정확한가?' '현재의 느낌으로 이전 상태를 생각하는 것은 아닌가?' 등과 같이 평가점수를 의문시하거나 부인하는 설명들을 배제할 수 있는 근거가 없다.

2) 프로그램 후 측정 + 통제집단 디자인

프로그램의 성과를 측정하고자 할 때 프로그램 종료 후 측정만으로는 뚜렷한 한계가 있다. 그래서 여기에다 통제집단을 추가해 보는 디자인을 고려해 볼 수 있다. 프로그램의 성과를 알기 위해 프로그램의 대상이 아니었던 집단을 비교의 대상으로 하는 것이다.

여기서는 두 집단 ─ 프로그램 집단과 통제집단 ─ 을 대상으로 프로그램 종료 후의 시점에서 측정을 한다. 측정의 내용은 '현재의 상태'에 국한한다. 비교의 대상이 되는 프로그램 집단의 '이전 상태'는 통제집단의 현재 상태를 통해 파악한다. 그래서 이 디자인은 앞서 디자인에서의 치명적인 문제였던 '기억에 의존하는 것에 따른 제반 오류 설명의 가능성'을 배제할 수 있다.

예를 들어, 대학생을 대상으로 알코올중독 예방교육 프로그램을 실시하고, 효과성 평가를 위해 '음주에 대한 인식'의 변화량을 성과 기준으로 삼았다 하자. 프로그램 이수자(이용자) 집단과 비이수자 일반대학생 집단을 대상으로 5점 척도를 적용한 10문항의 음주인식 측정 도구를 사용했다 하자. 이 중【질문 4】는 다음과 같다고 하자.

> **【질문 4】** 술은 대학 생활의 낭만을 위해 반드시 필요한 측면이 있다.
>
> ⑤ 절대 맞음 ④ 맞는 편 ③ 그저 그렇다 ② 아닌 편 ① 절대 아님

해석: 개인의 음주인식 점수는 10문항의 답 점수들을 모두 합하고 이를 10으로 나눈 값(Y_i)이다. 집단의 평균 점수는 $\frac{\sum Y_i}{N}$ 인데, 여기서는 두 집단의 값이 생긴다. 프로그램 집단($\frac{\sum Y_{p_i}}{Np}$)과 일반대학생 집단($\frac{\sum Y_{c_i}}{Nc}$)의 값이 따로 계산된다. 여기에서 일반대학생 집단의 음주인식 값은 앞서 프로그램 종료 후 측정 디자인의 【질문 A】의 값에 대한 의미를 띤다. 프로그램에 참여하지 않은 상태를 대변하는 것이라고 본다. 프로그램 활동의 의도가 대학생들의 음주인식에 대한 긍정적 변화였다면, $\frac{\sum Y_{c_i}}{Nc}$에 비교해서 $\frac{\sum Y_{p_i}}{Np}$가 높게 나와야 한다. 즉, $\frac{\sum Y_{p_i}}{Np} - \frac{\sum Y_{c_i}}{Nc}$ = 성과 > 0 이 되어야 한다. 단지 0보다 크면 되는 것이 아니라,[9] 성과의 크기가 충분히 가치 있다고 판단될 정도인지를 평가하는 것이 실천 프로그램들에서는 중요하다.

앞의 예는 평가 디자인에 통제 이슈를 일부 감안한 것으로, 통제집단을 통해 대상자의 기억 의존에 따른 설명의 가능성 문제를 배제할 수 있다. 그럼에도 이 디자인 역시 또 다른 문제가 있다. 과연 통제집단이 프로그램 집단과 같은 성격인지에 대한 의문을 배제하기 어렵다. 그렇지 않으면, 서로 성격이 다른 집단의 점수를 비교한다는 것이 의미가 없어진다. 즉, 집단 간 점수 차이가 프로그램의 효과를 나타내는 것이 아니라, 단지 집단 간 이질성의 결과일 뿐이라는 또 다른 '대안적 설명'이 가능할 수 있다.

따라서 통제집단을 활용하려는 평가 디자인에서는 통제집단의 동질성 확보와 검증 노력이 중요하다. 선발 과정에서 동질성이 확보되기 어렵다면, 분석 과정에서라도 그것이 감안될 수 있어야 한다. 예를 들어, 통계학적 사후통제가 그런 방법들 중 하나다.[10]

---

9) 이를 통계학에서는 차이 검증의 방식으로, 영가설에 대한 유의도(significance level) 개념으로 사정한다.

10) 이에 대해서는 〈김영종(2007). 사회복지조사방법론(2판). 서울: 학지사, pp. 113-135〉를 참고.

3) 프로그램 전-후 측정 디자인

앞서 두 디자인은 모두 '프로그램 후 측정'만을 시도한다는 공통점이 있다. 그로 인한 결정적인 한계는 프로그램 시행 '이전 상태'에 대한 정확한 근거가 없다는 데 있다. 이런 문제를 해결하기 위해, 프로그램 전-후 측정 디자인에서는 프로그램 시작 전에 상태를 미리 측정해 둔다.

> 대학생 음주인식 개선을 위한 상담 프로그램을 6개월간 시행했다고 하자. 이 프로그램의 평가를 위해 프로그램 전-후 측정 디자인을 채택했다면, 먼저 참가 희망자들을 대상으로 프로그램 시행 전에 인식 상태를 측정(Y_A)하고, 프로그램의 시행 종료 후에 이들의 인식 상태를 다시 측정(Y_B)한다. 그러면 프로그램의 효과성 크기는 ($Y_B - Y_A$)로 제시된다.

이 디자인에서는 비교 근거의 부정확성 문제가 어느 정도 해결될 수 있다. 이전 상태를 '기억'이나 '다른 집단'에 의존해서 추정하는 것과는 달리 동일 대상에게서 직접 측정하기 때문이다. 그래서 대부분의 체계적 프로그램 평가에서는 이 같은 전-후 측정 디자인 요소가 기본적으로 채택된다.

그럼에도 이 디자인만으로도 해결되지 않은 문제가 있다. 비록 ($Y_B - Y_A$) = 성과 > 0으로 나왔다 해도, 이것이 반드시 프로그램 활동 때문이 아니라 '다른 이유' 때문이라는 설명을 배제하기 어려운 경우가 여전히 가능하다는 것이다. 예를 들어, 동일한 측정을 두 번 되풀이하면 자연스레 점수가 높아지게 된다든지, 두 측정 시점의 상황이 너무 달라서 점수 차이가 발생한다든지, 혹은 '프로그램이 시행되던 도중에 학교에서 처벌 기준을 대폭 강화시켰는데, 그것 때문에 변화가 나타난 것은 아닌지' 등은 모두 프로그램 활동 때문에 성과 > 0 이라는 효과성 설명을 반박할 수 있는 의문들이다. 그런데 프로그램 전-후를 측정만 하는 디자인으로서는 이러한 의문을 배제하는 데 필요한 경험적인 근거를 제시하지 못한다.

프로그램 전-후 측정 디자인을 활용한 평가는 반복 측정에 따른 문제가 없거나 전-후 측정 사이의 다른 사건의 개입 가능성이 적은 상황에서 사용될 수 있다. 만약 그러한 상황 조건이 충족되기 어렵다면, 단지 전-후 측정의 비교만으로 효과성을 입증해 보이기는 한계가 있다. 효과성 검증을 위해 요구되는 엄격한 통제 요건을 충족시키려면, 이 디자인에다 통제집단을 따로 추가하는 등의 체계적 디자인 방법이 필요해진다.

4) 체계적 평가를 위한 디자인

앞서 보았듯이 체계적 평가의 디자인을 위해서는 적어도 요소 즉, 전–후 측정과 통제집단의 요소를 기본적으로 갖추어야 한다. 프로그램이 어떤 성과를 발생시켰는지를 확인하려면 $(Y_B - Y_A)$가 필요한데, 이는 전–후 측정이 있어야 값을 구할 수 있다. $(Y_B - Y_A) > 0$ 이라 해도, 이것이 다른 이유 때문이 아니라는 점을 보여 주려면 비교할 다른 집단, 즉 통제집단이 필요하다.

'통제집단 전–후 측정 디자인'과 같은 전형적인 실험디자인이 효과성 평가의 요건을 충족시키는 가장 이상적인 것으로 간주된다. 그러나 사회복지실천 현장의 현실에서는 프로그램 평가에 이러한 이상적인 디자인을 적용하기란 거의 불가능에 가깝다. 그래서 실험디자인의 이상에 가까운 현실적 방법으로서의 이른바 '유사–실험 디자인' 모형들이 나타난다.

비동일 통제집단 디자인   전–후 측정과 통제집단을 갖추기는 하지만, 통제집단이 프로그램 집단과 동질적이라는 엄격한 근거는 없는 것이다. 현실적으로 확보 가능한 통제집단은 대개 이럴 수밖에 없기 때문인데, 분석의 과정에서 이러한 비동질성으로 인한 의문들은 평가자가 상황에 대한 충분한 이해와 설명의 한계를 두는 것 등을 통해 해결한다.

시계열 분석 디자인   사회복지 분야에서는 단일사례디자인이라는 명칭으로 많이 쓰인다. 하나의 집단이나 사례에 대해 프로그램 시작 전과 후에 계속해서 일정 시점 간격으로 다수의 측정을 하고, 프로그램 전의 측정값들과 후의 변화 상태를 비교해서 차이가 있는지를 알아보는 방법이다. 개입 전에 측정된 다수의 측정값들이 일종의 통제집단의 성격을 띠고, 개입 후의 측정값들이 프로그램 집단의 성격으로 간주되는 것이다.

이 외에도 다양한 평가 디자인을 조합하거나 구상하는 것이 가능하다. 평가 디자인의 기획에서 중요한 것은 현실적인 상황에서 프로그램 효과성에 대한 경험적인 인과성 근거를 최대한 확보하려는 자세. 체계적이고 공식적인 평가 조사를 위해서는 전-후 측정은 기본적이고, 가능한 방법으로 통제집단의 성격을 확보하는 것이 중요하다.

5. 자료수집

자료수집은 평가 과정에서 보통 가장 많은 시간을 소모하면서, 잠재적 오류의 근원도 가장 많이 포함하는 단계에 해당된다. 평가 조사에 사용되는 자료는 다음의 세 가지 특성을 기본적으로 갖추어야 한다.

정확성   자료들은 정확해야 한다. 현실적으로 부정확한 자료들이 많이 존재한다. 기관의 내부 기록이나 통계를 쓰더라도 부정확하게 작성된 자료들이 많이 있을 수 있다. 평가자는 자료의 정확성 정도를 우선 판단해 보아야 한다.

완전성   평가에 필요한 자료들이 완전히 갖추어질 수 있어야 한다. 예를 들어, 프로그램 종료 후에 전-후 비교를 위한 평가 자료를 수집하려 해도, 이미 프로그램 전 자료는 측정할 방법이 없다. 평가자는 자료의 완전성을 미리 예상해야 한다.

비교성   자료는 비교가 가능한 형태로 작성되어야 한다. 전-후 측정, 통제집단 등에 관한 자료는 어떤 형태로든 비교를 위해 필요하기 때문이다. 자료의 비교성은 정확성과 완전성이 담보되어야 가능한 것이기도 하다.

평가 조사에 필요한 자료가 정확하고, 완전하고, 비교 가능한 형태로 수집되기 위해서는, 프로그램 실행 전에 반드시 자료의 원천과 측정, 수집 방법 등이 미리 적절하게 계획될 필요가 있다.

1) 자료 원천

사회복지 프로그램들은 대부분 평가를 위해 다음 세 가지 자료 원천을 활용할 수 있다.

기관의 문서기록   기관이 소장하는 문서기록은 시간과 노력을 최소한으로 들게 하면서, 가장 편리하게 사용될 수 있는 자료 원천이다. 그럼에도 기관의 문서기록에 평가에 필요한 특정 정보가 빠져 있는 경우는 문제가 된다. 평가 계획을 세울 때는 기관의 문서기록 시스템이 이러한 정보를 일상적으로 수집하게 되어 있는지를 먼저 파악해 보는 것이 필요하다. 서비스 기관의 문서기록은 클라이언트의 나이나 성별, 가족관계 등과 같은 기본적인 인구학적 자료들 외에도 대상 문제의 성격, 의뢰 경로, 지급된 서비스의 수량과 비용 등과 같은 제반 사실적 자료들을 포함한다. 그래서 일상적인 기관의 문서기록은 프로그램의 노력과 효율성, 효과성 등의 판단을 위해 기초 근거 자료를 제공할 수 있다.

전문적 측정 자료   전문가들이 서비스 활동 과정에서 축적해 놓은 클라이언트에 대한 사정 자료이다. 클라이언트의 심리나 행동에 관련해서 다양한 시점에서 측정해 놓은 것이 이에 해당한다. 특별한 훈련과 경험을 통해 전문가들은 일관성 있는 척도를 구사해서 클라이언트를 사정할 수 있으므로, 평가에 필요한 정확하고 비교성을 갖춘 자료로 적절히 사용될 수 있다. 그럼에도 특정 전문직이나 전문가 개인들이 가지는 측정의 편향성 문제가 있을 수 있으므로, 평가 자료로 활용할 경우 주의해야 할 필요가 있다.

클라이언트   사회복지 프로그램에서 클라이언트는 그 자체가 중요한 자료 원천이다. 대부분의 경우, 프로그램 활동의 성과는 클라이언트에게 귀속되어 나타난다. 그러므로 서비스에 따른 만족도나 행동 변화 등의 성과측정은 모두 클라이언트를 자료 원천으로 삼는다. 클라이언트가 반드시 개인 차원일 필요는 없으며, 가족이나 집단, 지역사회 차원도 가능하다. 클라이언트를 원천으로 하는 자료수집에서는 조사대상자의 반응성이나 편향성, 응답 능력의 부재 등으로 인한 자료의 정확성 문제를 검토해 보아야 하고, 또한 자료수집이 비밀보장과 사생활 보호 등의 윤리적 문제에 저촉될 가능성 등까지도 신중하게 고려되어야 한다.

2) 측정과 척도

기관 기록을 활용하는 등의 이차적 자료수집을 제외하고는 평가에서 필요한 대부분의 자료는 측정 도구를 갖추어서 직접 측정할 필요가 있다. 척도(scale)는 일종의 '눈금자'를 의미하는데, 현상을 자로 재듯이 하는 데 필요한 눈금을 의미한다. 많은 경우에서 측정 도구가 곧 척도를 의미한다.

어떤 프로그램이 평가를 위해 서비스만족도 관련 자료를 필요로 한다고 하자. 이용자를 대상으로 직접서비스만족도 조사를 실시한다면, 구성된 '설문지'가 곧 척도가 된다. 대표 이용자들을 초점집단면접(FGI) 방식으로 조사해서 집단 간 결과 비교 등에 활용한다면, 이때는 초점집단이 질적 척도의 형태로 간주될 수 있다.

대부분의 프로그램은 '변화' 목적을 띤다. 그러한 목적이 달성되었는지 확인하려면 사람들에게서 나타나는 변화를 어떤 방식으로든 '측정(measure)' 혹은 '평가(evaluate)'해 보아야 한다.[11] 변화를 알아보려면 적어도 두 시점 이상의 관측점을 필요로 한다. 이들 관측점에서의 측정 결과들을 놓고 비교해 보아야만 변화를 알 수 있다. 그래서 변화는 '측정'이 아니라, '평가'하는 것이라고도 한다.

일반적으로 프로그램 평가에서 측정이라 하면, 변화를 파악할 수 있는 비교의 근거점들을 찾는 것이다.

노인복지기관에서 이용자들의 서비스만족도 개선을 위한 프로그램을 6개월간 시행하고, 그 결과(변화)를 평가해 보려고 한다. 평가를 위한 디자인 설계가 적어도 '시행 전 상태(Y_A)'와 '시행 후 상태(Y_B)'를 각기 측정하도록 되어야만, 변화량($Y_B - Y_A$)으로 측정 혹은 평가될 수 있다.

사회복지 프로그램의 평가에서 가장 중요하면서도 어려운 부분이 측정이다. 사회복지 프로그램들이 대상으로 하는 사람들의 속성, 특히 가치나 태도, 정서, 인지 등과 관

11) 변화는 자체적으로 측정되지 않는다. 변화를 측정하기 위해서는 적어도 두 시점 이상의 관측점을 필요로 한다. 이들 관측점에서의 측정 결과를 비교해야만 변화가 '측정'된다. 그래서 이를 측정이라 하지 않고, 평가라 해야 한다고도 한다.

련한 심리정서적 측면의 요소들은 측정에 많은 어려움이 있다. 몸무게나 키를 재는 것과 같은 뚜렷한 측정값을 산출해 주기 어렵기 때문이다.

이러한 어려움에도 불구하고 사회복지 프로그램에서 평가는 반드시 필요하고, 또한 요구된다. 프로그램이 다루는 휴먼서비스 문제들을 어떤 형태로든 측정하기 위한 척도는 계속적으로 필요하다는 뜻이다. 비록 제한적이기는 하지만 현재에도 다양한 표준화, 비표준화 척도 방법들이 제시되고 있다.

사회복지 프로그램에서 활용하는 다양한 측정 척도들은 나름대로의 유용성과 한계를 각기 안고 있다. 그러므로 현재의 평가 조사가 의도하는 목적과 대상, 기준 등에 최적인 척도를 선택하는 것이 중요하다. 이를 위해서는 평가자가 가진 척도와 측정의 일반적 지식이 훨씬 '전문적'이어야 한다. 전문적(professional)이란 기계적이라는 뜻과는 달리, '폭넓은 지식을 갖추고서, 개별 상황에 대해 개별화된 판단을 할 수 있는 능력'을 뜻한다. 사회복지 프로그램의 평가에서는 사회복지전문직이 프로그램의 측정과 척도에 대해 그러한 전문성을 가져야 한다.

6. 자료분석 및 결과 활용

프로그램 평가의 마지막 단계는 자료분석과 결과 활용이다. 평가에 필요한 자료가 수집되었으면 이를 분석해서 평가의 목적에 적절한 정보로 도출해 내고 활용하는 것이다.

이 단계는 앞선 단계의 과업들이 모두 수행되어야만 가능하다. 평가의 목적이 결정되고, 기준 선택과 디자인, 측정 등을 통해 자료가 수집된 후에야 자료분석이 이루어질 수 있다. 그러나 현실적으로 평가를 계획할 때는 자료분석과 결과 활용이 다른 단계들에 앞서 혹은 적어도 함께 고려되어야만 한다.

1) 자료분석

평가 조사가 형식적이고 의례적이 아니라 활용을 강하게 염두에 두고 계획된 것이라면, 자료분석의 방향은 무엇보다도 평가 결과를 어디에 활용할지에 대한 고려에서부터 결정된다. 프로그램 평가의 목적과 기준, 디자인 구성, 측정과 수집 자료의 성격 등도 모두 이러한 자료분석의 방향 결정과 연관되어 있다.

수집된 자료의 성격과 관련해서 자료분석은 크게 양적 및 질적 자료분석으로 나누어진다.

양적 자료분석   양적(quantitative, 量的) 자료로 수집된 것을 분석하는 것이다. 통계적 분석 방법이 주로 사용되는데, 하나의 변수를 대상으로 중심경향치(예: 평균)와 분산(예: 표준편차) 등을 분석하는 일원적 방법, 두 변수를 대상으로 상관관계(예: 피어슨 r)나 분산분석(예: ANOVA) 등을 하는 이원적 방법, 다수의 변수들을 가지고 관련성을 분석하는 다원적 방법(예: 경로분석) 등이 있다. 양적 자료분석의 결과는 대개 도표나 그림 등과 함께 적절히 함축해서 제시한다.

질적 자료분석   질적(qualitative, 質的) 자료로 수집된 것을 분석하는 것이다. 양적 방법과는 달리 질적 자료들은 수집과 분석의 과정이 뚜렷이 구분되기 힘든 경향이 있다. 자료의 수집과 분석이 동시에 이루어지는 부분도 많다. 질적 자료들을 수집하고 분석, 해석하는 과정에서는 자료수집자로서의 평가자가 자기 성찰(reflection)을 중요한 도구로 갖추어야 하고, 삼각측량(tri-angulation) 등과 같은 복수의 관점 자료들을 의도적으로 구해야 할 필요도 있다. 질적 자료분석의 결과 역시 도표나 그림 등으로 함축, 요약 제시될 수 있다.

자료분석의 구체적인 내용은 평가 디자인과 측정 방식 등에 따라 각기 다르게 도출된다. 효과성 분석을 위해 양적 측정에다 전-후 측정과 통제집단을 갖춘 유사-실험디자인을 사용한 경우에는 자료분석이 효과성 분해를 포함하는 구조적 계산의 형태까지도 띨 수 있다.[12] 효율성 평가를 위해서는 측정된 성과에 대해 비용을 나누어 표준화시켜 주는 정도의 분석이 가능할 수 있다. 질적 자료에 대한 분석은 자료들이 가지는 의미와 함의를 도출해 내는 것에 주된 초점을 둘 수 있다.

2) 결과 활용

자료분석은 평가 결과의 활용을 염두에 둔다. 활용되지 않을 자료분석은 쓸모가 없다. 많은 경우에 평가 결과가 사장되고 마는 것은 평가의 목적과 결과 활용이 우선 고려되지 않은 채로 조사와 분석이 이루어졌기 때문이다. 그 결과, 도출된 평가 정보는 조직이나 프로그램과 관련된 중요한 의사결정과 무관한 것들로 취급되기 쉽다.

체계적 평가를 통해 도출된 정보는 내부자들의 주관적 '감'에 의한 편향이나 왜곡을 줄이는 데 기여하고, 외부자 관점의 책임성 제시에 필요한 근거를 마련해 준다. 사회복지 프로그램의 관리자들에게 공식적 평가의 시행과 결과 활용은 단지 선호의 문제가 아니라 당연한 것이다.

프로그램의 운영자들에게는 평가의 결과가 적절히 사용되게 하는 환경을 구축하는 것이 중요하다. 무엇보다 관리자 스스로부터 평가 정보가 어떤 가치를 가지는지를 명확히 인식하는 것이 필요하다. 자기 성찰과 비판에 개방적인 자세를 취하는 관리자들일수록, 평가 정보를 실천 상황에 적용하는 데 더 많은 관심을 보이는 것으로 알려져 있다.[13]

프로그램 평가의 결과 활용에서는 다음 이슈들이 신중하게 고려되어야 한다.

(1) 평가와 기준행동

프로그램 평가의 결과를 활용할 때는 '기준행동'이 나타날 가능성에 대해 주의해야 한다. 기준행동(criterion behavior)이란 '업무자들이 평가 기준으로 제시된 측정 가능한

---

12) 효과성을 세부적으로 나누어서, 원인 변수들과의 관련성을 계산해 내는 분석을 말한다.
13) Rothman, J. (1980). *Using Research in Organizations*. Beverly Hills, CA: Sage Publications, pp. 120-122.

사안들에만 집중하게 되어, 서비스의 실질적인 효과성에 대해서는 방임하게 되는 것'
을 말한다. 엄격한 측정 기준들이 적용되는 평가가 지속될수록, 업무자들의 기준행동
가능성은 비례해서 증가한다.[14]

서비스 인력의 노력이나 성과와 관련한 평가 정보들을 측정하기 위해 계량화를 시도
하게 될 때, 이러한 기준행동은 바람직하지 못한 결과를 초래한다. 서비스 인력들이 양
적인 지표에만 관심을 갖게 되면 서비스 과정이 지나치게 경직되어 버리기 쉽다.

사회복지 프로그램의 효과성 평가에서는 비록 명확하게 측정되기는 어렵지만 그럼
에도 더 중요한 것이 많다. 서비스 인력과 클라이언트 간 내밀한 신뢰감 형성과 같은
것은 사회복지서비스 전달의 효과성에 결정적인 요소다. 그럼에도 이러한 요소들은 대
부분 직접 측정되기 어렵고, 그래서 평가의 기준에서 누락되기도 쉽다.

현실적으로 평가에서 제시되는 계량화(수량화)된 지표들은 서비스의 실질적인 효과
성을 측정하는 것과는 무관한 것들로 구성될 수도 있다. 그 결과, 심하게는 높은 평가
점수를 획득하는 프로그램들일수록 실질적인 효과성이 더 낮은 경우까지도 가능하다.
프로그램이 양적 지표로만 평가될 때 충분히 예상되는 문제다.

평가의 결과를 진정으로 프로그램 관리 목적에 유용하게 쓰려는 의지를 가진 관리
자라면, 특히 이러한 기준행동의 위험성 등을 고려할 수 있는 역량도 함께 갖추어야 한
다. 평가 본연의 목적이 단지 '평가하는 것' 자체가 아니라 결과 정보를 통해 프로그램
의 개선과 사회적 영향에 '유익하게 활용하려는 것'임을 잊지 말아야 한다.

(2) 평가 결과의 공개

공식적 평가의 결과는 내부적 용도로만 활용하지 않고, 외부로 공개하는 것이 바람
직하다. 비록 예기치 않은 외부 관심과 간섭을 초래할 수도 있지만, 평가 결과의 공개
는 오히려 많은 이점을 줄 수 있다.[15] 외부 환경으로부터의 적절한 이해와 지지를 끌어

---

14) Rothman, 전게서, p. 248.
15) Rothman, 전게서, pp. 248-249.

내는 데 도움이 될 수도 있다.

극히 한정된 자원만을 지원받으면서 사회복지 프로그램들은 외부로부터 서비스의 양과 질이 낮다고 부정적으로 평가를 받는 경우가 많다. 이 경우에는 차라리 평가의 결과를 외부 사회에 폭넓게 공개하는 것이 옳을 수 있다. 문제의 근원은 제한된 자원만을 제공하는 외부 환경에 있음을 오히려 자연스레 밝힐 수 있기 때문이다.

평가의 과정과 결과에 대한 공개는 프로그램의 질적 개선과 함께 책임성 제고의 노력에도 도움을 준다. 평가를 시도하고 공개를 준비하는 과정 자체도 프로그램의 사회적 책임성 제고에 기여하는 행위다. 공개의 과정에서 프로그램의 내부자들은 프로그램의 목표와 방법, 기술, 성과에 대한 생각 등을 외부 환경이 이해할 수 있는 방식으로 바꾸어 가는 '소통'을 이해하게 된다. 이것은 사회복지 프로그램들이 환경과의 긴밀한 개방적 관계 속에서 생존해 가야 하는 현실에서 더없이 중요한 것이다.

제8장

양적 평가

프로그램 평가는 '프로그램이 주어진 목표를 성취했는지', 그것이 '서비스 개입 때문에 발생했는지'를 판단하는 것이다. 프로그램 평가에 있어 양적 평가는 프로그램의 목적 달성 및 개입과 결과 간의 인과성을 수량화된 자료에 입각하여 판단하는 것을 의미한다. 이때 중요한 평가의 표적은 '성과'다. 성과는 프로그램에 참여한 대상자의 직접적인 변화로, 이것이 목적을 통해 구현되어 있는데 이를 경험적으로 확인함으로써 프로그램의 사회적 기여를 검증하게 되는 것이다.

1. 프로그램의 직접적인 변화: 성과

성과(outcome)는 프로그램 활동이 의도하는 궁극적인 목적 달성과 관련된 것이다. 사회복지 프로그램은 대개 이용자의 상태나 조건 변화를 궁극적인 목적으로 하며, 이를 구체화한 것이 성과 목표들로 제시한다.

올바른 성(性) 인식을 높이기 위해 청소년들을 대상으로 성교육을 실시했던 프로그램이 있다. 이 프로그램의 평가는 '교육 활동'(프로그램)이 과연 '올바른 성 인식 향상'(목적)에 영향을 미쳤는지를 확인하는 것이다. 이 경우 '성 인지능력검사 점수의 향상'(Y)이 성과 목표 중 하나로 규정, 측정될 수 있다. Y 값은 프로그램 전과 후 상태를 각기 측정하고 비교해서 나오는데, + 값이 되어야만 프로그램이 효과적이라는 최소한의 경험적 근거가 확보된다.

성과는 산출과 구분된다. 성과(outcome)가 프로그램의 궁극적인 의도와 연결되어 있다면, 산출(output)은 프로그램의 활동과 직접 관련되어 있다.[1] 흔히 프로그램 평가에서 산출로서 성과를 대체하거나, 아예 성과 자체로 간주하는 경우까지도 있다. 사회복지 프로그램들에서 성과의 규정과 측정이 흔히 어려움을 수반하기 때문이다.

자동차를 생산해서 파는 공장 프로그램이 있다. 여기에서 주요 프로그램 활동은 일꾼들이 자동차를 만드는 과정이다. 이 활동의 직접적인 결과는 완성된 자동차인데, 이것이 자동차 생산 프로그램의 산출물이다. 그런데 이 프로그램의 궁극적 목적은 무엇이겠는가? 일꾼들의 자기만족감이나 공장주의 자아성취감 극대화는 아닐 것이고, 이윤 추구와 관련된 성과일 것이다. 여기에서 완성차라는 산출과 이윤이라는 성과는 분명히 구분될 수 있다.

아동의 사회적 관계 향상을 목적으로 하는 어떤 프로그램이 있다. 프로그램 이론은 또래집단이 구성되면, 사회적 관계 향상이 이루어진다는 것이다. 개입전략은 집단 프로그램 활동을 실시하면, 그 결과로 또래집단이 구성될 수 있다고 보았다. 여기에서는 집단 프로그램 활동의 종료가 산출이 될 것이고, '실제로 또래집단이 구성되었는지' '사회적 관계의 향상이 나타났는지' 등이 성과에 해당된다. 문제는 이러한 성과들은 규정과 측정이 쉽지 않다는 것이다. 자동차 생산 프로그램의 이윤 성과를 측정하는 것과는 비교조차 할 수 없다.

비록 어려움이 있지만 사회복지 프로그램 평가에서 산출과 성과 목표는 분명히 구분되어야 한다. 사회적 책임성을 강조하는 현재의 추세는 산출보다는 성과를 프로그램의 결과로 제시할 것을 요구한다. 사회복지 프로그램의 이론과 기술 체계를 굳건히 하기 위해서도 이는 반드시 필요하다.

---

1) 많은 경우에 서비스 프로그램들에서는 활동과 산출이 구분되기 어려운 경우도 많다. 일반 상품 생산과는 달리 서비스 생산에서는 서비스의 활동 과정이 곧 산출이 되기 때문이다.

2. 프로그램 이론

프로그램은 변화를 목적으로 하고, 그것을 실현할 수단으로 프로그램 활동들을 갖춘다. 수단으로서의 프로그램 활동이 어떻게 변화 목적에 기여하는지를 설명하는 것이 프로그램 이론이다. 프로그램 평가는 그러한 프로그램 이론의 타당성을 검증하려는 것이다.

1) 프로그램의 이론 모형

프로그램 이론은 [그림 8-1]에서처럼 프로그램 활동(X)이 결과에 대한 기대 목표(Y)에 미치는 영향을 설명하는 것이다.

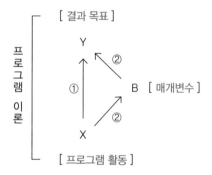

[그림 8-1] **프로그램의 이론 모형**

단순한 프로그램 이론은 ①의 경로만으로 '원인(X) → 결과(Y)'의 인과관계로 설명된다. 어떤 프로그램 활동이 어떤 결과 목표를 달성하게 만들 것인지가 프로그램 이론인 것이다. 프로그램 활동(X)은 얼마만큼의 자원과 서비스 인력을 투입해서 어떤 서비스 내용을 어떻게 제공한다는 등의 '개입 활동'을 의미한다.[2] 프로그램마다 이러한 개

---

2) 프로그램 기획 기법의 일환인 논리모델(logic model)에서는 이를 투입(input)과 활동(activity) 부분으로 더 세분화한다. 논리모델에 대해서는 이 책 11장을 참고.

입 활동의 내용이나 기술, 양 등이 운영 과정에서 차이가 나므로, 프로그램 이론에서는 이를 변수로 취급하여 '운영변수'라 부른다.

　실제 프로그램 이론은 ①의 경로만으로 단순하게 구성되지 않는다. 적어도 하나 이상의 '매개변수'(B)와 그 경로(②)로써 프로그램 이론을 구성하는 경우가 많다. 매개변수는 프로그램 이론에서는 '교량(bridging) 변수'라고도 하는데, 프로그램 활동(X)이 어떤 연유로 결과 목표(Y)를 초래하는지에 대해 설명하는 것이다.

　운영변수(operation variable)　　서비스 활동과 연관된 변수이다. 활동의 내용과 절차를 어떻게 구성하는지에 따라 변수 값이 달라진다. 프로그램 논리모델에서는 '투입' 및 '활동'이 주로 운영변수와 관련되고, '산출' 요소가 해당되는 때도 있다.

　매개변수(bridging variable)　　프로그램 활동과 결과 사이에 위치해서 이들을 이어 주는 다리 역할을 하는 변수다. 프로그램 논리모델에서는 '초기성과' '중간성과' 등이 프로그램의 최종 기대 결과('최종성과')를 위해 필요한 변화로서의 매개변수로 설정된다.

> 어떤 직업상담 프로그램이 다음과 같은 가정을 했다고 하자. "직업상담 서비스(X)를 통해 '일에 대한 태도(B)'를 변화시키고, 그 결과 취업을 증대(Y)시킬 수 있다." '상담'이라는 개입방법을 사용하여 '취업 증대'라는 성과를 기대하는 개입이론으로, '일에 대한 태도'를 교량 역할을 하는 매개변수로 사용하였다. 운영변수는 직업상담 서비스의 운영 방식을 구체적으로 규정하는 것들이다. 집단상담을 할 것인지 개별상담으로 할 것인지, 서비스 기간은 어느 정도로 할 것인지, 강제 참여로 할 것인지 자발적 참여로 할 것인지, 취업 알선과 연계를 덧붙일 것인지 말 것인지, 어떤 연령대의 사람들을 대상으로 할 것인지, 어느 정도의 난이도를 가진 사람들을 대상으로 할 것인지 등의 조합이 각기 운영변수의 값을 결정한다. 운영변수의 값 차이에 따라 매개변수인 '일에 대한 태도' 값이 프로그램 참여자들에게 달리 나타나게 될 것이고, 매개변수의 값이 높아지면 '취업 증대'라는 성과변수의 값도 커질 것이라고 본다.

　프로그램 모형에서 매개변수(B)를 상정하는 이유는 프로그램의 이론적 설명력 향상 때문이다. [그림 8-2]의 예에서처럼, 미혼모 취업률 향상(Y)을 목적으로 하는 프로그램이 아이돌봄과 기술교육 서비스를 제공하는 활동(X)을 하면서 단순히 ① 경로만으로 프로그램 이론을 설정할 수도 있다. 비록 묵시적으로 ②의 취업역량 강화 경로를 염

두에 두는 것일 수 있으나, 이를 프로그램 이론의 매개변수로 직접 드러내서 다루는 것
과는 유용성 면에서 현격한 차이가 있다.

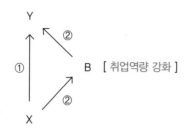

[그림 8-2] **프로그램 이론 모형의 예시**

매개변수(들)를 근거로 프로그램의 성과를 설명할 수 있어야만, 평가를 통해 프로그
램의 변화나 개선을 위한 노력이 어디에 필요한지를 제시해 줄 수 있는 능력이 향상된
다. [그림 8-2]의 예에서와 같이 취업역량 강화(B)라는 매개변수를 상정해 놓고 보면,
그제서야 B를 위해 군이 현재와 같은 [아이돌봄서비스＋기술교육 제공]이라는 프로그
램 활동(X)이 최선이겠는지 혹은 더 효과적/효율적인 다른 대안 활동들은 없겠는지를
고려해 볼 수 있게 만든다.

2) 프로그램의 평가 모형

프로그램이 가지는 이론 모형에 대한 타당성은 경험적으로 검증되어야 한다. 프로그
램 평가 모형은 그러한 목적에 소용되기 위한 것이다. 프로그램 평가는 프로그램의 이
론적 구조에서 예측되었던 바가 실제 결과로 나타나는지를 경험적으로 확인하려는 것
이다.

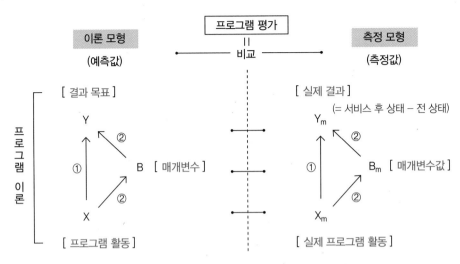

[그림 8-3] **프로그램 평가: 이론 모형과 측정 모형의 비교**

[그림 8-3]은 프로그램의 평가 모형을 나타낸다. 왼편에 제시된 것은 프로그램이 기획한 이론 모형이다. 대개 프로그램들은 ①, ② 등의 경로를 포함하는 인과관계 이론 모형을 표방한다. 오른편은 이러한 이론적 기대 모형이 실제 어떤 결과로 나타났는지를 확인하기 위한 측정 모형이다. 프로그램의 평가는 기본적으로 이 두 가지 모형을 비교하는 것이다.

프로그램 평가 조사에서는 우선 애초 설정(기대)했던 프로그램 결과 목표의 '예측값'과 실제 나타난 결과로서의 '측정값'을 비교한다. 논리와 경험이 합치하는지를 보려는 것, 즉 과학적 설명이 되는지를 확인하려는 것이다.

프로그램 평가를 위한 첫 번째 작업은 '과연 변화가 발생했는지'를 경험적으로 검증하는 것이다. 이 작업은 대개 측정과 자료수집으로 이루어진다. 두 번째 작업은 만약 변화가 있거나 혹은 없었다면, 그 이유가 무엇일지를 경험적으로 확인해 보는 것이다. 여기에는 운영변수와 매개변수에서 발생한 값들을 결과변수의 값과 연관시켜 분석하고, 설명하는 노력이 포함된다.[3]

---

3) Gates, *Social Program Administration*, p. 221.; Weiss, C. (1972). *Evaluation Research*. Englewood Cliffs, NJ: Prentice-Hall, pp. 47-50.

프로그램을 평가하는 목적은 단지 프로그램이 결과 목표를 성취했는지의 여부를 판단하는 것에만 있지 않다. 그 이유를 구체적으로 규명해 내는 것이 중요하고, 그에 따라 프로그램 변화나 개선을 위한 처방을 내리는 것이 프로그램 평가의 보다 중요한 목적이다. 체계적 평가에 수반되는 상당한 비용을 굳이 감수하려는 것도 이러한 이유 때문이다.

3. 프로그램 오류와 평가

프로그램이 기대했던 목표가 바람직한 성과로 도출되지 않으면, 어떤 형태이든 프로그램 오류가 발생한 것이다. 프로그램 평가에서는 그 원인을 분석하고, 제시할 필요가 있다. 프로그램 오류는 이론적 오류와 실행 오류로 나눌 수 있다.

1) 이론적 오류

이론적 오류란 프로그램이 기대했던 바와 같은 이론적 구조로 작동되지 않음을 뜻한다. 프로그램 활동이 결과변수나 매개변수에 정확히 작용했음에도 불구하고, 바람직한 프로그램 성과가 도출되지 않을 경우에 프로그램은 이론적 오류가 있다고 본다.

취업상담 활동(X)을 하는 프로그램이 사람들의 일에 대한 태도(B)를 변화시킴으로써 취업 증대(Y)라는 목표가 달성된다는 이론을 가졌다 하자. 프로그램 평가 결과, 취업 증대의 목표가 달성에 실패했다. 만약 프로그램(X)이 태도(B)를 변화시켰음에도 불구하고, 직업기술 부족 등과 같은 다른 이유들로 인해 프로그램 참여자들에게서 취업 증대(Y)가 나타나지 않는 경우임이 판단되면, 이는 프로그램이 이론적 오류를 가진 것이 된다. '일에 대한 태도'가 실제로는 취업에 영향을 미치는 효과가 미미하거나, 혹은 다른 매개변수들과의 결합을 통해서만 효과가 나타난다는 등을 이론적으로 이해하지 못했던 것이다.

프로그램의 이론적 오류란 비록 매개변수에는 의도했던 변화가 발생했지만, 그것이 궁극적인 프로그램 목표 성과로 연결되지 않는 경우를 말한다. 이런 경우에는 프로그램이 실패를 극복하려면 매개변수들에 대한 교체나 수정, 보완 등을 고려해야 한다. 즉, 프로그램 이론 자체를 수정해야 할 필요가 있다는 것이다. 예를 들어, 기존의 '일에 대한 태도'에다 '직업기술 역량'과 같은 매개변수를 추가로 투입하든지, 아니면 아예 '일에 대한 태도'를 버리고 '직업기술 역량'과 '취업기회 제공'을 주된 매개변수들로 삼는 새로운 프로그램 이론을 구성하든지 하는 것이 적절하다고 평가될 수 있다.

2) 실행 오류

프로그램은 실행 오류에 빠질 수도 있다. 실행 오류란 운영변수의 설정에서 나타나는 문제로서, 그로 인해 프로그램 활동이 제대로 실행되지 못한 것이다. 실행 오류가 나타나면, 당연히 이론적 오류의 검증조차 불가능하게 된다.

> 직업상담 프로그램이 '질 낮은 서비스 내용과 짧은 개입 시간' 등으로 인해 '일에 대한 태도'에 바람직한 변화를 유발하지 못하고, 그로 인해 '취업 증대' 목표에 변화가 없는 경우를 들 수 있다. 운영변수의 설정이나 실행이 잘못되어서, 프로그램 참여자들이 매개변수인 '일에 대한 태도'에서 변화를 보이지 못한 것이다. 매개변수에서의 변화 자체가 일어나지 못했으므로, 이런 경우에는 '일에 대한 태도'의 변화가 '취업 증대'를 유발했는지에 대한 이론적 검증으로 넘어가는 것을 불가능하게 한다.

실행 오류 역시 프로그램이 의도된 성과를 성취하지 못했다는 점에서 이론적 오류와 마찬가지로 프로그램의 실패임에는 분명하다. 그러나 두 경우에서 실패가 의미하는 바는 다르다. 실행 오류라면 적어도 프로그램의 이론적 기반은 아직 의심할 근거가 없으므로, 프로그램 활동이 제대로 수행되지 않았던 점을 먼저 문제로 간주해야 한다.

실행 오류가 발생했을 경우에는 운영변수와 매개변수 간 관계 분석이 우선적으로 필요하다. 프로그램의 전술이나 기술(예: 상담 기간이 짧음, 서비스 담당자의 자질이나 능력 문제, 집단상담의 분위기 통제 실패 등), 수행 여건이나 환경 등이 면밀한 분석의 대상이 된다. 이러한 분석을 통해 파악된 정보들은 곧 프로그램의 실행 과정을 수정하기 위해

'무엇'을 해야 할지를 가르쳐 준다.

3) 프로그램 오류와 개선 노력

프로그램 평가의 취지는 프로그램이 성공적인지, 아니면 어디에서 무엇이 오류로 나타나고 있는지를 확인하는 데 그치지 않는다. 오류의 확인과 분석을 통해 도출된 평가 정보는 프로그램 개선의 구체적 방향과 전략 수립에 기여한다.

만약 평가의 결과로 프로그램의 이론적 오류가 밝혀진다면, 프로그램은 전면적 수정을 필요로 한다. 이 경우 대개 프로그램이 채용하는 전문적 기술의 성격이 변화하게 되는데, 이는 투입되는 전문 서비스 인력들의 성격 교체까지를 유발하기 쉽다.

> 프로그램이 이론적 오류를 수정하기 위해 '일에 대한 태도 변화'를 위한 '상담' 개입전략 대신에 '취업기술 역량'을 강화하기 위한 '기술 교육' 전략을 사용하게 된다면, 프로그램의 서비스 인력은 심리상담 전문직들에서 기술교육 전문직들로 대체될 수밖에 없다.

만약 프로그램의 실패가 실행 오류에 기인한 것으로 밝혀진다면, 이 경우에 프로그램 수정에 대한 권고는 전면적이기보다는 부분적이 되기 쉽다. 프로그램의 운영 방식에 초점을 둔 변화 정도가 필요하기 때문이다.

> 일에 대한 태도 변화를 위해 '상담' 서비스의 기조는 그대로 유지하면서, 상담 인력의 재배치나 추가 교육의 실시, 프로그램 장소나 시간대의 변경, 상담 시간의 조정, 여타 보조 서비스들과의 연계 강화 등과 같은 운영 방식 차원의 개선안들이 제시될 수 있다.

이처럼 프로그램의 오류를 명확히 분간해서 원인을 밝혀내는 것은 프로그램 평가의 중요한 역할이다. 이를 통해 프로그램 개선 등에 대한 구체적인 전략(안)들이 제시될 수 있기 때문이다. 프로그램의 이론적 오류를 수정하기 위한 전략들은 정책이나 기획적 측면에 가깝고, 실행 오류의 수정 전략들은 대개 행정적인 측면에 치중한다.

4. 개입효과와 평가 디자인

프로그램의 성과를 판단하는 두 가지 경험적인 근거 기준에 대해서는 앞서 설명했다. 첫째, '의도된 변화가 발생했는지', 둘째, '그런 변화가 과연 프로그램 개입 활동 때문이었는지'를 보여 주는 기준이다. 이런 두 조건은 프로그램 활동과 결과변수들 간에 인과관계가 성립되는지를 판단하는 데 필요하다.

프로그램은 의도된 변화를 위해 행해지는 인위적인 개입이다. 그런 프로그램이 효과적인지를 평가하려면, 먼저 상태 변화가 실제로 나타났는지를 확인해야 한다.

[그림 8-4]에서는 프로그램 개입(X_0) 전의 상태(Y_A)에 비해 프로그램 개입 후의 상태(Y_B)를 측정하는 것이 제시되어 있다. 이들을 비교해서 그 차이 혹은 변화($= Y_B - Y_A$)를 측정한다. 이 차이가 프로그램 성과에 대한 측정값이 되고, 이는 기대 목표의 예측값과 비교된다.

[그림 8-4]와 같은 평가 디자인을 보통 단일집단 전-후 측정 디자인이라 한다. 사회서비스 실천 현장에서 평가를 위해 일반적으로 많이 쓰는 디자인이다. 이 디자인은 적어도 '비교'의 근거는 갖추었으므로, 그마나 경험적 합리성을 최소한 제공할 수는 있다. 프로그램 평가를 위한 첫 번째 기준인 '변화가 발생했는지'를 보여 줄 수는 있다.

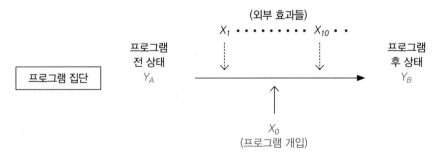

[그림 8-4] 단일집단 전-후 측정 디자인의 프로그램 평가

이 디자인의 한계는 프로그램 평가의 두 번째 기준을 충족시키기 어렵다는 점이다. 변화$(Y_B - Y_A)$가 과연 프로그램 개입(X_0) 때문이라는 것을 확신하려면, 다른 외부 효과들$(X_1 \cdots X_{10} \cdots)$ 때문이 아니라는 것을 경험적으로 제시할 수 있어야 한다. 여기서는 단순히 Y_B 과 Y_A 를 측정하는 경험적 근거만을 가지므로, 외부 효과들에 대한 설명을 경험적으로 통제하지 못한다.

> 지역사회 청소년 게임중독의 예방과 억제에 관심을 둔 프로그램이 있다고 하자. 청소년들을 대상으로 집단상담을 실시하고, 성과를 게임중독검사 점수 지표로 측정한다. 이제 1년간의 프로그램 시행이 끝나고, 프로그램이 과연 효과적이었는지를 평가해 보고자 한다. 이를 위해 프로그램은 청소년들에게 게임중독검사를 프로그램 시행 전(Y_A)과 후(Y_B)에 각기 측정해 두었다. 만약 ($Y_B - Y_A$) = −30점으로 나왔다 하자. 100점 만점 기준에서 30점만큼 중독이 줄어든 것이다.

만약 30점이라는 변화의 크기가 절대적 혹은 상대적 목표 기준에 합당한 것으로 인정된다면, 프로그램의 성과 확인을 위한 첫 번째 조건인 목표 성취의 여부는 검증된 것이다. 그다음은 두 번째 조건으로 30점 변화가 과연 프로그램 개입(X_0) 때문인지를 확인해야 한다.

여기서는 다른 이유들, 예를 들어 동네 게임방이 문을 닫았다든지(X_1), 지역의 학교들에서 게임예방 교육을 대대적으로 실시했다든지(X_2), … 혹은 동일 검사지를 두 번 시행한 데 따르는 도구 효과(X_{10}), … 등 때문이 아니어야만 집단상담 프로그램의 실시 (X_0)가 게임중독검사 점수 30점 감소의 온전한 원인으로 설명 혹은 평가될 수 있다.

문제는 [그림 8-4]와 같은 단일집단 전−후 측정 디자인은 프로그램 평가를 위한 두 번째 조건을 직접 경험적으로 확인시켜 주지 못한다는 것이다. 그래서 다양한 형태의 고급 평가 디자인에 대한 필요성이 이로부터 나온다.

1) 전형적인 실험디자인

외부 설명의 가능성을 차단한 가운데 프로그램의 개입 효과를 확인할 수 있도록 하는 데 쓰이는 가장 이상적인 평가 디자인은 이른바 전형적 '실험디자인'이다. 실험디자인(experimental design)은 프로그램 활동과 성과 간 인과관계의 성립 여부를 명확하게 판단해 준다. 논리적으로 프로그램 활동 이외의 다른 외부 요인들이 성과를 설명할 수 없도록 상황을 통제하기 때문에, 실험디자인은 프로그램 평가의 가장 이상적인 디자인이라고 할 수 있다.

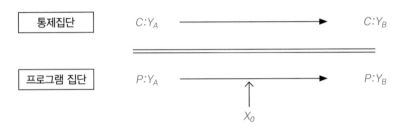

[그림 8-5] **전형적인 실험디자인의 프로그램 평가**

[그림 8-5]는 통제집단 전-후 측정 디자인이라 불리는 전형적인 실험디자인이다. 이 디자인에서는 프로그램 집단과 통제집단이라는 두 집단을 갖춘다. 프로그램 활동이 이루어지는 프로그램 집단과 비록 이와 모든 것이 동질적이지만 프로그램 활동만이 주어지지 않는다는 차이를 가진 통제집단이 있다. 이 같은 통제집단은 프로그램 집단과의 비교를 위해 필요하다.

두 집단은 모든 면에서 동질적이고 다만 프로그램 활동(X_0)이 주어지는 것만 차이가 난다면, 프로그램 집단의 변화($= P:Y_B - P:Y_A$)와 통제집단의 변화($= C:Y_B - C:Y_A$) 간의 차이를 설명하는 유일한 이유는 프로그램 개입(X_0)밖에 없다는 설명이 경험적 근거를 갖추게 된다.[4]

이 같은 전형적 실험디자인은 개입과 성과 간 인과관계를 검증하는 이상적인 방법일 수 있다. 문제는 사회복지 프로그램의 평가 현실에서 동질적인 통제집단을 갖추는 것은 거의 불가능에 가깝다는 점이다. 단지 평가의 목적만으로 사람들을 인위적 통제집

---

4) 두 집단 간의 차이를 검증하는 데는 표준화된 통계학적 기법들이 사용될 수 있다. 보통 t-검정 혹은 ANOVA 분석 등이 쓰인다.

단 상황에 처하도록 하는 것이 옳은지에 대한 윤리적 문제도 있다.

이러한 현실적 어려움으로 인해 통제집단 실험디자인은 이상형으로만 간주된다.[5] 일반적으로 평가 연구들에서는 실험디자인의 대안적 디자인들이 많이 선택되어 사용된다. 평가 작업 자체는 현실이기 때문에 현실적으로 적용 가능한 디자인을 선택해야 하는 것이다. 유사-실험디자인은 실험디자인의 이상에 최대한 유사하게 접근하려는 시도이다.

2) 유사-실험디자인

사회복지 프로그램들에서 평가 목적만으로 엄격한 통제집단을 활용하는 것은 현실적으로 불가능에 가깝다. 그럼에도 프로그램의 성과를 제시하기 위해 필요한 통제된 경험적 근거는 여전히 필요하다. 유사-실험디자인(quasi-experimental designs)의 유형이 그러한 필요성에서 사용될 수 있다.

비동일 통제집단(non-equivalent control group) 디자인　　비록 통제집단은 갖추고 있으나, 실험집단과의 동질성은 자체적으로 보장하지 못하는 것이다. 현실적으로 가능한 최대한의 유사한 집단을 찾아 통제집단으로 활용하는 방법이다.

중퇴청소년들의 복교를 목적으로 하는 상담서비스 프로그램에 대한 성과를 확인하고자 한다. 프로그램 집단의 복교율을 프로그램 실시 전과 후에 측정해서 성과(차이)가 측정되었다고 하자. 프로그램 평가의 두 번째 조건을 위해서는 이러한 복교율의 증가가 과연 상담서비스 때문이었는지의 통제된 근거를 제시해야 한다. 이를 위해서는 프로그램 대상 집단과 정확하게 같은 성격의 중퇴청소년들을 모아 두고, 다른 모든 상황은 똑같게 하고 상담서비스만 받지 않도록 해서, 두 집단의 결과를 비교해 보는 것이 좋다. 문제는 그런 통제집단을 갖추는 것이 윤리적·현실적으로 불가능하다는 점이다. 그래서 비록 정확하게 동질적이라고 할 수 있는 근거는

---

5) 실험디자인의 이상에 비추어 보면서 다른 디자인들이 갖고 있는 한계를 찾아볼 수 있게 하는 데 유용한 논리적 준거틀이 된다.

없지만, 서비스를 받지 않으면서 최대한 유사한 중퇴청소년들의 집단을 선택하여 그들의 복교율 변화를 프로그램 집단과 같은 시기에 관찰한다. 이 집단에서의 변화는 프로그램 집단의 변화와 비교되고, 그 결과 프로그램의 성과 여부를 판단하는 데 도움을 준다.

여기에서 상담서비스를 받은 청소년들이 그렇지 않은 청소년들보다 복교율의 변화가 컸다고 하면, 서비스 개입의 효과를 일단은 추정할 수 있다. 문제는 통제집단의 동질성이 보장되어야만 엄밀한 비교가 가능하다는 점이다. 프로그램에 참여하는 청소년들과 비교 대상이 되는 집단의 청소년들이 성격이 다르다면(대개 프로그램 참여 청소년들은 이미 효과가 높게 나타나기 쉬운 성격들로 편향되어 있기 쉽다), 이는 프로그램 자체의 성과라기보다는 비교대상의 차이 때문이라는 설명이 보다 설득력을 가질 수 있다.

실험디자인의 이상에 비추어 보면, 비동일 통제집단 디자인은 디자인 자체만으로 프로그램 활동과 성과에 관한 인과관계를 경험적으로 입증하는 데 뚜렷한 제한점을 가진다. 그럼에도 현실적 실행 가능성이 높다는 점에서 사회복지 프로그램 평가에서는 대안적 유용성을 가진다.

비동일 통제집단 디자인을 사용할 때는 평가자가 프로그램 상황에 대해 한층 더 풍부한 이해를 갖추고 있어야 한다. 디자인 자체가 경험적 근거를 제시해 주지 못하는 부분을 평가자가 상황에 대한 풍부한 지식으로 보완할 필요가 있기 때문이다.[6]

단일사례디자인(single subject design)   단절시계열 디자인의 일종이다. 시계열(time-series)이란 시간에 따라 연속적으로 자료의 흐름이 도출되는 것을 말한다. 단절시계열이란 이러한 시계열에서 급격한 변화(단절)가 있을 때, 이를 설명의 경험적 근거로 삼는다는 것이다.

프로그램 평가의 목적에서 단일사례디자인은 여러 가지 장점을 가진다. 프로그램 활동이 진행되는 과정 중에 자료수집이 지속적으로 이루어질 수 있다는 점, 통제집단을 따로 두지 않고도 통제 목적의 근거가 가능하다는 점 등으로 인해, 이 디자인은 사회복

---

6) 김영종 (2007). 사회복지조사방법론(2판). 서울: 학지사, pp. 131-135.

지실천 현장에서 프로그램 실천과 평가를 병행할 수 있는 유용한 디자인으로 널리 인정받고 있다.

  사회복지실천 현장에서 프로그램의 성과에 대한 경험적 증거력을 높이려면, 어떤 식이든 동질적 혹은 유사–동질적 통제집단을 갖추는 것이 필요하다. 그럼에도 이런 집단을 프로그램 집단과의 비교 목적만으로 확보해 놓고 있는 것은 불가능에 가깝다. 단절 시계열 디자인에서는 이런 문제를 해결하기 위해, 같은 서비스 대상(단일사례)을 반복적으로 측정해서 이를 서비스를 받은 상태로서 '프로그램 집단'과 서비스를 받지 않은 상태의 '통제집단' 성격으로 구분하는 방법을 쓴다. 그래서 이를 단일사례디자인이라고도 부르는 것이다.

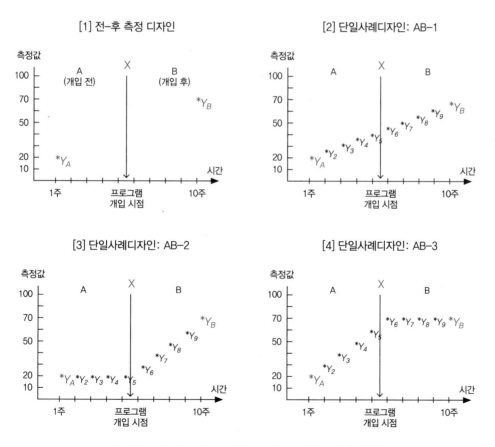

[그림 8–6] **단순 전–후 측정 디자인과 단일사례디자인들**

단일사례디자인에서는 성과에 관한 측정치가 프로그램 실행 전, 실행 도중, 실행 후에 계속적으로 측정된다. 프로그램 실행 전에 비해 실행 도중이나 후에 급격한 변화들이 측정된다면, 이를 프로그램 개입으로 인한 성과로 설명한다. 여기에서 통제집단은 따로 필요하지 않다. 그 대신 프로그램 실행 전에 측정된 다수 측정값들을 '기초선(baseline)'으로 삼아 이를 마치 통제집단의 역할로 간주한다.

[그림 8-6]은 단일집단 전-후 측정 디자인의 경우 [1]과 단일사례디자인의 경우 [2], [3], [4]를 비교해 놓은 것이다. 먼저, 경우 [1]에서는 프로그램 개입으로 인해 개입 전의 상태(Y_A)에서 개입 후의 상태(Y_B)가 상당한 차이($70 - 20 = 50$)를 보이므로, 개입(X)이 효과가 있는 것처럼 판단될 것 같다. 그러나 이것은 성과 검증의 경험적 요건을 충분히 완비하지 못한 것이다.

만약 측정을 두 차례만 하지 않고 프로그램 진행 중에 Y_2, Y_3, … 등으로 연속해서 측정해 보았다면, 경우 [1]의 성과 추정은 전혀 다른 양상을 띨 수도 있다. 경우 [2]와 [3], [4]는 경우 [1]과 Y_A, Y_B에서는 모두 똑같은 결과가 나왔지만, 진행 과정에서 측정된 값들의 움직임이 다름에 따라 결과에 대한 해석들은 크게 달라진다. 즉, 경우 [1]만으로는 경우 [2]와 [3], [4] 중 어떤 해석이 가능할지에 대한 경험적인 근거를 갖추지 못하는 것이다.

경우 [3]과 [4]에서의 측정값들의 변화는 프로그램 개입의 효과에 기인하는 것으로 보인다. 다만 그 의미는 서로 반대로 나타나는데, 경우 [3]은 개입으로 인한 긍정적 변화를 뜻한다. 프로그램 개입 전의 측정들($Y_A \sim Y_5$)에서는 변화가 없다가, 프로그램 개입 후부터의 측정값들($Y_6 \sim Y_B$)이 점차 50점만큼 상승했다. 반대로 경우 [4]는 비록 같은 변화 50점($Y_B - Y_A$)이지만, 반대 부호의 효과를 나타낸다. 가만히 놔두었으면 상승 변화했을 것($Y_A \sim Y_5$)을 프로그램 개입 이후($Y_6 \sim Y_B$)에 상승을 멈춘 효과를 보여 준다. 변화의 목적이 무엇이었는지에 따라 프로그램 개입이 효과를 내는 방향은 경우 [3]과 [4]가 거꾸로인 것이다.

경우 [2]는 프로그램 효과를 아예 검증할 수 없는 경우다. 프로그램 개입 시점을 전후해서 측정값들이 다른 동향을 보이지 않는다. 프로그램 개입과 변화와의 공변성

(covariability)이 아예 없는 것이다. $(Y_B - Y_A = 50)$이라는 결과는 경우 [3]과 [4]와 같지만, 프로그램 개입의 효과라고 볼 수는 없는 것이다. 단절시계열 혹은 단일사례디자인을 활용해서 프로그램의 성과를 검증해 보이려면 적어도 결과는 경우 [3] 혹은 [4]와 같은 것을 기대할 것이다.

단순 전-후 측정 디자인 [1]의 경우는 경우 [2]에 대한 가능성을 배제할 경험적 근거가 없으므로 성과에 대한 설명력이 취약해진다. 따라서 측정을 두 시점에서 하는 것보다는, 가능하다면 프로그램 전, 도중, 후에 지속적으로 수행해서 이들을 비교해 보는 단일사례디자인 방법이 우월하다.

사회복지 프로그램의 평가에서 이와 같은 제반 유사실험디자인들이 널리 선호되는 이유는 현실적으로 엄격히 통제된 비교집단을 갖기 힘들기 때문이다. 그럼에도 이들이 실험디자인의 이상(ideal)을 온전히 대체하지는 못한다. 비록 현실적인 이유에서 사용하지만 이들의 한계에 대한 인식을 통해 제약된 평가 설명을 시도해야 한다.

3) 비교 디자인

비교 디자인은 유사한 다수 프로그램들을 비교의 대상으로 삼는 디자인이다. 유사한 개입이론을 갖는 다양한 프로그램을 비교함으로써 현재 프로그램에 대한 평가의 근거가 도출되도록 하는 데 주로 쓰인다. 앞서 제시된 디자인들이 조사방법론의 통제 논리에 보다 충실했다면, 비교 디자인은 통제가 가해지지 않는 현실 상황의 비교를 의도한다.

비교 디자인은 비실험적이다. 프로그램 집단을 비교하기 위해 통제집단을 따로 갖지 않기 때문이다. 오히려 유사한 다수 프로그램들이 서로 통제집단의 성격을 띠며 비교의 대상이 된다. 유사한 개입이론을 가진 프로그램들이 서로 성과가 차이 나고 있다면, 그 이유를 프로그램의 운영변수들에서 찾아 설명한다. 어떤 것이 성과에 중요한 영향을 미치고, 그 특정 변수의 영향을 어떻게 분리해 볼 수 있는지 등을 다룬다.

비교 디자인을 활용한 평가 조사에서는 자료수집의 시기나 비교 방법을 제시하는 고정된 틀을 가지지 않는다. 미리 설정된 명확한 논리적 틀에 의해 안내되기보다는 상황에 적합한 풍부한 경험과 내부적 지식을 갖춘 평가자들에 의지한다. 비교 디자인의 평가자들은 프로그램의 운영변수들을 적절히 식별해 내고, 성과에 대한 외부 설명의 통제를 디자인 틀보다는 경험적인 지식으로 보충하는 역할을 한다.

비교 디자인은 프로그램의 성과를 경험적으로 검증하는 데 많은 취약점들을 갖고 있다. 명확한 디자인 틀을 사전에 갖추지 않는다는 것이 주된 이유다. 복잡한 운영변수들을 각기 분리시켜 통제할 방법이 없기 때문에 엄격한 인과관계의 검증을 제시하기 어렵다. 프로그램 이론의 적절성 평가에는 근원적인 한계가 있다는 것이 대표적인 단점이다.

이러한 단점들에도 불구하고 비교 디자인은 현실적인 평가에서 적절히 쓰일 수 있다. 프로그램의 내부 사정에 익숙한 평가자들이 다른 프로그램들과의 비교를 통해 평가 정보를 도출해 주므로, 프로그램의 운영 측면을 개선하는 데 필요한 유용한 정보가 여기에서 나올 수 있다.

제9장

측정 도구 및 전략

프로그램 기획의 전 과정에서 다양한 측정이 필요하다. 프로그램 개발과 관리, 평가의 제반 과정들은 논리적 타당성뿐만 아니라 경험적 검증을 필요로 한다. 무엇보다도 사회복지 프로그램은 변화 모형(change model)을 전제로 하므로, 어떤 상태나 조건의 변화가 성취되었음을 경험적으로 제시할 수 있어야 사회적 책임성을 인정받을 수 있다.[1]

측정은 개념을 경험적 현상으로 나타내는 것이다. 측정은 양적(量的, quantitative) 혹은 질적(質的, qualitative) 접근 방법으로도 가능하다. 질적 측정은 평가자의 경험적 판단을 중시하고, 양적 측정은 평가자의 주관성을 오히려 억제하기 위한 시도를 중시한다. 어떤 접근을 선택할지는 프로그램 기획자의 의도, 자원제공자의 요구, 제반 제도적 규칙 등에 의해 달라질 수 있다.

질적 측정에 대해서는 10장에서 다룰 것이다. 여기서는 성과와 관련된 양적 방법의 측정 도구들을 소개한다.

---

1) 프로그램의 책임성(accountability)이라는 말의 의미도 여기에서 비롯된 것이다. 누군가에게 설명될 수 있는 (accountable) 것이어야 한다는 뜻이다.

1. 척도의 분류

척도(scale)는 측정에 사용되는 도구다. 키를 측정하기 위해 눈금자를 사용하듯이, 개인이나 사회적 현상의 제반 측면들을 자(=척도)로 재듯이 하려는 것이다. 측정하려는 현상에 따라 다양한 척도 방법이 개발될 수 있다. 척도의 성격은 다음의 비교 기준을 써서 파악될 수 있다.[2]

개별/일반 척도가 특정 사례에 개별화된 상태로만 개발되는지, 아니면 일반적인 사례들에 범용될 수 있는 것인지를 구분한다.

정량/비정량 척도에 사용된 눈금이 '① 하루마다' '② 일주일마다' 등으로 명확한 기반(정량)을 사용하는지, 아니면 '① 조금' … '④ 상당히 많이' 등으로 명확하게 고정되지 않은 용어 기반(비정량)을 사용하는지에 따라 구분한다.

복합/단일 척도를 통해 도출되는 측정값이 하나인지 아니면 하위 개념 측정값들로 나누어 복수로 제시가 가능한지로 구분한다. 예) 개인의 '사회적 기능 수행'을 측정하려면, 직장, 교우관계, 가족 등에서의 기능 수행을 구분해서 측정해 줄 수 있는 복합 척도가 유용하다.

사회복지 프로그램의 평가와 측정에서 쓰이는 대부분의 척도는 이러한 세 가지 구분 기준에 따라 〈표 9-1〉처럼 8가지 유형으로 분류될 수 있다.[3]

---

2) 〈Coulton, C., & Solomon, P., (1977), 'Measuring the outcomes of intervention', *Social Work Research and Abstracts, 13*(winter), pp. 3-9.〉이 개발한 평가 스케일의 분류표를 참고.

3) York, R. (1982). *Human Service Planning: Concepts, Tools and Method.* Chapel Hill, NC: The University of North Carolina Press, pp. 159-175.

〈표 9-1〉 **측정 척도의 유형 구분**

	개별		일반	
	복합	단일	복합	단일
정량	(유형 I)	(유형 II)	(유형 V)	(유형 VI)
비정량	(유형 III)	(유형 IV)	(유형 VII)	(유형 VIII)

　　사회복지의 개별 실천에서 많이 사용하는 목적달성척도(GAS)가 대표적으로 유형 I
에 해당된다. 유형 I 에 속하는 척도들은 프로그램이 대상으로 하는 특정 사례에 '개별
화'되어 개발된다. 다수의 하위 차원 개념들을 '복합' 측정하고, 눈금자는 '정량'을 사용
한다. 대부분의 표준화된 측정 도구는 일반의 유형 V, VI, VII, VIII 중 하나에 속한다.
　　유형별 척도의 예는 다음과 같다.

[유형 I] **개별/정량/복합 척도**

질문 1 [사회복지사 응답] 클라이언트는 ○○○와는 어떤 관계로 지내고 있는가?

　　　(+ 2) 클라이언트가 ○○○와 잘 지낸다.

　　　(+ 1) 클라이언트가 ○○○에게 더 이상 화내지 않는다.

　　　(0) 클라이언트가 더 이상 ○○○와 싸우지 않는다.

　　　(- 1) 클라이언트가 더 이상 ○○○를 죽인다고 위협하지 않는다.

　　　(- 2) 클라이언트가 ○○○를 죽인다고 위협한다.

질문 2 …

[유형 II] **개별/정량/단일 척도**

[클라이언트 응답] 프로그램에서 설정한 목표들 중에서 얼마가 성취되었다고 보는가?

ⓐ 전혀 없음   ⓑ 한두 개   ⓒ 서너 개   ⓓ 다섯 이상

[유형 III] 개별/비정량/복합 척도

[클라이언트 응답] 프로그램 시작 전에 제기한 문제들 중 두 번째(주위를 의심하는 마음 때문에 힘듦)와 관련해서 현재의 상황이 어떤가?

ⓐ 많이 나아짐 ⓑ 어느 정도 나아짐 ⓒ 약간 나아짐 ⓓ 변화 없음 ⓔ 악화됨

[유형 IV] 개별/비정량/단일 척도

[클라이언트 응답] 프로그램의 A 활동에 참여해서 현재까지 어느 정도의 성취가 있었다고 보는가?

ⓐ 많이 나아짐 ⓑ 어느 정도 나아짐 ⓒ 약간 나아짐 ⓓ 변화 없음 ⓔ 악화됨

[유형 V] 일반/정량/복합 척도

A. [외부 평가] 클라이언트의 신체 건강을 어떻게 평가하는가?

① 좋음 (악성 질병 없음)

② 얼마간 장애 (의료 치료를 요구하는 한두 개의 손상 있음)

③ 심각한 장애 (생명을 위협하는 손상을 가짐)

B. 클라이언트의 '경제적' 자원을 어떻게 평가하는가?

⋮

[유형 VI] 일반/정량/단일 척도

[외부 평가] 일반적으로, 클라이언트의 기능 수행 수준을 어떻게 평가하는가?

① 클라이언트는 자기지지적이고 지원을 필요치 않음

② 클라이언트는 자기충족적이지만 지원을 필요

③ 클라이언트가 다른 사람들에게 매우 의존

[유형 Ⅶ] 일반/비정량/복합 척도

A. 우리 지역사회에서 '레크리에이션'을 즐길 수 있는 환경이 어떻다고 평가하는가?

　⑤ 뛰어남　④ 매우 좋음　③ 적절함　② 나쁘지 않음　① 열악함

B. '취업' 기회는 어떻다고 평가하는가?

　⋮

[유형 Ⅷ] 일반/비정량/단일 척도

[외부 평가] 일반적으로 당신은 클라이언트의 기능 수행 수준을 어떻게 평가하는가?

④ 뛰어남　③ 좋음　② 나쁘지 않음　① 열악함

　각 유형의 척도들은 나름대로의 장·단점을 가지면서 유용한 분야도 각기 다르게 나타난다. 개별 척도는 클라이언트의 욕구 상황에 보다 민감하게 반응할 수 있고, 일반 척도는 공식적 프로그램 평가의 비교 목적에 보다 유용하게 쓰일 수 있다. 정량 척도는 보다 신뢰도가 높지만, 개발하기가 쉽지 않다. 비정량 척도는 개발하기는 쉽지만, 신뢰도의 약점이 있다. 복합 척도는 단일 척도에 비해 타당도와 신뢰도를 높게 고려할 수 있지만, 개발과 측정 과정이 대개 복잡하다.

　일반적으로 프로그램 평가에서는 일반화/정량/복합 성격을 가지는 유형 Ⅴ 척도를 많이 쓴다. 이 유형의 척도는 모든 클라이언트들에게 일반화된 동일한 질문을 하고, 점수를 명확한 기반에서 부여할 수 있고(예: '클라이언트가 보조 없이는 걸을 수 없다'), 클라이언트의 기능 수행 차원을 나누어(예: '신체적 불안' '사회 적응') 각기 분리된 측정 결과를 산출해 줄 수 있다.

> Duke 대학의 OA MFAS(노인 다차원 기능 사정 척도) : 노인의 기능 수준을 평가하기 위해 개발된 것으로, 인간의 기능 수행에 관한 5가지 주요 차원을 제시했다. '신체 건강' '정신 건강' '사회적 자원' '경제적 자원' '일상적 활동 능력'. 이 가운데 '신체 건강'에 대한 척도는 다음과 같은 정량 눈금을 가진다.[4]

점수	상태	측정 지표
(1)점	신체 건강 뛰어남	정기적으로(적어도 종종) 정력적인 신체 활동에 참여함
(2)점	신체 건강 좋음	심각한 질병이나 장애가 없음. 한 해 한 번의 건강 체크와 같은 일상적 의료케어가 요구되는 정도임
(3)점	가벼운 신체적 손상	의료 치료나 교정 조치를 통해 나아질 수 있을 만큼의 가벼운 질병이나 장애 있음
(4)점	얼마간의 신체적 손상	고통스럽거나 혹은 실질적인 의료 치료를 요구하는 하나 이상의 질병이나 장애를 가짐
(5)점	심각한 신체적 손상	심하게 고통스럽거나 생명을 위협하는, 혹은 광범위한 의료 치료를 요구하는 하나 이상의 질병이나 장애를 가짐
(6)점	완전한 신체적 손상	자리에 누워 있어야 하고, 치명적인 신체 기능들을 유지하기 위해 의료 보조나 간호를 24시간 요구함

공식적 프로그램 평가에서는 유형 Ⅴ 척도들을 많이 활용한다. 그 이유는 일차적으로 프로그램들 간의 성과를 비교하기 위해 동일 잣대가 필요하기 때문이다. 유형 Ⅴ는 또한 복합 척도로서 하위 개념들에 대한 측정값을 분리해서 산출해 주므로, 프로그램의 세부 영역별 효과들의 확인까지도 가능하게 해 준다. 표준화된 척도일수록 측정의 타당도와 신뢰도에 대한 확인 근거를 더 많이 가진다는 것도 유형 Ⅴ의 활용을 유인한다.

비록 유형 Ⅴ 척도들이 프로그램 평가를 위한 잠재적 유용성이 가장 크다고 하지만, 프로그램의 상황에 적합한 척도를 찾지 못할 경우가 많다. 이를 직접 개발한다는 것은 많은 노력과 비용이 드는 일이다. 무엇보다 표준화된 척도는 개별화된 클라이언트의 사례를 측정하는 데 있어서의 민감성은 약할 수밖에 없다. 각각의 척도 유형들이 가지는 이 같은 장·단점들을 고려해서 프로그램 기획의 제반 단계에서 현실적으로 가장 유용하게 쓰일 수 있는 척도를 구성하고 선택하는 것이 필요하다.

---

4) Millar, A., Hatry, H., & Koss, M. (1977). 'Monitoring the outcomes of social services'. *A Review of Past Research and Test Activities, 2*, p. 24.

2. 목적달성척도

목적달성척도(Goal Attainment Scaling, GAS)는 유형 I 의 대표적인 척도다. 이 척도는
처음에 키레숙(T. Kiresuk)이 1970년대 미국의 한 지역 정신보건서비스를 평가하는 과

〈표 9-2〉 목적 달성 후속점검 가이드의 GAS 예시

달성 수준 눈금	척도 차원과 가중치		
	자살 (가중치 = 30)	속임 (가중치 = 25)	약물남용 (가중치 = 30)
a. 가장 부정적 치료 성과 (-2)	환자가 자살했음	환자가 약을 요구하며 지역사회서비스 기관들을 전전하고, 다른 유형의 치료를 거부함	환자가 강력한 마약에 중독되었다고 보고됨 (헤로인, 모르핀)
b. 기대에 못 미친 치료 성과 (-1)	처음 접촉 이후 적어도 1번 이상의 자살 충동에 관한 행동을 했음	환자가 약물을 요구하려고 더 이상 센터를 방문하지 않지만, 다른 기관들에는 계속 다니고 여전히 다른 유형의 치료를 거부함	환자가 마약을 복용했지만 중독되지 않음. 그리고/혹은 환각제(LSD, 대마초)를 한 달에 4번 이상 흡입함
c. 기대된 수준의 치료 성과 (0)	환자는 처음 접촉 이후 적어도 4회 이상의 자살 충동을 보고했으나, 행동으로 옮기지는 않았음	환자가 더 이상 약물을 위해 속임 시도는 않지만, 다른 유형의 치료도 받아들이지 않음	환자가 후속점검 기간에 강력 마약을 사용하지 않고, 환각제를 한 달에 1~4번 사용함
d. 기대 이상의 치료 성과 (+1)		환자가 다른 지역사회 기관에서 비약물 치료를 수용함	환자가 환각제를 한 달에 1회 미만 사용함
e. 최고 치료 성과 (+2)	환자는 처음 접촉 이후 자살 충동을 보고하지 않았음	환자가 비약물 치료를 수용하고, 스스로 개선의 기미를 보인다고 보고함	후속점검 기간에 환자가 어떤 불법 약물도 복용하지 않음

참고: Kiresuk, T. (1973), "Goal Attainment Scaling at a County Mental Health Service", In *Evaluation*, Special Monograph No. 1., Mineapolis Medical Research Foundation, p. 15.: 〈York, *Human Service Planning*, p. 164〉에서 재인용.

정에서 고안해 냈던 것이다. 지역의 정신보건시스템을 평가하기 위해서는 개별 클라이언트들의 복잡한 욕구와 서비스를 개별적인 상황들에 적합하게 포착할 수 있어야 하는데, 이를 위해 개별화 척도가 유용할 것으로 보았다. 〈표 9-2〉의 예와 같은 것이다.

GAS의 구성을 위해서는 먼저 전문가와 클라이언트가 클라이언트 행동의 제반 차원들에 대한 목적을 설정한다. 〈표 9-2〉의 예에서는 자살, 속임, 약물남용 문제 차원에 대해 5점 척도의 정량 눈금이 제시되었다. 차원별 중요도의 차이를 감안하기 위해 가중치를 두었다. 클라이언트는 인테이크와 후속점검 시에 이 척도를 이용해서 사정되는데, 두 시점 간 점수의 차이를 통해 목적 달성과 관련한 치료 성과를 확인해 볼 수 있다.

유형 Ⅰ의 GAS는 개별화된 상황에서 다양한 형태로 작성되어 사용된다. 〈표 9-3〉은 자활과 자립을 중심 목적으로 기획되는 사회복지 프로그램에서 '자기충족' '자기지지'의 성과 개념을 측정하기 위해 개발한 GAS 척도의 예다.

사회복지 프로그램의 평가에서 GAS는 상당히 유용하다. GAS 접근은 개별 클라이언트와 기관의 상황, 합의적 목적 설정 등이 중요시되는 휴먼서비스 상황의 성과측정을 가능하게 해 준다. 또한 다차원을 다루는 복합 척도로서 실천 과정의 세부 측면들에 대한 평가를 가능케 하는 유용성도 있다. 정량 눈금자를 활용한다는 측면에서 신뢰도(측정의 일관성) 또한 높게 기대할 수 있다.

GAS 척도의 약점은 일반화된 측정 타당도를 기대하기 어렵다는 점이다. 그래서 이같은 척도로 측정된 성과는 다른 프로그램들의 성과와 비교해 볼 수 있는 근거로 활용되기가 어렵다. 또한 클라이언트와 서비스 제공자 간에 책정된 GAS의 기준이 프로그램 외부 평가자나 전문가들의 성과 기준과 일치하지 않을 수도 있다. 이로 인해 GAS는 공식적 프로그램 평가에서 사용되는 데 일정한 제약이 있다.

〈표 9-3〉 **목적달성척도(GAS)의 예시**

• 자기충족 GAS

⑧ 클라이언트가 지원 서비스 없이 자신과 다른 사람들을 돌보는 책임을 완전하게 떠맡을 수 있음

⑦ 클라이언트가 지원 서비스로 자신과 다른 사람들을 돌보는 책임을 맡을 수 있음

⑥ 클라이언트가 지원 서비스 없이 나이에 전적으로 적합한 수준에서 독자적으로 기능할 수 있음(그러나 다른 사람들을 돌보지는 못함)

⑤ 클라이언트가 최소한의 지원 서비스로 나이에 적절한 수준에서 독자적으로 기능할 수 있음

④ 클라이언트가 신체적 혹은 다른 한계들로 인해 독자적이지만 한계 상황으로 기능할 수 있음 / 확대된 지원 서비스들이 요구됨

③ 클라이언트가 일정 정도 무능력함 / 시설거주 상황에서 자신의 욕구를 돌볼 수 있음

② 클라이언트가 상당히 무능력함 / 자신의 욕구들 중 일부를 돌볼 수 있으나 수퍼비전이 요구됨

① 클라이언트가 심각한 신체적, 정신적, 혹은 정서적 장애들로 인해 완전히 무능력함

• 자기지지 GAS

⑦ 고용됨 / 전적으로 자기지지 / 지지 서비스가 요구되지 않음

⑥ 고용됨 / 부분적으로 자기지지(소득에 추가해서 약간의 공공부조를 받음) / 지지 서비스가 요구되지 않음

⑤ 고용됨 / 부분적으로 자기지지 / 지지 서비스가 요구됨

④ 고용되지 않음 / 직장이 준비됨 / 지지 서비스 불필요

③ 고용되지 않음 / 직장이 준비됨 / 지지 서비스 필요

② 부분적으로 고용될 수 없음(시설거주 상황에서만 취업 가능, 혹은 신체적 기능 손상으로 인해 방해됨)

① 전적으로 취업 불가능 / 무능력, 고령, 문맹 혹은 다른 취업 장애 요인들 때문임

참고: York, R. (1982). *Human Service Planning: Concepts, Tools and Method*. Chapel Hill, NC: The University of North Carolina Press, p. 166.

3. 클라이언트 만족도

클라이언트 만족도(client satisfaction)는 이용자로부터 프로그램(서비스)에 대한 만족 정도를 측정하는 것이다. 소비자 중심주의(consumer-centered) 접근에서는 클라이언트 만족도 자체를 효과성 평가의 기준으로 삼는 경향도 있다. 일반적으로는 클라이언트/이용자 만족도의 측정은 프로그램 과정이나 서비스 질 개선을 위한 목적에 활용한다.

클라이언트 만족도 조사는 응답 환경에 따른 편향성이 크게 나타날 수 있다. 그러므로 측정 도구 자체도 중요하지만 그보다는 자료수집의 방법과 측정 환경을 적절히 통제해서 타당도와 신뢰도를 높일 수 있는 부분에 대한 고려가 앞서야 한다. 일반적으로 클라이언트 만족도 조사에서는 다음을 중요시한다.[5]

다양한 자료수집 방법의 활용 한 가지 방법에만 의존하면 그 자체가 가지는 측정의 왜곡이나 편향을 알아내기 어렵다. 일반적으로 정형화된 질문지나 전화면접 등의 양적 서베이 방법을 많이 사용하지만, 기관이나 프로그램 운영에 필요한 정보는 클라이언트 관점에 근거를 두고 있는(grounded) 질적 자료수집 방법을 쓰는 것도 좋다. 간단히 만족도 조사 설문지에 한 두 개 정도의 개방형 질문을 하는 방법들도 있다.

세부 영역별 만족도의 측정 이를 통해 만족도 평가의 유용성과 타당도를 함께 높일 수 있다. 다음 영역들은 만족도 측정에서 반드시 포함시키는 것으로 본다.[6]

- 필요한 서비스들이 갖추어져 있었는지
- 시설에 접근하기가 용이했는지

5) 황성철(2005). 사회복지프로그램 개발과 평가. 경기: 공동체.
6) Royse, D., Thyer, B., Padgett, D., & Logan, T. (2001). *Program Evalutation: An Introduction* (3rd ed.). Belmont, CA: Wadsworth/Thompson Learning.

- 직원들은 역량을 갖추고 있는지
- 직원들은 얼마나 도움이 되었는지
- 서비스의 연속성은 있었는지 (예: 담당직원이 자주 바뀌지 않는지?)
- 서비스 성과에 대한 만족도는 어떤지

조사 시점과 환경의 다양화   특정 시점과 환경에서 실시하는 만족도 조사는 그에 고유한 편향성 소지를 안고 있다. 그래서 가급적이면 다양한 조사 시점과 변화된 환경하에서 조사를 실시하게 되면 측정 결과에 대한 신뢰도의 근거를 더 많이 갖출 수 있게 된다. 시점과 환경의 변화에도 일관된 측정값이 유지된다면, 측정은 신뢰도를 가지는 것으로 판단될 수 있다.

검증된 척도의 사용   타당도와 신뢰도가 높은 척도를 사용하는 것이 중요하다. 해당 프로그램 분야에 유효한 만족도 척도를 찾아내서 타당도와 신뢰도를 염두에 두고 적절히 질문들을 개조해서 활용할 필요도 있다. 일반적으로 참고가 되는 클라이언트 만족도 척도의 예는 〈표 9-4〉와 같다.

〈표 9-4〉 **클라이언트 만족도 조사표 예시**

선생님이 받으신 서비스의 개선을 위해 다음 질문에 답해 주시면 대단히 감사하겠습니다. 좋았거나, 싫었던 점을 솔직히 답해 주시기 바랍니다. 모든 질문에 답해 주시고, 추가로 조언이나 질의하실 것이 있으시면 언제든 해 주십시오. 대단히 감사합니다.

(적절한 것에 ✓ 해 주십시오)

1. 선생님이 받았던 서비스의 질은 어떻다고 보십니까?

4	3	2	1
훌륭함	좋음	보통	낮음

2. 선생님이 원했던 서비스를 받으셨습니까?

4	3	2	1
절대 아님	아님	맞음	절대 맞음

3. 우리 프로그램이 선생님의 필요한 것을 어느 정도 충족시켰습니까?

4	3	2	1
거의 모두 충족	상당히 충족	일부 충족	아무것도 충족 안 됨

4. 만약 친구분이 비슷한 도움이 필요하다면, 우리 프로그램을 그분에게 추천하시겠습니까?

4	3	2	1
절대 아님	아님	맞음	절대 맞음

5. 도움을 받으신 서비스의 양(量)은 충분하십니까?

4	3	2	1
매우 불충분	무관심 혹은 약간 불충분	대체로 충분	매우 충분

6. 선생님이 서비스를 받았기 때문에 문제를 더 효과적으로 해결하는 데 도움이 되었습니까?

4	3	2	1
대단히 도움	어느 정도 도움	실제로 도움 안 됨	일을 더 어렵게 만듦

7. 전반적으로, 선생님이 받으신 우리 서비스에 대해 얼마나 만족하십니까?

4	3	2	1
매우 만족	대충 만족	무관심 혹은 약간 불만족	매우 불만족

8. 만약 도움이 다시 필요하시다면, 우리 프로그램을 찾아 주시겠습니까?

4	3	2	1
절대 아님	아님	맞음	절대 맞음

참고: Pascoe, G., & Attkisson, C. (1983). 'The Evaluation Ranking Scale: A new methodology for assessing satisfaction'. *Evaluation and Program Planning*, 6, pp. 335-347.; 〈Royse et al., Program Evaluation, p. 200.〉에서 재인용.

4. 기타 척도

일반적으로 공식적 프로그램 평가에서는 표준화 척도들을 많이 쓴다. 비록 수많은 표준화 척도가 개발되어 있지만 스스로 타당도와 신뢰도를 완벽하게 보장하는 것은 없다.

평가자가 자신의 프로그램 대상에 맞는 적절한 척도를 찾아내거나 개발해서 측정에 활용하려면 무엇보다 제반 척도에 관한 평가자의 폭넓은 이해가 선행되어야 한다.

기존에 개발된 표준화 척도를 찾아보기 위해서는 일차적으로 다음의 참고 도서들에서 출발할 수 있다.

• 임상 실천의 측정(Measures for Clinical Practice) J. Fischer & K. Corcoran (1994).
 − 300개 가량의 사정 도구들에 대한 쉬운 설명과 용례 소개
 − 문제 영역별 분류 (예: 학대, 가족기능, 사회적 관계 등)
 − 인구 집단별 분류 (예: 아동, 성인, 가족 등)

• 사회복지사를 위한 임상 사정(Clinical Assessment for Social Workers) Chicago: Lyceum. 1995.

• 측정 도구 검색 엔진 (Test Locator), http://ericae.net/testcol.htm
 − 검사지와 측정 도구 등 10,000여 개 검색 가능

• 사회복지 척도집(2판). 나눔의 집. 2007.

사회복지 프로그램들에서 활용되는 상당수의 표준 척도는 영어판을 단순 번안(飜案)한 것이므로, 타당도와 신뢰도에 대한 적절한 수준의 '의심'을 두고 사용하는 것이 필요하다. 이를 위해서는 곧 사회 현상의 측정에 대한 과학적 방법의 일반적 이해 수준을 제고하는 것이 무엇보다 선행되어야 한다.

제10장

질적 평가

근래 프로그램 평가에서 질적(qualitative, 質的) 방법에 대한 관심이 증가해 왔다.[1] 이는 양적(quantitative, 量的) 방법 일변도의 프로그램 평가가 가지는 한계나 불충분성에서부터 기인한다. 사회복지 프로그램들은 대개 휴먼서비스 특성의 비가시적이고 대면적인 상호작용의 질적 관계를 서비스 생산의 과정이자 결과로 한다. 따라서 이러한 서비스에 대한 평가를 위해서는 양적 방법뿐만 아니라 질적 평가 방법에 대한 이해도 덧붙여져야 한다.

1. 질적 평가란 무엇이고, 왜 필요한가

질적 평가는 프로그램을 질적(qualitative, 質的)으로 분석하는 방법이다. 프로그램의 질적 평가 역시 양적 평가와 마찬가지로 과학적 방법에 근거한다.[2] 논리와 경험적 근

---

1) Royse, D. et al. (2001). "Qualitative methods in evaluation". In *Program Evalution : An Introduction* (3rd ed.). Belmont, CA : Wadsworth/Thompson Learning, pp. 82-107.
2) 과학적 방법이란 '논리'와 '경험'을 체계적으로 결합해서 무엇을 설명하는 것이다. 프로그램이 효과적이었다거나 그 이유를 설명하려고 할 때, 그것이 말로도 합당해야 하지만 경험적인 증거로도 제시될 수 있어야 한다는 것이다. 그러한 논리와 경험적 근거를 함께 제공하는 방법이 있다면, 그것은 모두 과학적 방법에 해당한다.

거를 가지고 프로그램을 체계적으로 설명하려 하기 때문이다. 다만, 앞에서 다루었던 효과성이나 효율성 등 양적 평가와는 경험적 근거를 제시하는 방법에서 차이가 나타난다.

질적 평가는 귀납적 전통을 따르는 다양한 질적 조사연구 방법에 기초한다. 질적 조사연구의 방법은 다음을 포함한다.

- 근거이론(grounded theory)
- 현상학 연구(phenomenology study)
- 문화기술지(ethnography)
- 사례연구(case study)
- 개인사기술(biography, 傳記)

비록 다양한 질적 조사연구 방법이 있지만, 이들을 양적 조사연구 방법과 차이 나게 하는 공통점은 다음과 같다.[3]

- 자연스런 현장 환경에 대한 조사 강조 (cf. 통제적 환경하에서 조사)
- 자료수집 도구로서 조사연구자의 관찰, 면접을 중시 (cf. 객관적 측정 도구)
- 이야기(narrative) 방식의 결과 보고 선호 (cf. 수량화, 통계적 분석 결과)

아직까지 프로그램 평가를 이러한 질적 방법으로 수행하는 경우는 많지 않다. 그 이유는 프로그램 평가를 요구하는 쪽(예: 자원제공기관)이 대개 프로그램의 과정적 측면보다는 결과적 측면(산출이나 성과)에 대한 양적 측정 자료를 요구하는 경향이 지배적이기 때문이다.

그럼에도 사회복지 프로그램의 평가에서 질적 방법이 필요하다는 인식이 확대되고 있다. 그 이유는 다음처럼 설명될 수 있다.[4]

---

3) Royse et al., "Qualitative methods in evaluation", pp. 82-107.
4) 상게서, pp. 82-107.

결과에 대한 설명　프로그램 평가에 있어서의 핵심은 어떤 프로그램의 '성패'를 결과적 성과 지표로 측정해 보여 주는 것에만 있지 않다. 오히려 그보다 더 중요한 것은 '왜 그렇게 되었는지'에 대한 설명에 있다. 이는 프로그램의 전체적인 맥락에서 경험이 풍부한 평가자가 심도 있는 관찰과 면접 등의 질적 방법을 통해서만 도출할 수 있는 것이 많다.[5]

휴먼서비스 실행 과정의 설명　사회복지 프로그램은 대개 휴먼서비스 생산과 관련되어 있으며, 이 과정에서 효과성의 핵심은 대인적 상호작용 관계에 달려 있다. 서비스 인력들 간 팀워크 관계, 이용자와 전문직의 대면적 상호작용 관계 등의 '실행' 측면은 프로그램 이론(변수들 간 관계)보다 혹은 못지않게 프로그램의 성패를 좌우할 수 있다. 휴먼서비스의 실행(implementation)은 대인관계가 큰 몫을 차지하므로, 이를 적절히 설명하려면 질적 방법에 의한 평가가 보다 유효할 수 있다.

내밀한 정보　사회복지 프로그램 실행의 과정과 결과를 설명하는 데 필요한 자료는 대개 '내밀하고, 민감한' 정보들이다. 서비스 진행 과정에서의 의사결정 맥락, 서비스 인력의 사기나 태도, 이용자의 프로그램에 대한 인식 등은 밖으로 잘 드러나지 않는다. 설령, 설문지 등의 구조화된 측정 도구를 통해 측정은 하더라도 피상적인 측면만을 드러내기가 쉽다. 그래서 질적 방법의 접근이 필요하게 된다.

> 돌 깨는 공장 프로그램이라면, 프로그램 대상(돌)과 서비스 관계(기계 운영)를 가지고 성과 (깨진 돌)를 설명하는 데 복잡하고 내밀한 맥락은 그다지 없을 것이다. 그러나 청소년 상담 프로그램에서는 프로그램의 대상(인간, 청소년이 느끼는 것)이 서비스 관계(상담 팀의 전문직들 간 관계, 전문가와 청소년의 관계)를 통해 성과(인간, 청소년이 느끼는 것의 변화)로 나타난다.

> 프로그램 성과의 성패를 둘러싼 설명(즉, 평가)을 위해서는 프로그램 맥락에서 내밀하고 민감한 인간적 정보의 도출이 필연적이다. 해당 청소년과 전문가의 인간적 교류에서 발생했던 감정이나 사건, 이를 둘러싼 상담 팀원들 간 관계나 기관의 운영 맥락 등에 대한 정보들은 대

---

5) Cronbach, L. (1982). *Designing Evaluation of Educational and Social Programs*. San Francisco: Jossey-Bass.

개 당사자들 스스로도 인지하지 못할 가능성이 크다. 그럼에도 이들에게 양적으로 '묻는' 식의 자료수집은 큰 의미를 찾기 힘들다. 오히려 가치 있는 평가 정보는 평가자가 의미 있는 통찰로써 구성해 내야 하는 경우가 많다.

〈표 10-1〉은 양적 평가와 질적 평가의 차이점을 제시하는 것이다. 이는 어느 방법이 더 우월한지를 나타내려는 것이 아니라, 두 평가 방법 모두 각자의 영역과 수월성 측면이 따로 있음을 보여 주려는 것이다.

〈표 10-1〉 **양적/질적 평가의 차이점**

양적 평가	질적 평가
성과	과정
'무엇' '얼마'	'왜' '어떻게'
단기간	장기간
넓이	깊이
총괄평가	형성평가
실험디자인, 서베이, 양적 측정	깊이 있는 관찰과 면접

정상적인 프로그램 평가라면 양적 및 질적 방법이 모두 필요하다.[6] 〈표 10-1〉에 포함된 내용들은 어떤 프로그램 평가 연구라도 모두 필요로 하기 때문이다. 그럼에도 현재에 질적 평가가 강조되고 있는 이유는 단지 여태껏 지나치게 양적 방법 일변도로 평가가 편향되어 왔던 데 따른 반성 때문이다.

프로그램 평가에서 양적 및 질적 방법의 혼합(mix)을 적절히 고려하는 것은 중요하다. 프로그램 평가의 시기나 목적에 따라 어느 것이 강조될 수는 있지만, 하나의 평가 조사 과정에서 두 방법을 동시에 쓰는 것이 가능하다. 평가를 위해 추출된 전체 표본에

---

6) 형성평가(formative evaluation)는 프로그램의 전면적인 실행에 앞서 개선을 목적으로 하는 것이며, 이를 위해서는 과정상 맥락에서 '왜'와 '어떻게'에 대한 질문의 답을 찾는 것이 중요하다. 총괄평가(summative evaluation)는 프로그램의 종료 시점에서 기대 성과의 달성 여부를 중심으로 '무엇'을 '얼마'나 성취했는지를 확인하는 것을 중시한다. 총괄평가에서도 결과의 해석을 위해서는 질적 방법이 필요하다.

대한 조사에서는 양적 연구를 수행해 가면서 소수 표본을 대상으로 현상에 대한 깊이 있는 이해를 시도할 때는 질적 방법을 사용하는 것이다.

사회복지 프로그램에서는 질적 평가가 특별한 유용성으로 강조된다. 이 방법 자체가 가지는 휴먼서비스 이념과의 정합성(整合性) 때문이다. 질적 방법의 평가자들은 대개 대상과의 대면적인 접촉, 깊이 있는 관계를 선호한다. 이는 현장의 목소리를 심도 있게 반영할 수 있어서 실천 현장의 '임파워먼트' 구현에 보다 유리하게 작용한다.

이는 평가의 참여자들에 대해 즉각적인 편익을 주는 경향이 있다. 예를 들어, 평가의 대상이 되는 서비스 인력이나 비판적인 클라이언트들의 현장 경험을 평가에 끌어넴으로써 프로그램 실행의 성패에 대한 열쇠를 소유한 이들 이해관계자가 평가의 중요한 주체로서 인정받게 만들 수 있다.

2. 질적 평가의 방법

프로그램 평가의 목적이나 맥락이 질적 평가의 방법을 선호한다고 결정되었다면, 다음은 질적 평가에 합당한 방법을 계획하고 수행해야 한다. 질적 평가의 방법 혹은 기법들은 일반적인 질적 조사연구 방법에서 쓰이는 것과 유사하다. 다만 프로그램 평가의 맥락에서 쓰인다는 점이 다르다.

질적 평가의 방법은 대개 '연구 디자인' '샘플링' '자료수집' '자료분석'의 단계를 공통적으로 포함한다.

1) 질적 평가의 디자인

질적 조사연구에서 연구 디자인은 유연성(flexibility)을 강조한다. 양적 방법에서 디자인은 연구를 엄격하게 통제해서 프로그램 이외의 외부 효과에 대한 설명을 배제하려는 것이 목적이다. 질적 평가 방법에서는 이와 달리 연구의 진행 경과에 따라 디자인을 유연하게 변화시켜 나갈 수 있다.

그럼에도 질적 평가의 연구 역시 과학적 방법에 기초하므로 디자인에 관한 이슈는 간과할 수 없다. 다음이 질적 평가의 주요 디자인 이슈다.[7]

· 분석 단위의 설정
· 샘플링 전략의 결정
· 자료수집 및 분석 방법의 결정
· 자료의 엄격성을 확보하기 위한 타당도와 신뢰도 고려

질적 평가를 수행하려면 우선 분석 단위를 무엇으로 할지를 결정해야 한다. 개인(서비스 인력, 이용자, 클라이언트 등)이 전형적인 분석 단위가 된다. 그러나 특정 프로그램 영역을 수행하는 서비스 부서 등을 분석 단위로 삼을 수도 있다. 평가가 무엇을 목적으로 하는지에 따라 그에 적절한 분석 단위가 채택된다.

분석 단위가 결정되고 나면, 그러한 단위들을 표집하기 위해 어떤 샘플링 방식에서 어떤 자료수집의 도구와 절차를 갖출 것인지, 자료분석의 방법과 자료의 엄격성 검토 등은 어떻게 할 것인지에 대한 고려로 이어진다. 다양한 유형의 질적 평가 연구 디자인 은 이러한 이슈들을 고려해서 조합한 결과이다.

질적 평가 방법에서는 '현장'을 중시한다. 현장(field)은 평가를 위한 자료수집의 장소로서도 중요하지만, 현장 자체(평가 대상자 혹은 참여자)가 가지는 평가의 주체로서의 가치도 중시된다. 그래서 질적 평가 연구에서는 현장의 가치를 어떻게 간주하고, 그러한 현장에 어떻게 진입할 것인지가 디자인 유형을 결정하는 중요한 이슈가 된다.

2) 현장의 가치

질적 평가 연구에서는 평가 연구자가 현장에 대한 깊이 있는 참여 혹은 접근을 통해

---

7) Royse et al., "Qualitative methods in evaluation", pp. 82-107.

자료를 수집하고 분석하는 방법을 사용한다. 그래서 이러한 방법의 디자인에서는 현장을 어떻게 이해하고, 어떤 가치로서 자리매김할지가 중요하게 고려된다.

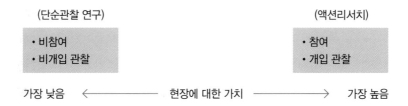

현장에 대한 가치와 참여 수준을 가장 낮게 잡는 디자인은 단순관찰 연구의 유형을 띤다. 이 경우 평가 연구자는 외부인 관점으로 단순 관찰자로서 현장에 들어간다. 현장에서 일어나는 과정에 최대한 개입되지 않으려 노력한다. 단지 멀찍이 서서 관찰 자료 수집을 한다. 이런 유형에서는 객관성(혹은 연구자의 주관성)을 유지하면서 현장을 볼 수 있다는 장점이 있지만, 깊이 있고 내밀한 자료에의 접근과 이해에는 한계가 있다. 현장은 단지 자료를 구하는 장소로서의 수동적 가치에 국한된다.

현장의 가치와 참여 수준을 극대화하는 디자인 유형의 대표는 이른바 액션리서치라 불리는 것이다. 액션리서치(action research) 혹은 참여적 조사연구라고도 하는 것은 ① 연구(research), ② 액션(action), ③ 참여(participation)라는 3박자를 모두 갖춘 질적 연구 방법을 뜻한다.[8] 평가 연구자는 비록 외부인이지만, 현장의 상호작용 과정에 깊숙이 개입해서 변화를 의도하는 행위(action)를 하고, 그것이 어떻게 작용하는지를 관찰한다. 이 과정에서 현장은 수동적인 관찰의 대상이 아니라 능동적으로 움직이는 연구의 주체로서 가치 매김된다.

평가 연구에 이러한 액션리서치 유형이 적용되면, 연구자가 현장에 들어가 현장에 참여케 하는 의도적인 행위를 부여하고 그에 따른 반응의 상호작용 관계를 반추(reflection, 성찰)하면서 평가 현상에 대한 의미 있는 설명이 도출되게 하는 방식으로 진

---

8) Greenwood, D. & Levin, M. (1988). *Introduction to Action Research*. Thousand Oaks, CA: Sage Publications, pp. 7-8.

행된다.

> 브루너와 구즈먼(Brunner & Guzman, 1989)의 평가 연구: 멕시코의 한 농촌 지역에서 여성 문맹퇴치 프로그램에 대한 평가 연구를 액션리서치 형태로 시행했다. 이 평가 연구는 교육적·상호작용적 과정의 접근을 구사했는데, 지역 내에서의 자원봉사자들로 평가 팀을 구성하도록 했다. 이들은 처음에는 전문 평가자들로부터 지도를 받지만, 궁극적으로는 지역사회가 규정하는 평가의 목적을 독자적으로 수행하도록 장려되었다. 평가 연구의 디자인에서부터 결과 배포까지에 이르는 모든 단계들의 수행력은 평가 팀원들이 지역사회와 얼마나 협력적으로 일하면서 활발하게 참여하는지에 달려 있었다.

이와 같은 참여적 평가 디자인은 프로그램 평가의 시작부터 끝까지 가장 힘없는 이해당사자(예: 수동적 서비스 대상자 등)들을 평가에 관여하게 만드는 데 초점을 둔다. 평가 연구의 성공은 참여적 목적을 성취할 수 있었는지로 규정된다. 이를 통해 사회적 불평등을 제기하고, 지역사회와 클라이언트가 자기 결정을 확대하도록 임파워시키려는 것이다.

사회복지 프로그램의 평가 연구에서 이러한 극단적 형태의 평가 방법이 현실적으로 적용되기는 어렵다. 이런 평가를 요구하는 쪽이 없을뿐더러, 현장 내부의 역학 관계의 어려움 등도 다분히 예상되기 때문이다. 그럼에도 참여적 평가 연구가 가지는 '내포성(inclusiveness)'과 '사회정의'라는 핵심 가치만큼은 사회복지 프로그램 평가에서 포기하기 힘든 것이다. 비록 전면적은 아니더라도 평가 연구의 제 부분에서 이러한 참여적 요소를 적극 도입하려는 노력은 필요하다.

3) 현장에 접근하기

질적 평가 연구의 디자인에서 '현장에 어떻게 접근할 것인가'는 매우 신중하게 고려되어야 할 부분이다. 집단에의 접근 통로를 담당하는 문지기(gate-keeper) 역할자로부터 허락 받기를 비롯해서 집단 내 영향력 있는 사람들에 대한 접근에 이르기까지 현장 진입의 과정은 상당한 노력과 역량이 요구되는 부분이다.

현장에의 성공적 진입을 위해 평가자가 유의해야 할 부분은 다음과 같다.

선의의 표방　집단 내 사람들에게 두루 '좋은 뜻(goodwill)'으로 연구를 수행한다는 점을 알리고, 인정받아야 한다.

중립적 위치의 고수　편향적이지 않다는 점을 인정받아야 한다. 이는 접근성뿐만 아니라, 과학적 연구 방법의 취지에서도 중요하다.

핵심 정보제공자(key informant)의 활용　집단에의 접근에 필요한 중요하고도 민감한 정보를 제공해 줄 수 있는 집단 내부자를 찾아서 핵심 정보제공자로 활용할 필요가 있다.

평가자의 개인적 역량　질적 평가자가 현장 접근에 성공하는 데는 무엇보다도 자신의 개인적 역량(competency)이 뒷받침되어야 한다. 사람들과의 관계 형성에 필요한 민감성, 거부나 공격성 등의 적대적 상황을 참아 낼 수 있는 성격, 현장 진입의 초기에 발생하는 어색한 만남 장면 등을 무마할 수 있는 유머 센스 등이 이에 해당한다.

질적 평가자는 현장에 접근할 때, 대상 집단에게 평가를 통해 얻게 될 혜택이 무엇인지 알려 줄 필요가 있다. 이를 '호혜성(reciprocity)' 이슈라 하는데, 상호 혜택이 무엇인지를 밝히는 것이다. 평가 연구의 특성에 따라 다양한 형태의 호혜성이 가능하다. 다음 두 가지가 대표적인 방법이다.

대가(payback) 지급　평가 참여자들에게 대가를 지불하는 것이다. 면접비 지급, 참여자들에게 비공식적인 연구 내용 알려 주기 등이 이에 해당한다. 연구 결과물의 공유는 비록 대가 지급의 일반적 유형이기는 하지만, 민감한 개인 신상 정보 등이 노출될 수 있다는 점에서 상당한 주의가 필요하다.

피드백(feedback) 제공　질적 평가자가 현장에서 얻은 경험과 정보를 현장에서 곧바로 제공하는 것(on-site feedback)도 현장에 대한 호혜성 제공이다. 그럼에도 현장 피드백의 제공이 평가자의 객관적 역할에 혼선을 유발시킬 수 있는 점을 주의해야 한다. 이 경우 호혜성 제공은 이차적이고, 객관적 평가의 목적이 일차적임이 지켜져야 한다.

평가자로서는 현장이 협력을 해 주면 자신의 연구 목적을 달성하는 혜택이 있지만, 대상 집단으로서는 '우리가 왜 협력해야 하나'라는 의문을 당연히 가진다. 그래서 연구의 시작 단계, 즉 현장 진입의 단계에서 이 평가 연구가 일방적이 아닌 호혜적임을 보이는 적절한 방법을 찾는 것이 중요하다.

3. 샘플링

샘플링(sampling)이란 평가 연구를 위해 필요한 자료를 어디로부터 얻을 것인지를 결정하는 것이다. 연구 범위에 포함된 모든 대상과 사람들을 다 조사할 수는 없다. 시간과 노력은 언제나 제한되어 있으며, 연구의 효과성과 효율성 측면에서도 전수 조사는 바람직하지 않을 수 있다.

질적 평가에서는 양적 평가와는 반대로, '의도적(purposeful)' 샘플링 전략을 중요시한다. 평가 연구에 가장 적합하다고 여겨지는 표본들을 의도적으로 찾아내서 연구의 대상으로 삼는다.[9] 질적 연구의 성격상, 표본의 크기는 대개 '넓이'를 희생하고, '깊이'를 강조한다. 그만큼 소수 표본에 대해 풍부한 깊이의 이해가 중요시된다는 뜻이다.

평가에서 요구되는 자료의 성격에 따라 다양한 샘플링 전략들 중 선택이 이루어진다.

일탈/전형 사례 샘플링 일탈 사례(deviance cases) 샘플링은 평가 연구의 필요상 '극단치'에 대해 알려고 할 때 활용한다. 극단치(outlier, 아웃라이어)란 프로그램이 산출한 '평범하지 않은' 성공 혹은 실패를 대표할 수 있는 사례를 뜻한다. 예를 들어, '10대 임신예방 프로그램'을 평가할 때, 프로그램 대상자 중 19세에 아이를 2명이나 갖게 된 사람(극단치 실패 사례)을 면접할 수 있다. 이를 통해 프로그램이 왜 실패했는지의

---

9) 양적 연구에서는 이와 반대로 의도를 배제하기 위해 '무작위성(randomness)'을 강조한다. 연구자의 편향성이 개입되는 것을 방지하기 위한 목적을 앞세우기 때문이다. 이러한 차이는 양적 연구와 질적 연구의 패러다임 차이에 속하는 부분이다.

설명을 시도한다. 전형 사례(typical cases) 샘플링은 일탈 사례 샘플링과 대조적으로, 프로그램에서 가장 '평범하게' 나타나는 결과 사례들을 표본으로 해서 설명을 시도하는 것이다.

최대 변이 샘플링 최대 변이(maximum variation) 샘플링은 연구 대상 집단의 대표성을 확실히 하기 위해, 프로그램 과정이나 성과를 통틀어 가장 '변화의 폭'이 넓은 사례들을 표본으로 삼는 것이다. 예를 들어, 프로그램 등록 시와 수료 시를 비교해서 점수 차이(변이)가 가장 크게 나타나는 사람들을 집중 관찰이나 심도 있는 면접 대상자로 표본 선정하는 것이다.

눈덩이 샘플링 눈덩이(snowball) 샘플링은 평가 대상 인구에 대한 정체가 불명확하게 파악되거나, 혹은 접근이 어려운 경우 등에 필수적으로 쓰인다. 마치 눈덩이를 굴리듯이 처음에는 접근이 가능한 작은 표본에서 시작해서 점차 '알음알음' 식으로 표본 크기를 확대해 나가는 방법이다. 예를 들어, 지역사회의 '청소년 약물중독 치료 프로그램' 평가에서 프로그램 등록자 수가 왜 이렇게 낮은지를 파악해 보고자 한다. 일단은 잠재적 치료 대상자들을 상대로 왜 이 프로그램에 접근하려 하지 않는지를 조사해 보아야 하는데, 문제는 이들 약물중독 청소년이 어디에 어떻게 존재하는지가 드러나 있기 어렵다. 이런 경우에 눈덩이 샘플링은 최초 몇 명의 대상자 청소년을 찾아내고, 이들과의 신뢰를 쌓은 다음, 이들을 통해 다른 대상 청소년들을 추가적으로 찾아내는 등으로 연구 표본을 확보한다.

편의 샘플링 편의(convenience) 샘플링이란 말 그대로 평가자의 관점에서 가장 손쉽게 얻을 수 있는 표본들을 활용하는 방법이다. 평가 연구의 여러 현실적 어려움 때문에 어쩔 수 없이 편의 샘플링을 취할 수는 있다. 그럼에도, '의도적'이어야 하는 질적 연구의 샘플링 원칙을 위배한 것은 자료수집과 결과 해석에 있어서의 한계로 적절히 감안되어야 한다.

4. 자료수집

질적 평가를 위한 조사연구에서 필요한 자료는 기본적으로 세 가지 유형이 있다. ① 현장 관찰을 통해 생성되는 '필드 노트', ② 심층 면접을 통해 생성되는 '녹취록과 기록물', ③ 기존의 '이차적 문서 자료'가 있다.

평가자가 어떤 자료수집의 양식을 선택할 지는, 평가의 목적을 고려하면서 한편으로는 자료수집의 현실적 가능성에 대해서도 판단해야 한다. 가능하면 하나 이상의 자료 원천이 수집되어야 한다. 어떤 경우에도 평가자는 필요한 자료의 유형과 이를 통해 다루어질 수 있는 평가질문의 관계를 명확히 파악하고 있어야 한다.

1) 현장 관찰

현장 관찰(field observation)은 문화기술지(ethnography), 필드워크(fieldwork), 참여 관찰 등으로 다양하게 불린다.[10] 공통적인 핵심은 연구자가 곧 '측정 도구(instrument)'가 되는 것에 있다. 일반적으로 평가자는 프로그램의 실천 현장에 진입하고, 참여자들과 라포를 형성하고, 선정된 표본들이 자연스런 상황에서 일상 활동을 영위하는 것을 방해하지 않고 관찰하는 활동을 한다. 평가자 스스로가 현장 관찰의 주체이면서 한편으로 도구다.

현장에 대한 상세한 관찰은 필드노트(field notes)에 기록된다. 필드노트는 질적 연구의 대표적 자료 유형으로, 종이 공책이나 전자노트 등의 형태로도 가능하다. 노트는 관찰 수행 시에 실시간으로 작성되거나, 상황에 따라서는 관찰 후에 기억을 되살리는 방식으로 작성해야 할 경우도 있다.

현장 관찰 시 평가자가 대상 집단의 일상 활동에 어느 정도로 참여할지에 관해서는

---

10) Fetterman, D. (1984). *Ethnography in Educational Evaluation*. Beverly Hills, CA: Sage.

상당한 변이가 있다. 비참여와 참여 방법은 각기 상반되는 장·단점을 가진다. 참여 관찰은 연구자가 집단 구성원의 자격으로 생활하면서 관찰하므로 보다 내밀한 자료와 이해를 구하기 쉽지만, 한편으로는 객관성을 잃을 가능성이 커진다. 비참여 관찰은 이와 반대다.

질적 평가 연구에서 참여와 비참여 관찰의 정도는 사전에 엄격하게 결정되는 것이 아니다. 현장 상황에 따라 참여의 정도에 대한 결정은 종종 변화할 수 있다.

> 기관 평가의 기간 동안에 직원들이 자연스레 평가자에게 의견이나 도움을 구하기도 할 것이다. 요청이 비교적 무해한 것이라면(예: 사무실 꾸미기), 참여를 하는 것이 우호적이고 라포 강화의 계기로 삼을 수도 있다. 그럼에도 평가자가 지나치게 관찰 대상과 일상적으로 어울리거나 하게 되면, 평가자로서의 공정한 시각을 놓치게 될 수도 있다.

현장 관찰의 대상은 물리적 환경, 행위자들의 행동과 상호작용, 언어적 및 비언어적 의사소통 등이 망라된다.

물리적 환경　공간의 배치, 장식 등을 말한다. 프로그램의 물리적 세팅은 평가에서 중요함에도 불구하고 쉽게 간과되는 경향이 있다. 널찍하고 분위기 있는 공간과 어둡고 낡은 공간에서 프로그램이 수행되는 것은 분명히 의미 있는 차이를 초래한다. 예를 들어, '비좁고 열악한' 사무실 공간에 대한 관찰 자료는 나중에 '낮은' 직원 만족도 조사의 결과를 설명하는 데 중요한 경험적 근거로 활용될 수 있다. 사회복지 프로그램의 질적 평가에서는 특히 물리적 환경에 대한 관찰을 중요시해야 한다.

행위자의 행동과 상호작용　질적 평가의 관찰에서 가장 중요한 부분을 차지한다. 프로그램 평가의 참여자들(직원, 클라이언트)은 대개 무엇이 잘못되었는지, 무슨 일이 벌어지고 있는지를 말로 표현하기 어렵거나 혹은 꺼릴 수 있다. 이런 경우에 이들을 대상으로 묻거나 하는 등의 면접 방법은 적절치 못하다. '모르는 것' 혹은 '말하기 싫은 것'을 물을 수는 없다. 그보다는 솜씨 좋은 평가자의 관찰을 통해 이들의 행동이나 의사소통에 대한 자료를 수집하는 것이 적절하다.

언어적 및 비언어적 의사소통　행위자들의 행동과 그들 간 상호작용을 관찰하는 경우에, 이들의 언어적 방식의 의사소통뿐만 아니라 비언어적 소통에 대해서도 관찰 대상으로 삼아야 한다. 언어적 소통이란 '말'을 매개로 해서 이루어지는 행태를 뜻하고, 비언어적 소통은 말이 아닌 '몸짓'이나 '표정', 기타 상징적 행위 등을 뜻한다. 이들은 각기 현상에 대한 설명력을 가지고 있으므로, 현장 관찰은 이들을 함께 관찰의 대상으로 삼아야 한다.

질적 평가 연구에서 평가자는 스스로가 도구다. 특히 관찰 방법의 자료수집에서는 온전히 관찰자의 역량이 도구의 역량을 좌우한다. 질적 연구 역시 객관성을 중시하는 과학적 패러다임을 따른다. 따라서 질적 평가 연구에서의 과학성은 특히 현장 관찰자의 자기 성찰의 역량 혹은 '자기-반영성'에 크게 의존한다.

자기 반영성(self-reflexivity, 自己反影性) 관찰의 상황에서 자신이 어떻게 반응하는지에 대해 스스로 비추어 볼 수 있는 능력을 말한다. 이러한 자기 모니터링의 과정을 통해 평가 연구자는 평가의 과정에서 일어날 수 있는 자신의 개인적 편향성을 발견해 내고 배제하는 노력을 할 수 있다.

비록 현장 관찰에서 평가자의 자기 편향성 제거 노력은 기본적으로 중요하지만, 그럼에도 그것만으로는 불충분하다. 보다 좋은 방법은 현장 관찰의 자료들을 심층 인터뷰나 이차적 문서 자료 등과 결부시켜 비교, 활용하는 것이다.

질적 접근의 평가 연구자는 면접의 상황에서도 우선 면접 세팅을 관찰하고, 응답자로부터 나오는 비언어적 단서(cue)를 관찰해서 이들을 기록해 둔다. 예를 들어, 응답자가 어떤 부분에서 '말을 더듬거린다' 등을 관찰 기록해 두면, 이를 통해 응답자의 서술 내용 자료에 대한 보다 심도 있는 해석이 가능해진다.

2) 질적 면접

질적 평가 연구에서 면접을 통한 '심층탐색(probing)'은 핵심적인 자료수집의 방법이다. 양적 방법에서도 면접 방법으로 자료수집을 하지만, 그때는 대개 사전에 엄격히 규제된 면접 질문을 마련해서 한다. 폭넓은 대상에 대한 자료수집에는 일관성이 중요하기 때문이다.

질적 평가 연구에서는 현상을 이해하는 데 폭보다는 깊이를 중요시한다. 비록 작은 수의 표본이지만 이들에 대한 깊이 있는 이해를 위해, 질적 방법의 면접은 단순한 사실관계의 확인이 아닌 심층탐색을 위한 중요한 도구가 된다.

면접 과정　　질적 면접에서는 평가자가 샘플링에 포함된 개인이나 집단을 대상으로 자유롭게 질문을 던지고, 그에 수반되는 반응에 따라 추가적으로 파고들어 가는 질문으로 이어 간다. 평가자의 의문이 충분히 해소될 때 면접은 종료된다.

면접 범위　　질적 연구에서는 면접 시의 질문뿐만 아니라 면접 장소나 횟수도 사전에 엄격하게 규정될 필요가 없다. 다만 평가자의 기본 자세는 면접을 통해 새로운 정보 도출에 개방적이면서, 한편으로는 평가에 필요한 제반 영역들이 균형 있게 다루어지도록 해야 한다.

면접 상황　　질적 면접 상황에서는 평가자의 질문에 응답자들이 자유롭게 자신의 말로 표현하도록 해야 한다. 질적 면접자로서의 평가자는 그러한 말 가운데서 자신이 알고자 하는 현상에 대한 이해와 의미를 유추해 낼 수 있다. 대개 이러한 면접 과정은 시간이 많이 소요된다. 그럼에도 현실적으로 평가 연구에 할애된 시간은 한정되어 있으므로, 미리 면접 계획을 세워 두는 것은 필요하다.

면접 지침　　면접 계획에 들어 있는 사람들의 유형(예: 직원, 이용자, 가족 등)에 대해서는 미리 '인터뷰 가이드'를 작성해 두는 것이 좋다. 가이드 혹은 지침은 핵심 질문 혹은 조사 영역으로 구성된다. 양적 조사연구에서의 질문지와는 달리, 질적 연구의 인터뷰 지침은 단지 묻고자 하는 질문들이 모두 다루어지고 있는지를 체크해 가는 리스트 정도로 간주된다. 이 지침은 또한 면접 도중에 추가적으로 도출되는 주제들에 대해서도 유연성 있게 대처하도록 한다.

면접 질문의 유형　　일반적인 탐구(inquiry)의 영역은 '태도' '기분' '지식' '행동'으로 구분될 수 있다. 〈표 10-2〉와 같다.

〈표 10-2〉 **면접 질문의 유형**

태도(attitude) '어떻게 생각하는지' 주로 의견을 묻는다. 예) "이 기관의 ＿＿ 방침에 대해 어떻게 생각하십니까?" "당신에게 서비스를 주었던 담당 직원에 대해 어떻게 생각하십니까?"
기분(feeling) '어떤 기분을 느끼는지' 주로, 감정을 묻는다. 예) "팀장이 당신을 다른 직원들 앞에서 혼냈을 때, 어떤 기분이 들었나요?" "서비스 담당자가 또 바뀌었다고 했을 때, 어떤 느낌이었습니까?"
지식(knowledge) '어느 정도로 아는지' 주로, 인지를 묻는다. 예) "이 프로그램의 성과에 대한 외부 평가는 누가, 언제쯤 합니까?" "프로그램의 현재 등록된 이용자 수는 몇 명입니까?"
행동(behavior) '어떻게 행동할 것인지 혹은 했는지' 주로 행위를 묻는다. 예) "클라이언트가 서비스 도중에 말을 듣지 않을 때, 어떻게 하십니까?" "전문가 재교육 의무과정을 몇 시간 이수했습니까?"

질적 평가 연구들에서는 흔히 개인별 면접과 함께 집단적 면접 방법도 사용한다. 특히 제한된 시간 내에 집단을 대상으로 심도 있는 자료를 생산적으로 도출하기 위해 '초점집단' 면접 기법이 널리 사용된다.

초점집단(focused-group) 면접　심층면접의 일종으로, 일대일 관계의 대인 면접에서 드러나지 않는 정보를 집단적 상호작용의 역동 속에서 극적으로 드러날 수 있게 하는 방법이다. 집단에 참여한 사람들은 다른 사람들과의 대화 관계 속에서 해당 주제에 대한 태도나 지식, 행동, 기분 등을 자연스레 도출해 보일 수 있다. 심지어는 해당 주제에 대해 사람들 간에 감정적인 대립까지도 보일 수 있다. 이들이 모두 평가 연구를 위한 자료로 활용된다. 이러한 자료들은 개인별 면접에서는 끌어낼 수 없다. 초점집단의 역동을 통해서만 도출될 수 있다.

초점집단 면접 기법은 프로그램의 평가뿐만 아니라 기획 과정의 모든 단계에서 유용하게 사용될 수 있다. 특히 욕구 사정과 문제 확인, 목적 설정의 단계 등에서 형성적 과정의 프로그램 기획에 이와 같은 참여 방식에 의한 집단적 견해 도출이 중요하게 소용된다. 형성평가나 과정평가 동안에도 핵심 이해관계자들이 참여하는 초점집단이 프로그램 개입의 강점과 약점을 도출할 수 있게 하는 등으로 유용할 수 있다.

3) 이차적 문서 자료

이차적 문서 자료란 현재의 평가 연구 목적을 위해 직접적으로(일차적으로) 수집된 자료가 아니라, 대개 다른 목적으로 수집되어 있던 기존의 문서 자료들을 이차적으로 활용하는 것이다. 평가 대상 기관이 보유하고 있는 상담일지, 예산집행 근거 자료 등이 평가의 이차적 자료에 해당된다.

이차적 문서 자료의 활용은 자료수집 과정에서의 '반응성' 문제를 최소화하는 장점이 있다. 반응성(reactivity) 문제란 관찰이나 면접 등의 상황에서 평가자(자료수집자)의 존재를 자료수집의 대상자(피관찰자, 피면접자)가 '의식'함으로써, 자연스럽지 않은 태도나 기분, 지식, 행동을 반응해 보인다는 것이다. 이는 수집되는 자료에서 왜곡이 발생함을 의미한다. 이차적 문서 자료는 이러한 반응성에서 비교적 자유롭다.

이차적 문서 자료의 수집과 관련해서 평가 연구자는 다음을 고려한다.

문건의 소재 파악 질적 평가자의 입장에서 문서 자료들은 프로그램 수행 기관의 자연스런 활동 산물이면서, 기관 내부의 작동에 관하여 치명적으로 중요한 정보를 내포하고 있는 원천이다. 그래서 가능한 최대로 기관이 보유하는 문건들의 소재와 종류, 형태 등에 대해 파악해 놓고 있어야 한다. 기안서, 수신 및 발신 문서, 규정 문건, 전략 보고서, 소식지, 외부 프로포절, 행사계획표, 회계장부 등 기관 활동에서 생성된 모든 문건 자료가 대상이 된다.

자료의 접근성 확보 질적 평가자는 평가 연구의 시작 단계에서 문건에 대한 충분한 접근 권한을 기관 책임자와 미리 합의해 두어야 한다. 이를 평가 연구의 의뢰를 받아들이는 전제조건으로까지 해야 할 필요도 있다. 그만큼 평가 연구에서 이차적 문서 자료에의 접근이 중요하면서도 어려울 수 있다는 것이다. 기관의 입장에서는 정치적으로 민감한 자료일수록 접근을 꺼릴 수 있다. 그렇지만 대개 그러한 자료일수록 평가자에게는 더욱 가치 있는 정보일 가능성이 크다.

자료수집의 시기 질적 평가 연구에서 자료수집의 종료 시기는 미리 규정해 두기 어렵다. 양적 연구에서와는 달리, 질적 연구의 자료수집 과정 자체가 유연성을 강조하면서 자료수집과 동시에 자료분석이 이루어진다. 자료수집의 과정에서 새롭게 대두되는 사안들에 탄력적으로 대응해 나가기 위해서도 특정한 종료 시점을 미리 특정해 두기는 어렵다. 그래서 대개 '포화'의 개념으로 자료수집의 종료 시점과 연관시킨다.

포화(saturation) 질적 자료분석에서 새로운 자료를 더하더라도 더 이상 새롭게 발견될 수 있는 사실이 없다고 판단되는 상태에 도달함을 뜻한다. 질적 연구 방법에서는 자료수집과 자료분석은 병행되는 과정이다. 수집된 자료를 분석해 가면서 추가적으로 필요한 자료를 수집하고, 이를 다시 분석하고 하는 등으로 진행된다. 이러한 자료의 분석과 수집이 포화 상태에 도달했다는 것은 곧 자료수집의 종료 시점에 도달했다는 것과 같다.

통상적으로 질적 평가를 수행하는 연구자는 피드백이나 명확화, 추후 질문 등에 필요한 몇몇 부분을 제외하고는 포화의 시점을 평가 현장으로부터 떠나는 시점으로 간주한다.

5. 질적 자료의 관리 및 분석

질적 평가 연구 방법에서는 방대한 자료가 축적된다. 자료수집이 종료될 때쯤이면, 오디오테이프, 녹취록, 분석 메모, 필드 노트, 각종 문서 자료들, 코딩된 발췌기록 등과 같은 다양한 유형의 자료들이 산적하게 된다. 이러한 이질적인 형태의 자료들을 분석해 가려면 평가 연구자는 여기저기서 필요한 자료를 찾아보고 대조해 보고 해야 한다. 이를 용이하게 하려면 일종의 '자료 관리' 시스템이 필연적이다.

자료 관리(data management) 시스템 분석에 필요한 자료의 분류와 저장, 끄집어 내기 등을 수월하게끔 체계적으로 만들어 놓은 것이다. 어떤 시스템이 적절할지에 대한 답은 따로 없다. 평가 연구자 자신의 스타일에 가장 잘 들어맞는 자료 관리의 시스템이 가장 좋은 것이다. 다만, 모든 수집된 원자료를 별도 사본을 만들어 보관해 두는 것은 언제나 중요하다. 현 단계에서는 대수롭지 않게 간주되더라도, 추후에 새롭게 중요성이 인식되는 자료가 많을 수 있다. 또한 자료가 헤지거나 분실될 경우를 대비해서라도 사본을 저장해 두는 등의 시스템이 필요하다.

질적 자료분석에서는 평가 연구자의 지적 능력이 핵심적으로 중요하다. 다양하고 방대한 자료들을 헤쳐 가며 '의미 있는 단위(meaning units)'를 찾아내는 능력, 경험적 근거에서 풍부한 설명력을 가진 개념적 틀(scheme)을 개발하는 능력 등이 필수적으로 요구된다. 이러한 평가 연구자의 과업은 창조적이면서, 한편으로 축약주의(reductionism)적이다.[11] 자료분석에서 축약이 없다면 이는 의미 없는 원자료들의 나열에 불과하다. 창의성과 통찰을 통해 '의미'를 축약해 내는 능력이 필요하다.

> Nvivo, ATLAS/ti, NUDIST, HyperQUAL 등과 같은 질적 자료분석(QDA) 소프트웨어가 있다. 이들 프로그램은 손으로 자료를 '자르고 붙이고' 하는 자료분석 과정의 막대한 잡무 부담을 덜어 주고, 질적 자료의 저장과 분석, 메모 기록 등으로 다양한 측면에서 유용성을 준다.[12] 이러한 기능은 일반 워드프로세서를 써도 가능하지만, QDA 프로그램들은 보다 효율적인 방식으로 처리할 수 있게 해 준다. 그럼에도, 이들이 곧 분석을 대행해 주는 것은 아니다. 이는 마치 '흔글 프로그램'을 쓴다고 해서, 그것이 '글'을 만들어 주지 않는 것과 같다. 질적 자료분석의 과정에서 무엇을 자르고, 붙일지를 결정하고, 이를 어떻게 분석해서 유형화하고 이름 붙일지 등의 모든 작업은 100% 연구자의 지적 능력과 활동으로 수행된다.

질적 자료분석은 평가 연구의 목적과 관련된 핵심 질문들에 답하기 위해 어떻게 자료를 활용할 것인지에서부터 시작한다. 그러면서도 본래의 평가 목적에 지나치게 경직되지 않고, 분석 과정에서 도출되는 새로운 통찰과 질문에 대해 개방성을 유지한다.

질적 자료분석에는 폭넓은 인식론 방법이 소용되지만, 이들은 대개 두 가지 과업의 접근으로 압축될 수 있다.

---

11) '환원주의'라고도 한다. 다양한 현상을 기본적인 원리나 요인으로 축약해서 설명하려는 경향을 뜻한다.
12) Drisko, J. (1998). "Using Qualitative Data Analysis Software". *Computers in Human Services*, *15*(1), pp. 1-19.

코딩(coding)　'코드'를 생성하는 것으로, 코드(code)란 개념적 테마를 말한다. 연구자가 분석 과정에서 여러 자료 원천에서 나타나는 공통적인 테마를 찾아내면, 거기에 기호나 이름을 부여한다. 이를 코드라 하고, 이를 만들어 내는 과정을 코딩이라 한다. 질적 연구자는 자료들로부터 코드를 생성하고, 이러한 임시 코드를 사용해서 추가적인 분석을 이끌고 간다. 생성된 코드들은 각종 자료에 비추어서 추가되거나 폐기, 수정되고, 이런 과정을 계속 거치면서 코드들은 정제된다.

사례연구(case study)　개별 사례들에 대해 풍부한 기술을 하는 것이다. 사례들에서 나타나는 의미를 추출하기 위해, 코딩 접근에서와는 달리 텍스트(자료)들을 쪼개거나 하지 않는다. 질적 평가자들은 최종 보고서에 사례연구를 제시하면서 개인이나 기관 혹은 전체 프로그램에 대한 심도 깊은 묘사를 한다.[13]

질적 자료분석이 취하는 대표적인 두 가지 접근 방법은 나름대로의 함의가 있다. 사례연구는 개별 사례를 중심으로 자료분석을 조직하고, 코딩 분석은 사례들을 넘나들면서 횡단적인 테마와 축약적인 이야기를 생성하기 위한 것이다. 대부분의 질적 평가 연구에서는 이러한 두 가지 분석 방법을 함께 활용한다. 예를 들어, 서비스에 대한 클라이언트의 인식을 묘사하는 코드를 도출해서 제시하고, 개별 클라이언트의 경험을 사례연구의 형태로 묘사하는 것이다.

코딩과 사례연구 접근은 모두 '공시적' 분석 및 '통시적' 분석이 가능하다.

공시적 분석(synchronic analysis, 共時)　시간의 변화를 평가의 핵심 요인으로 보지 않는 분석이다. 프로그램의 과정 평가에서 기관이 어떻게 기능하는지 혹은 기능하지 못하는지를 전일적(holistic, 全一的)으로 묘사하는 것이 이에 해당된다.

통시적 분석(diachronic analysis, 通時)　분석에서 시간성을 중요하게 간주하는 것이다. 프로그램의 생애사(life history)를 다루는 분석이 이에 해당되는데, 한 프로그램이 시간의 흐름에 따라 성장하면서 원래의 사명이나 목적은 어떻게 바뀌어 왔는지

---

13) Stake, R. E. (1994). 'Case studies'. In N. K. Denzin & Y.S. Lincoln (Eds.), *Handbook of qualitative research*. Thousand Oaks, CA: Sage, pp. 236-247.

등을 묘사할 수 있다.

질적 분석을 수행하는 평가자들은 '이미크'와 '에틱'을 모두 끌어낼 수 있다. 이미크 (emic)란 언어문화 현상 등의 분석과 기술에 있어서 일상 언어를 중시하고, 에틱(etic) 은 논리적 언어를 중시하는 관점을 말한다. 질적 평가에서 이미크는 현장의 맥락 속에 있는 연구 대상자의 토착적인 말과 언어를 뜻하고, 에틱은 관찰자 또는 연구자가 평가 의 과정에서 구성한 언어 범주를 말한다.

이미크 코드　대개 참여자들에 의해 스스로 범주화된 용어가 인터뷰 자료 등을 통 해 도출된다. 예를 들어, 사회서비스 기관에서 일하는 직원들이 상급자들에 대해 '안드 로메다' '벽창호' 등으로 호칭을 붙이는 수가 있다. 평가 연구자들은 대안 학교에서 청 소년들을 인터뷰하면서, 이들이 교사나 직원들에게 붙이는 별명 같은 것을 알 수 있다.

에틱 코드　이미크 코드와는 반대로 외부자에 의한 통찰과 개념화 능력을 통해 내 려지는 해석이다. 예를 들어, 자료들을 분석해 본 결과, 리더십 스타일을 '끊임없는 간 섭형' '나 몰라라 방관형' 등으로 코딩화해 볼 수도 있다. 비록 에틱 관점이 외부자의 관점을 반영하는 것이기는 하지만, 응답자들의 주관적인 의미에 여전히 근거하면서도 높은 수준의 해석을 가능하게 해 준다. 그래서 궁극적으로 이론 개발을 위한 추상화 및 의미(meaning)의 수준에 도달하는 것을 돕는다.[14]

평가 연구자는 자료분석을 위해 대개 이러한 이미크와 에틱을 오가면서, 평가의 목 적에 적절한 의미를 끌어내는 과업을 수행한다.

6. 평가 연구의 질 통제: 타당도와 신뢰도

모든 연구에서 질(quality)을 통제하는 것은 중요하다. 자료수집과 분석에서 객관적

---

14) Padgett, D. (1998). *Qualitative Methods in Social Work Research*. Thousand Oaks, CA: Sage.

도구의 중요성을 강조하는 양적 연구와는 달리, 질적 연구에서는 연구자의 통찰과 전문성을 연구의 질을 좌우하는 핵심으로 삼는다. 질적 프로그램 평가 연구에서도 자료수집과 분석의 질은 연구자의 역량만큼 높아질 뿐이다.

이러한 질적 평가 연구자의 역량은 평가 상황에 대한 충분한 훈련과 경험에서 쌓인다. 역량의 핵심 중 하나는 개인적 편향성을 배제하는 것이다. 이는 질적 연구에서 다루기가 가장 어려우면서도 연구자 간 역량 차이가 가장 극명하게 드러나는 부분이기도 하다. 특히 연구자 자신이 자료수집과 해석의 주된 도구가 되는 상황에서 연구자 스스로 자신의 편향성 개입 가능성을 찾아내어 배제하는 노력은 상당한 역량을 필요로 한다.

양적 자료분석에서 특히 강조하는 측정의 타당도와 신뢰도 등에 대한 관심과 마찬가지로, 질적 자료분석에서도 수집되는 평가 자료가 타당하고도 신뢰할 수 있는 것이어야 할 필요가 크다.

질적 평가 연구에서 수집 자료의 질을 통제하기 위한 전략들은 다음과 같다.[15]

집중/장기 연루(intensive/prolonged engagement)　질적 연구에서 자료수집의 질은 연구자가 현장의 신뢰를 얻는 정도에 달려 있다. 현장에서 실제로 발생하는 것을 이해하려면, 즉 타당도가 피상적 수준을 넘어서려면 연구자가 집중적이면서도 충분히 오랜 기간 동안 현장과 연루되어 있어야 한다.

삼각측량(triangulation)　질적 연구의 전형적인 자료수집 기법으로, 발견된 사실들을 확증하고 해석의 정확성을 강화해 나가기 위해 적어도 두 가지 유형 이상의 자료에서 근거를 찾아내는 것이다. 특정 사실에 대한 발견을 인터뷰나 관찰, 문서기록 등의 한 가지 원천에만 의존하는 것은 각 자료의 편향성을 대조할 수 없으므로 신뢰도가 의문시될 수 있다.

동료 검토보고(peer debriefing)　연구자가 동료들에게 자신의 자료수집과 분석을 검토하도록 하는 것으로, 잠재적 편견의 원천에 대한 모니터링을 목적으로 한다. 비록

---

15) Padgett, 전게서.

이에 적합한 동료를 찾기가 쉽지 않지만, 가능하기만 하다면 동료 검토보고의 방법은 연구자에게 도구적·감정적 지원까지도 줄 수 있다.

참여자 검토(member checking)   잠정적으로 발견된 사실들을 연구 참여자들에게 제시해서 확증 혹은 명확화를 구하는 것이다. 이는 연구자가 발견 사실을 대상자들의 주관적 의미에 근거하여 이해하게 하려는 점에서 유용하다. 또한 질적 평가 연구의 참여적 본질을 강조하는 측면에도 기여한다.

부정적 사례 분석(negative case analysis)   자료분석의 과정에서 발견된 테마 혹은 사실들을 반박하는 사례를 의무적으로 찾아 제시하도록 한 것이다. 이것은 평가자 스스로가 자신의 결과에 대해 반박 가능성을 제시하도록 하는 것이므로, 모순적인 것처럼 여겨질 수도 있다. 그럼에도 예외적 설명의 가능성을 자발적으로 제기함으로써, 오히려 연구자의 결론에 대한 신뢰성이 더 크게 인정되도록 할 수 있다.

감사 통로(audit trail)를 남기기   자료분석을 수행하는 동안에 취해졌던 제반 단계와 결정들에 대해서는 철저하게 기록 자료를 남기고 보관하는 것이 필요하다는 뜻이다. 이들이 적절히 남겨져 있다면, 나중에 다른 외부자가 이 감사 통로를 따라가면서 당시의 평가가 어떻게 수행되었는지를 검토해 볼 수 있게 한다. 평가의 각 단계에서 평가자의 편향성이 어떻게 다루어졌는지를 이해할 수도 있게 한다.

실제 프로그램 평가에서 이러한 방법들이 모두 쓰이기는 힘들 수 있다. 편향성 통제를 통해 평가 연구의 질을 높이는 것은 분명히 중요하지만, 현실적으로는 제한된 시간과 비용, 역량 여건 등이 늘 한계로 전제되기 때문이다. 다만 그러한 제약들을 전제로 하더라도 가능한 최대한의 평가 연구의 질을 통제하려는 노력은 언제나 중요하다.

7. 보고서 작성

질적 평가의 특성상 결과보고서는 풍부한 묘사와 깊이 있는 통찰을 담고 있어야 한다. 그래서 결과보고서가 보통 매우 길거나, 압축하기 어려울 때가 많다. 그럼에도, 어느 연구보고서와 마찬가지로 프로그램 평가의 보고서도 독자에게 재빨리 핵심을 지적해 줄 수 있어야 한다. 이른바 검약성(frugality, 儉約性)의 미덕이 중요하다는 것이다.

평가보고서의 구성은 독자의 특성에 따라 다를 수 있다. 일차적인 독자는 평가의 요구자 혹은 자원제공자가 되는데, 이들은 상세 보고서를 받아야 한다. 연구의 참여자 혹은 대상자들에게는 재단(裁斷)된 간략 보고서를 줄 수 있다. 현장의 실천가나 정책 결정자, 지역사회, 클라이언트 옹호집단 등도 모두 평가 보고서의 독자에 포함될 수 있다. 전문 학술지에 평가 결과를 게재하는 것을 통해서는 일반화된 독자까지도 가능하다.

질적 평가 연구의 보고서는 일반적으로 〈표 10-3〉과 같은 체계로 구성한다.

〈표 10-3〉 질적 평가 연구의 보고서 체계에 대한 예시

I. 요약보고서
 – 평가 연구의 목적을 제시하고, 발견 사실들을 간략하게 요약

II. 본 보고서

 (1) 프로그램 설명
  – 역사, 목적, 인적 구성, 대상자 집단 등
 (2) 평가 배경 및 방법
  – 평가 연구가 필요하게 되었던 배경 설명
  – 샘플링 기법, 자료수집과 분석의 방식, 연구의 신빙성을 높이기 위해
   채택되었던 전략 소개(보다 상세한 근거 자료는 부록 첨부를 고려)
 (3) 결과
  – 자료분석과 해석으로부터 도출된 '코드/테마' 등을 제시
   전형적으로는 유형 분류(typology)와 행렬표(matrix) 등을 이용해서 제시
  – 발견 사실에 대한 핵심적인 예로서 개인이나 기관에 대한 사례연구를 제시
   ※ 결과 제시에서 숫자, 표, 그래프 등을 효과적으로 활용하는 것도 필요
 (4) 결론 및 제언
  – 가장 간략하고 통찰력 있는 결론을 담음

  – 연구의 발견 사실들을 다른 프로그램 평가 결과들과 연결시켜 '맥락화' 시도
    (이는 독자들이 쉽게 이해하는 데 도움)
  – 연구의 한계 혹은 강점을 솔직하게 제시

Ⅲ. 부록 및 별첨 자료

8. 질적 평가 연구의 사례

데이비슨 등(Davidson et al., 1997)에 의한 질적 평가 연구로서, 중증 정신질환자 프로그램에 대한 과정 평가를 수행한 것이다.[16] 평가를 통해 프로그램 실행에 관한 문제들을 찾아냈고, 이를 근거로 대안적 프로그램 경로를 제시해서 프로그램의 개선에 이르게 된 사례이다. 현상학적/참여적 조사연구의 방법으로 수행된 것이다.

연구의 출발은 왜 조현병 환자들의 병원 입원률을 줄이기 위해 고안된 어떤 프로그램이 왜 비참하게 실패하고 있는지를 이해하고자 하는 것이었다.

프로그램이 심리학의 최신 치료 기법을 동원했음에도 불구하고, 재발 인식(relapse recognition) 등의 초기개입 프로그램에 참여한 모든 36명의 입원 환자가 퇴원 후에 집단 모임에 오지 않았고, 마치 프로그램 참여와는 무관한 것처럼 재입원을 거듭했다.

데이비슨 등은 환자들의 통찰력 부재와 정신적 무능을 비난하기보다 생각을 바꾸어, 어떻게 프로그램이 인식되고 실행되었는지, 그 속에서 문제는 없는지 보려고 했다. 현상학적/참여적 접근을 동원해서 12명의 입퇴원 반복 환자(recidivist)를 찾아내고, 이들이 가지는 재발, 입원, 프로그램 자체 등에 대한 경험을 이해하려고 했다.

개방식(open-ended) 면접과 이야기식 접근을 사용해서, 대상자들로부터 수많은 정신보건 전문가들이 이해하지 못했던(혹은 듣지 않았던) 이야기를 끌어낼 수 있었다. 게다가 대상자들을 분석에 활발하게 참여시켜서 중요한 발견 사실들을 확인하게 했고, 중증 정신질환자들

---

16) Davidson, L., Stayner, D., Lambert, S., Smith, P., & Sledge, W. (1997). 'Phenomeological and participatory research on schizophrenia: Recovering the person in theory and practice'. *Journal of Social Issues, 53*(4), pp. 767-784; 〈Royse et. al., "Qualitative methods in evaluation", pp. 101-102〉에서 사례 재인용.

의 욕구에 보다 밀접하게 들어맞는 새로운 개입방법을 디자인하는 데도 참여시켰다.

면접의 결과는 이 집단에 대한 서글픈 공감을 불러일으키는 다음과 같은 테마들을 도출해 냈다.

- 병원 입원실은 (지역사회의 삶에 비교해서) 오히려 상대적인 안정감과 프라이버시를 제공하고 있다.
- 소속감을 가질 수 있는 사회적 끈이 거의 없는 상태에서 지역사회 중심의 정신보건서비스 시스템은 오히려 소외를 조장한다.
- 현재의 시스템은 환자들을 미래에 대한 채워지지 않은 꿈을 가진 인간 존재로 보기보다는, 마치 완강하고 반항적인 존재인 것처럼 취급한다.
- 재입원을 예방한다는 취지는 환자들 스스로에 의해서보다는, 서비스 실천가들(혹은 비용 절감을 의식하는 병원 경영진)에게 보다 더 잘 받아들여지는 어젠다(agenda)일 따름이다.
- 이러한 좁은 관점이 보다 치명적인 이슈로서의 환자들의 삶의 질을 가로막고 있다. 삶의 질에 대한 관점이 부재한 것이다.

이러한 결과에 근거해서, 데이비슨 등은 개인이나 집단 교육보다는 지역사회 통합에 초점을 두는 개선안을 제안하고 실행했다. 예를 들어, 집단 모임의 장소를 정신보건센터에서부터 낙인이 덜하고 사회적 통합을 꾀할 수 있는 편리한 지역사회 장소로 옮겼다. 또한 모임 참여를 돕기 위한 교통편이 제공되었다.

프로그램의 철학에 대한 변화도 있었다. 프로그램의 '학습' 요소를 '프로그램 참여자 의사결정'과 '동료 지원' 요소로 대체했다. 참여자들은 질병에 초점을 두기보다는 일상생활에 초점을 둔 모임을 선호했다. 위기 시에는 서로를 어떻게 도울 것인지, 사회적 이벤트(생일, 파티 등)를 어떻게 함께 즐길 것인지, 어떻게 하면 자신들의 삶에 친숙해질 것인지 등에 더 많은 관심을 두었다는 것이 평가 연구에서 밝혀졌기 때문이다.

이 같은 대안 제시가 의미 있는 결과를 도출해 냈다. 프로그램의 최초 목적, 즉 병원 재입원율을 낮추는 것이 이로 인해 성취되었다. 6개월간 15명의 프로그램 참여자 집단이 비참여자 집단에 비해 70% 낮은 재입원율을 보였고, 입원일수도 90% 낮게 나타났다.

제3부

사회복지 프로그램
개발과 평가 실제

제11장

논리모델과 성과측정

논리모델과 성과측정은 각기 사회복지 프로그램의 기획 및 평가에 유용한 도구다. 프로그램의 과학적 합리성을 증진시킴으로써 공공과 민간 부문 모두에서 요구하는 사회복지 프로그램의 사회적 책임성을 제고하게 해 준다.

프로그램 기획에서 논리모델과 성과측정은 흔히 함께 쓰인다. 논리모델은 프로그램의 구성요소 간 관계를 논리적으로 검토하는 것이고, 그러한 관계의 타당성 여부를 경험적으로 확인하는 것이 성과측정이다. 그래서 이 둘을 결합해서 프로그램 기획의 과학성을 제고하는 접근으로 쓰인다.

1. 논리모델

논리모델은 체계론에 입각해서 프로그램을 논리적으로 구성하고, 검토하는 것이다. 체계론(system theory)이란 체계를 구성요소들로 분석하고, 이들 간에 어떤 관계가 있는지를 설명하는 방법이다. 분석적이란 전체를 한꺼번에 이해하지 않고, 쪼개어서 본다는 뜻이다.

프로그램 논리모델에서는 프로그램의 구성요소들을 상황이나 목적에 대한 규정, 투입, 활동, 산출, 성과 등으로 분석해서 본다. 그리고 이들 구성요소 간의 연결 관계가 논리적으로 합당한지를 검토한다. 사회복지 프로그램에 대한 단순한 논리모델의 예는 [그림 11-1]과 같다.

[그림 11-1] **단순 논리모델로 제시된 프로그램 예시**

[그림 11-1]은 어떤 가상 프로그램의 논리모델을 예시하는 것이다. 알코올중독을 가진 사람들의 문제(상황)를 해결하기 위해(목적) 리더십과 지원자들을 확보해서(투입), AA 모임을 구성하고 운영하고 나면(활동/산출), 궁극적인 프로그램 결과로 중독 탈피와 사회 복귀를 기대(성과)할 수 있다고 보는 것이다.[1]

여기에서 화살표(➡)는 'If, Then'의 논리적 관계를 나타낸다. '리더십과 지원자들이 투입된다면, AA 모임이 가능하다' 'AA 모임이 있으면, 중독 탈피와 사회 복귀의 성과를 기대할 수 있다' 등이다. 이처럼 논리모델은 프로그램을 하나의 체계로 간주하고, 그 안에서 구성요소들을 구분해 내고, 요소들 간의 연결이 과연 논리적인지를 파악해 볼 수 있게 하는 것이다.

1) 논리모델의 기본 틀

논리모델에서는 일반적으로 프로그램의 구성요소를 투입, 활동, 산출, 성과라는 네

---

1) AA 모임이란 Alcoholic Anonymous 모임의 약자로, 알코올 문제를 가진 사람들이 자조모임의 형태로 모여 자신들의 문제를 털어놓고, 치료 과정의 사회적 지지를 얻는 프로그램 활동이다.

가지로 나눈다. 성과는 다시 몇 개로 쪼개어질 수 있는데, 즉시, 중간, 최종 성과 등으로
세분화할 수 있다. 이들을 순차적으로 연결시키면 [그림 11-2]에서와 같은 논리모델의
기본 모형이 성립된다.

[그림 11-2] **논리모델의 기본 모형**

투입(input)　　프로그램에서 사용되는 자원의 성격과 분량이다. 예) 인력(전문가, 자
원봉사자), 돈, 시설, 장비 등. 휴먼서비스의 공동 생산(co-production)적 특성을 감안하
면 클라이언트 자원도 프로그램의 투입 요소로 포함 가능하다.

활동(activity)　　투입된 자원으로 수행하는 행동이다. 예) 한 명의 사회복지사가 어
떤 장애가족 집단이 추진하는 '그룹홈 만들기' 사업의 컨설턴트 역할을 60시간 수행
하거나 요양보호사 10인이 800시간의 케어 서비스 제공, 사회복지전담공무원 5명이
1,000건의 기초수급자 신청민원을 처리하는 것이다. 여기서도 휴먼서비스 공동 생산
의 특성으로 클라이언트 활동 부분은 포함 가능하다.

산출(output)　　활동의 종료 단계에서 만들어지는 생산물이다. 예) '그룹홈 만들기'
사업에 참여하는 15인의 가족이 총 30시간의 컨설팅 서비스를 받거나 5명의 노인이 시
설 케어 서비스를 받거나, 700건의 수급자 책정과 300건의 탈락 케이스가 종료 처리되
는 것 등이다.

성과(outcome)　　프로그램의 의도(변화 목적)에 대한 결과적 측면이다. '산출'이 생
산물을 나타낸다면, '성과'는 산출을 통해 성취하고자 했던 프로그램의 기대 목적을 나
타낸다. 예) 프로그램 활동의 결과로 산출이 '15인의 가족에 대한 총 30시간 컨설팅 제
공'이라고 하면, 궁극적인 성과는 '만들어진 그룹홈'이 될 수 있다. 프로그램 이론에 따
라 성과는 다양하게 나누어질 수 있다. 보통 다음처럼 세분하는 경우가 있다.

• 즉시성과(immediate outcome): 산출이 발생할 때 즉시적으로 기대되는 성과로서 단

기성과라고도 한다. 프로그램이 의도하는 일차적 성과인 즉시성과는 대개 서비스 활동의 종료 시 산출과 함께 확인 가능하다.

- 중간성과(intermediate outcome) : 즉시성과와 최종성과를 이어 주는 논리적 중간 과정의 성과로서 중기성과라고도 한다. 프로그램 이론에서 일종의 매개변수로 간주된다.

- 최종성과(ultimate outcome) : 프로그램이 궁극적으로 의도했던 목적의 성취를 나타내는 결과 성과로서 장기 혹은 궁극적 성과라고도 한다. 무형의 장기적 휴먼서비스 성과의 특성을 가진 최종성과는 직접 확인되기 어려운 경우가 많다.

[그림 11-2]에서처럼 논리모델은 프로그램을 구성요소들과 이들 간의 인과관계 사슬로 파악한다. 인과관계는 선행 요소와 후행 요소 간의 연결들로 이루어진다. 어떤 투입이면 어떤 활동이 가능하고, 어떤 활동이면 어떤 산출이 나올 수 있고, 어떤 산출이면 어떤 성과가 기대될 수 있다는 등이다. 이를 통해 최종적으로는 프로그램에 얼마가 투입되면 어떤 성과가 기대될 수 있겠는지, 그리고 왜 그렇게 될 수 있겠는지에 대한 논리적이고 체계적인 설명 제시가 가능해진다.

논리모델의 대표적인 유용성은 '분석적'이라는 것에 있다. 만약 프로그램을 이와 같은 분석적 방법에 의거해서 설명하지 못한다면, 예를 들어 어떤 프로그램의 오류는 단지 전체적인 것으로 해석될 수밖에 없다. 무엇이 어떻게 잘못되었는지를 파악하기 어렵게 되는 것이다. 또한 프로그램을 구상하는 단계에서도 무엇을 어떻게 배치해야 하는지에 대한 체계적인 사고를 하기 어렵게 된다.

논리모델에 의거한 프로그램 기획과 실행, 평가는 대표적으로 다음과 같은 이점을 얻을 수 있다.

프로그램 이론의 명확화　프로그램의 논리적 구조에 대한 파악은 곧 프로그램이 어떤 이론적 근거를 가지고 있는지를 명확하게 해 준다. 프로그램을 구성하는 제반 요소들 간의 인과관계가 곧 프로그램 이론이 된다.

기획 과정의 가이드　논리모델을 프로그램 기획 과정에서 활용한다면, 프로그램의 제반 요소를 어떻게 구성하는 것이 적절할지에 대한 구상을 돕는다. 어떤 성과를 기대한다면 어떤 산출이 있어야 가능할 것인지, 그런 산출이 나타나려면 어떤 활동이 있어야 하는지, 그런 활동을 위해서는 어떤 유형의 자원이 얼마나 투입되어야 하는지 등을 고려해 볼 수 있게 한다.

실행과 모니터링의 도구 프로그램의 실행 과정을 모니터링하고 수정과 개선 활동을 수행하려면, 적절한 정보가 도출되어야 한다. 그러한 정보들이 어디에서 어떻게 생성되어야 할지를 논리모델의 분석이 제시해 줄 수 있다.

평가와 측정의 모형 논리모델은 프로그램의 개선이나 결과 평가의 목적에도 유용하게 쓰일 수 있다. 프로그램이 성과를 발생시키지 못하는 등의 오류가 발생할 때, 논리모델은 그 원인이 구체적으로 어떤 요소와 관계 부분에서 발생하는지를 파악할 수 있게 해 준다. 평가를 위해 무엇을 어떻게 측정해야 할지를 알려 줄 수 있다.

합의적 도구 사회복지 프로그램은 다수의 이해관계자에 의해 구성된다. 기획 과정에서부터 실행, 평가에 이르기까지 다양한 사람이 프로그램에 대한 다양한 생각을 각자 가지고 있다. 이러한 생각들을 합의적으로 다루기 위해서는 무엇보다도 프로그램에 대한 체계적 분석이 선행되어야 한다. 합의를 위해 '무엇을' 논의해야 할 것인지조차도 분석적 방법을 통해서만 가능하다. 논리모델은 프로그램의 구성요소와 관계들을 분명히 식별 가능한 형태로 만들어 주어서 합의에 이르는 것을 쉽게 해 준다.

논리모델을 프로그램 기획과 분석, 평가에 활용하면 다양한 이점을 얻을 수 있다. 일차적으로는 프로그램의 이론적 기반을 명확히 볼 수 있게 한다. 이는 논리모델이 프로그램을 구성요소들로 쪼개고, 이들 간의 관계를 논리적 타당성으로 분석할 수 있게 해 주기 때문이다.

논리모델로서 프로그램을 분석하고 이해하면, 프로그램의 실행이나 평가에도 도움을 준다. 프로그램의 관리와 평가를 위해 어떤 요소들에 대한 자료가 측정, 수집되어야 하는지를 알 수 있게 한다.

2) 프로그램 논리모델의 구성 방법

프로그램 기획 과정에서 논리모델을 사용할 때는 간단한 도구를 사용할 수 있다. [그림 11-3]과 같은 네모 칸들을 한눈에 볼 수 있도록 큰 종이에 그려 놓은 것이 도구다. 이를 사용해서 프로그램과 관련해서 복잡하게 얽혀 있는 생각들을 구성요소별로 분해해 볼 수 있다. 빈칸 채우기가 곧 프로그램 구상이 된다.

빈칸들이 모두 적절하게 채워지면 프로그램의 논리모델이 완성된다. 먼저 상황과 프로그램 목적에 대한 기술이 있어야 한다. 이는 프로그램 기획 과정에서 욕구 사정과 목적 설정의 단계 등을 거쳐 결정되는 것으로, 논리모델 자체에서 이를 판단하지는 않는다. 논리모델의 프로그램 구상 단계는 상황과 프로그램 목적이 설정되고 난 후부터 시작된다.

상황: (프로그램이 개입하려는 문제 상황에 대한 간략한 분석, 설명을 기술)

프로그램 목적: _____

투입	활동	산출	성과		
			즉시	중간	최종
(무엇이/얼마나 투자될 것인지?)	(어떤 활동들이 계획, 수행되는지?)	(어떤 사람들이 서비스를 받는지?)	(즉시적 변화, 예: 학습)	(매개적 작용, 예: 행동)	(궁극적 조건, 목적/목표)

[그림 11-3] **프로그램 논리모델의 작성을 위한 연습지**

논리모델의 빈칸을 채우는 순서는 프로그램을 계획하는 구상 과정과 평가 과정에서 서로 반대 방향으로 진행된다. 프로그램을 구상하는 단계의 빈칸 채우기는 다음의 원칙을 따른다.

- 빈칸 채우기는 오른쪽에서부터 왼쪽으로 반드시 차례대로 해 나간다.
- 건너뛰기를 해서는 안 된다. 예) 산출을 빈칸으로 두고, 활동부터 작성할 수는 없다.
- 각 빈칸에 채울 내용은 매번 대안적 의사결정의 방식으로 한다. 복수의 대안을 고려하고, 그 가운데서 최적의 대안을 선택하는 것이다. (제한적 합리성 접근)

성과 기획 단계에서는 성과에 대한 고려에서부터 출발한다. 맨 먼저 최종성과를 작성해서 빈칸에 채워 넣는다. 최종성과는 대개 프로그램의 목적과 직접적으로 연관된 것으로, 경험적으로 구체화된 목표로서 나타낸다. 최종성과가 작성되고 나면, 무엇이 이러한 최종성과의 결과를 초래하게 만드는 원인인지를 파악한다. 반드시 여러 원인 변수가 대안으로 검토되어야 하고, 그 가운데서 가장 효과적이고 실행 가능한 중간성과의 변수(들)를 찾아내서 목표 형태로 기술한다. 다시 이러한 중간성과 목표를 달성하기 위해서는 어떤 원인이 앞서야 할지를 복수의 대안 후보의 검토 끝에 선정해서 즉시성과의 목표로 작성한다.

성과의 구조를 어떻게 할 것인지, 즉시-중간-최종으로 둘 것인지 아니면 즉시-최종이나 혹은 더 세분화해서 다수의 매개 성과를 두는 구조로 할 것인지 등에 대한 결정은 전적으로 프로그램 이론에 달려 있다. 이러한 이론은 프로그램이 대상으로 하는 문제와 분야에 대한 전문적 실천 지식에 의거해야 한다. 지식은 '증거 기반'의 검증된 이론들에서부터 도출하는 것이 바람직하고, 현장에서 축적되어 온 경험적 지식 기반도 중요하게 소용된다.

산출 대개 즉시성과와 직접 연관되는 것을 고려한다. 즉시성과의 목표가 달성되기 위해서는 어떤 산출이 프로그램에서 만들어져야 하는지를 제시하는 것이다. 여기서도 역시 다수의 대안 산출(생산물)을 두고 검토해서 그 가운데 즉시성과의 결과에 가장 유효할 것으로 판정되는 산출(들)을 선택한다. 예를 들어, 즉시성과가 '왕따 문제에 대한 인식 변화'라면, 산출은 '교육과정 이수' '멘토관계 구성' 혹은 '집단캠프 활동 종료' 등이 고려될 수 있고, 이 가운데서 효과성이나 효율성 기준에 따라 최종적으로 '집단캠프 활동 이수'가 선택될 수 있다.

활동　　산출을 위해 누가 무엇을 어떻게 행동해야 하는지를 제시하는 것이다. 이 역시 다수의 대안적 활동 계획들이 제시되고 그 가운데서의 선택을 필요로 한다. 활동과 산출 간의 인과관계는 대개 실천 현장의 전문적 인력들의 경험적 지식이 크게 좌우한다. '집단캠프'가 효과적이고 효율적으로 이수되게 하려면 누가 어떤 일을 어떻게 해야 가장 적절할지에 대한 구상에는 축적된 실천 경험이 크게 소용된다.

투입　　역시 마찬가지로 앞서 결정된 활동을 위해 최선의 자원 배합은 어떻게 되어야 할지를 복수의 대안에 대한 검토 끝에 결정한다. 이 작업 역시 현장의 실천 전문직의 경험적 지식이 크게 소용되는 부분이다. 프로그램의 투입-활동-산출 부분의 구성 요소들을 좁은 의미의 '프로그램'이라 하는 경우가 있다. 이런 경우에서 프로그램의 논리적 관계의 구성은 전문적 실천자들의 역할 비중이 크다.

> '학교폭력 없는 학교생활 만들기'라는 목적을 둔 프로그램이 논리모델에 입각해서 프로그램 이론과 활동을 개발하려 한다. 먼저, 프로그램의 목적을 감안해서 최종성과를 '학교폭력의 발생률 감소'(Y)에 두었다고 하자. 그러면, 프로그램 이론 혹은 논리 개발의 첫 과제는 (If) Y가 되려면, (Then) 어떤 중간성과가 선행되어야 할지를 결정해야 한다. 이때 여러 대안['학교 경찰 배치(X_1)' '또래집단 활동 증가(X_2)' '폭력학생 처벌 강화(X_3)', …]을 떠올려 보고, 이 중 최선의 대안을 검토, 선택한다. 만약 X_2가 선택되었다 하자. 다음은 즉시성과를 결정하는 과정에 들어간다. 앞서 선택된 X_2는 다시 여기에서 Y가 되어, 이를 위해 다시 가능한 대안들['교과수업 감소(X_1)' '집단 프로그램 전문가 채용(X_2)' '또래 인식 개선(X_3)', …]을 늘어놓아 보고, 이 중 최선의 방법으로 판단되는 것을 선택한다. 이때 필요에 따라서는 X_1과 X_2의 결합 등과 같은 선택도 가능하다. 이런 식으로 최종적으로 투입에 대한 선택까지 진행해 간다.

구상된 프로그램이 논리적으로 적절한지를 검토해 보는 작업은 구상 단계에서와는 반대 방향으로 진행한다. 완성된 프로그램의 논리모델이 적절한지에 대한 평가 과정은 투입부터 출발해서 마지막인 최종성과까지 왼쪽에서부터 오른쪽으로 순차적으로 밟아 간다.

[그림 11-3]에서처럼 구상 단계를 통해 채워진 칸들의 내용을 보면서, 다음이 각기 논리적으로 적절한지를 판단해 간다. 여기에서도 서로 직접 연관되지 않는 요소 간의 관계를 비교할 수는 없다. 다음의 ①~⑤ 관계들이 하나씩 검토되고 나면, 결과적으로 전체 프로그램의 논리적 관계가 타당하다고 판정될 수 있는 것이다.

① (If) 투입된 자원 → (Then) 이런 활동
② (If) 이런 활동 → (Then) 이런 산출
③ (If) 이런 산출 → (Then) 이런 즉시성과
④ (If) 이런 즉시성과 → (Then) 이런 중간성과
⑤ (If) 이런 중간성과 → (Then) 이런 최종성과

논리모델을 통해 프로그램을 기획하는 과정은 이러한 구상 단계와 검토 단계를 계속해서 되풀이하면서 이루어진다. 정교한 논리를 갖춘 프로그램이라는 것은 더 이상의 구성요소들에 대한 선택이나 수정, 보완이 불필요해지는 시점에서 비로소 가능해진다. 사회복지 프로그램을 논리모델에 입각해서 기획하는 경우에 [그림 11-4]와 같이 구상과 검토의 과정을 되풀이 수행해 갈 필요가 있다.

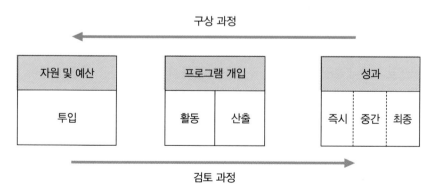

[그림 11-4] **논리모델의 구상과 검토 과정의 방향**

빈칸 채우기에서 더 이상의 가감이나 수정이 가해질 필요가 없는 단계에 이르면, 프로그램의 논리모델이 최종적으로 완성되는 것이다.

[그림 11-5]는 '서비스 접근성 문제를 해결'하기 위한 목적(변화)의 프로그램이 최종적으로 제시하는 논리모델의 예다. 상황은 '지역사회에 서비스가 있음에도 가족들이 그러한 서비스에 접근하기가 힘들어서 욕구 충족이 안 되고 있는 것'을 문제로 규정한 것이다. 그래서 이 프로그램은 최종성과를 서비스에 대한 접근성 욕구를 충족시키는 것으로 두었다. 여기에서 출발해서 논리모델의 구상과 검토의 단계를 계속해 본 결과, 프로그램의 주된 활동과 산출은 자원 목록의 개발/배포로 결정하고 거기에 소요되는 비용 예상을 투입으로 작성했다.

[그림 11-5] 논리모델의 If – Then에 근거한 프로그램 모형 예시

3) 논리모델과 프로그램 이론

논리모델은 프로그램 이론을 분석적·체계적 방식으로 나타내는 것이다. 프로그램 이론은 '프로그램이 추구하는 변화 목적을 달성하기 위해 무엇을 어떻게 해야 할지'를 설명하는 것이다. 그러한 설명을 세분화된 요소들로 쪼개어서 이들 간의 관계를 도해(diagram, 圖解)로 묘사하는 것이 논리모델이다.

[그림 11-6]은 논리모델을 입체적인 도해로 표현한 프로그램의 예다. '아동학대 및 방임의 감소'를 목적으로 하는 프로그램으로, 프로그램 이론을 투입, 활동, 산출, 성과 부문의 요소들로 구분해서 이들 간의 체계적 관계(➡)를 구조적 도형으로 나타냈다. 현실적으로 작동 가능한 프로그램들은 최소한 이 정도의 요소들 간 식별과 체계 도형

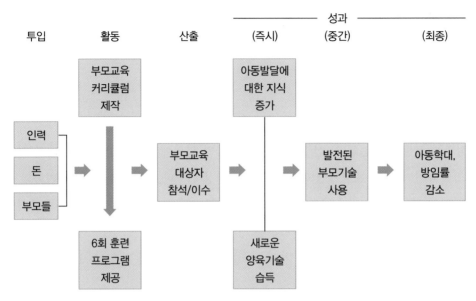

성과

| 투입 | 활동 | 산출 | (즉시) | (중간) | (최종) |

[그림 11-6] **논리모델로 제시된 프로그램 구조 예시**

이 확인될 수 있어야 한다. 이는 곧 최소한 이 정도의 프로그램 이론에 대한 명확화가 있어야 한다는 뜻이기도 하다.

논리모델의 도형은 단지 프로그램 이론을 시각적으로 나타내 줄 수 있는 기법에 불과하다. 논리모델에서 제시하는 제반 요소들의 구성과 관계는 프로그램 이론에 의해서만 안내되고, 구축될 수 있다. 비록 적용되는 프로그램 이론이 적절할지를 검토하는 과정에 논리모델의 틀이 유용할 수는 있지만, 근본적으로 프로그램 이론은 해당 문제와 개입기술에 대한 제반 이론 및 경험적 지식의 뒷받침 없이는 구성할 수 없는 것이다.

2. 성과측정

성과측정은 프로그램이 기대했던 결과를 나타내는지를 측정하는 것이다. 성과 (outcome)는 프로그램의 결과적 측면의 목적 성취이다. 프로그램(개입 활동)을 통해 발생하게 된 개인, 집단, 가족, 조직, 지역사회에 대한 의도된 변화나 상태의 개선을 뜻한다.

1) 성과와 산출

성과는 산출과 구분된다. 산출이 서비스 제공자 입장에서의 생산 결과에 대한 기대라고 한다면, 성과는 프로그램의 목적이 되는 대상 인구나 집단에 대한 기대 변화의 결과를 말한다. 산출은 단지 어떤 서비스가 주어졌는지를 나타내는 것이므로, 클라이언트에게 어떤 영향을 주었는지를 판단하는 성과와는 다르다.

비록 유사한 것처럼 보이지만, 성과와 산출 지향의 목표들은 〈표 11-1〉에서처럼 분명히 구분될 수 있다.

〈표 11-1〉 **산출 및 성과 목표의 구분**

산출 목표	성과 목표
• 지역사회 활동 참여 구성원들에게 교육 훈련을 제공한다.	• 지역사회 이슈를 다룰 수 있는 인적 역량이 증가한다.
• 저소득 가족 구성원들에게 재정관리 기술을 가르친다.	• 저소득 가족이 재정관리를 효과적으로 하고, 재정 의존성이 줄어든다.
• 청소년들에게 리더십 개발의 훈련 기회를 제공한다.	• 청소년들이 향상된 리더십과 의사소통 기술을 가진다.

산출 클라이언트가 서비스를 얼마나 받았는지, 프로그램에 명시된 바와 같이 종료가 되었는지 등을 나타내는 것이다. 얼마나 서비스를 받았는지는 '서비스 단위'로 나타내고, '서비스 종료'가 최종 산출이 된다. 여기에 '서비스 질' 등도 함께 고려할 수 있다.

• 서비스 단위: '물량' '시간' '접촉 건수' 등과 같은 서비스 단위로 산출을 나타낼 수 있다. 사회복지 프로그램에서는 대개 클라이언트에게 주어진 서비스 시간을 주요 산출 기준으로 삼는다. 서비스 인력과 클라이언트 간 접촉 자체가 중요한 서비스인 경

우에는 접촉 건수를 산출 기준으로 할 수도 있다.

- 서비스 종료: 서비스를 종료하는 시점에서 나타나는 '수료 건수'를 산출의 기준으로 삼을 수 있다. 사회복지서비스들에서는 최종 결과가 나타나는 시점을 정하기 어려운 경우가 많은데, 이때는 단기 계획에서의 프로그램 종료 시점을 기준으로 할 수 있다.
- 서비스 질: 서비스 단위나 종료 등과 같은 양적 측면으로는 휴먼서비스 산출의 질을 대변하는 데 한계가 있다. 그래서 '서비스 질'을 기준으로 프로그램의 산출을 나타낼 필요도 있다.

성과 보통 프로그램의 목적이나 영향 목표와 관련한 것을 변화량이나 크기로서 제시한다. 예를 들어, '결식아동의 문제 해소'를 목적으로 둔 프로그램의 성과 목표가 '학교 점심 결식아동 수의 50% 감소'를 성과 목표 중 하나로 삼았다면, 이 목표에 대한 프로그램의 결과 성과는 다음처럼 계산된다.

$$\text{프로그램 성과} = \frac{\text{프로그램 실시 후 결식아동의 수} - \text{프로그램 실시 전 결식아동의 수}}{\text{프로그램 실시 전 결식아동의 수}} \times 100$$

사회복지 프로그램의 책임성을 위해서는 산출보다는 성과에 주목한다. 서비스의 결과로서 클라이언트 혹은 상황의 변화 상태를 직접 다루기 때문이다. 성과는 프로그램의 기대효과를 직접적으로 혹은 클라이언트의 만족도와 같이 간접적으로 측정하기도 한다.

사회복지 프로그램들에서는 대개 성과를 개인이나 개별 클라이언트 차원으로만 보는 경향이 있다. 휴먼서비스의 특성상 인간의 변화와 밀접한 목적 연관성이 있기 때문이다. 그러나 성과의 발생 단위를 반드시 개인 차원에만 두어야 할 필요는 없다. 〈표 11-2〉는 그러한 예들을 보여 준다.

〈표 11-2〉 **성과의 차원별 기술의 예시**

성과의 차원	성과 기술(記述)의 예
개인	• 아동이 학교에 적응한다. • 주민들이 동네가 안전하다고 느낀다.
집단	• 가족들이 저축을 늘린다. • 지역사회 집단이 '마을 만들기' 사업에 참여한다.
기관, 조직	• 기관 내 의사소통 유형이 바뀐다. • 조직의 사업 우선순위가 재조정된다.
시스템	• 개별 서비스들에 대한 통합 시스템을 만든다. • 기관들 간 자원을 공유하는 네트워크가 작동한다.
지역사회	• 지역사회의 거주 환경이 개선된다. • 지역사회의 빈곤율이 감소한다.

2) 성과의 구분

논리모델에서 프로그램의 성과는 즉시-중간-최종 등과 같이 여러 형태로 나누어 볼 수 있다. 경우에 따라서는 하나 혹은 두 개의 성과만을 두거나, 다수의 성과가 구조적 관계로 구성할 수도 있다. 이에 대한 결정은 개별 프로그램의 이론적 구조에 의존한다. 대개 최종성과 목표가 추상적이거나 결과가 프로그램의 종료 시기와 떨어져서 발생할 수록, 즉시나 중간 성과 목표들을 두어야 할 필요성이 커진다.

논리모델에서는 프로그램의 성과 요소들을 가급적이면 세분화, 구체화해서 프로그램 이론을 보다 명료화할 것을 강조한다. 다음 예시처럼 프로그램의 성과를 세부적으로 구분해 놓고 보면 프로그램의 논리가 보다 분명해진다.

즉시성과	중간성과	최종성과
도심의 빈 공간이 지역사회의 공동체 경작지로 전환된다.	청소년과 성인들이 함께 농예 기술과 건강 습식에 대해 익힌다.	주민들은 영양 상태가 개선되고, 돈을 절약하고, 지역사회 공동체 의식이 증진된다.

이와 같은 프로그램의 성과 구조는 프로그램 이론과 논리모델을 통해 확인될 수 있다. 앞의 예시와 같은 성과 구조가 확인되었다면, 프로그램 활동은 대개 최종성과를 직접 의도하기보다는 즉시나 중간 성과를 만들어 내기 위한 노력들로 구성될 것이다.

예를 들어, 예시 프로그램의 활동과 산출은 주로 도심의 빈 공간 찾기, 공동체 경작지로 지정받고 운영하기에 집중된다. 이에 필요한 기술은 지역사회의 정치경제적 환경 분석과 개입전략, 대인 접촉과 설득을 위한 전문적 기술 등이 주가 되어야 하고, 이 같은 전문 기술과 역량을 보유한 전문직 인력이 프로그램에 투입되어야 한다고 판단된다.

〈표 11-3〉의 예시는 프로그램의 성과 구조를 '학습 → 행동 → 영향'과 같은 교육학적 논리를 통해 즉시-중간-최종 성과로 구분해서 연결시킨 것이다. 이러한 성과 논리를 가진 프로그램이라면 대개 초기 혹은 즉시 성과에는 인식 향상으로 책정되고, 그래서 프로그램의 개입전략과 활동은 주로 '학습' 서비스로 구성될 것이다. 이런 성과 구조를 가진 프로그램의 개입 활동과 기술은 주로 교육 전문직 인력의 투입을 필요로 할 것이다.

〈표 11-3〉 **프로그램 성과 구조의 교육학적 논리**

즉시성과	중간성과	최종성과
• 가족이 예산 계획을 세우는 방법을 안다.	• 가족이 예산 계획을 실제로 작성하고 활용한다.	• 가족이 저축을 늘리고, 빚을 줄인다.
• 직원들이 지역과 시장을 분석하는 지식을 습득한다.	• 직원들이 보다 합리적인 마케팅 결정을 내린다.	• 서비스 조직은 서비스 판매와 이윤이 증대한다.
• 주민들이 지역사회 보육의 필요성 인식을 높인다.	• 고용주와 주민들이 대안을 논의하고, 합동 계획을 만든다.	• 가족들은 지역사회 보육의 욕구를 충족시킨다.

3) 성과측정과 효과성 평가

프로그램 기획에서 성과측정과 논리모델은 불가분의 관계에 있다. 논리모델은 단지 논리적인 것이다. 투입-활동-산출-성과에 이르는 논리의 연결, 즉 해당 프로그램의 논리모델이 적절한지에 대한 실증적 평가는 그 성과를 경험적으로 측정할 수 있어야만 가능하다.

성과측정은 효과성 평가와 분명히 구분된다. 성과는 단지 '무엇이, 얼마나 달라졌는지'라는 결과의 상태를 뜻하고, 효과성은 프로그램 활동이 그러한 결과를 초래했는지의 인과성 관계의 확인을 포함한다. 성과측정(outcome measurement)은 단지 성과를 '재는' 것이고, 효과성 평가(effectiveness evaluation)는 그런 성과가 어떻게 해서 나타났는지를 '판단'하는 것이다.

효과성 평가를 위해서는 성과측정과 함께 프로그램의 배타적 인과성을 증명해야 한다. 이를 엄격히 수행하려면 대개 실험-통제집단 성격의 연구 디자인이 요구되는데, 대부분의 사회복지 프로그램에서는 이를 감당할 여력이 없다. 그래서 통상적으로 '선 논리모델, 후 성과측정'의 방법을 써서 효과성 검증을 우회하는 방식을 선택하는 경향이 있다.

투입에서 성과에 이르는 프로그램의 논리모델이 적절한 것으로 받아들여지고, 실제 그 프로그램을 실행한 결과로 나타난 성과(들)을 측정해서 보니 기대했던 바와 같이 나타났다면, 프로그램 이론의 적절성을 굳이 배척하기 어렵다고 간주한다는 것이다.

그럼에도, 논리모델과 성과측정의 제시만으로 프로그램의 효과성이 입증되는 것은 아니다. 논리모델은 구성요소들의 체계 안에서의 관계만을 다루기 때문에, 비록 성과가 측정되었다고 해도 그것이 체계 바깥의 영향 요인들과 어떤 관계에 있는지는 설명을 할 수 없다. 심지어 논리모델로 구성한 프로그램이 자체적으로는 논리적이라도 그것이 사회적으로 얼마나 효과가 있는 것인지는 성과측정만으로 제시되기 힘들다.

비록 현실적으로는 여러 환경적 제약들로 인해 프로그램을 기획하고 실행, 평가하는 과정을 '논리모델 + 성과측정' 정도로 두더라도, 적어도 이것이 엄격한 효과성 평가를 통한 프로그램 이론 검증에는 어떤 한계가 있는지는 정확하게 인식해야 한다.

3. 성과 지표의 개발과 자료수집

대부분의 사회복지 프로그램의 성과는 그 자체로서 경험적 확인이 어려운 경우가 많다. 그래서 성과는 대개 '지표'를 통해 확인한다. 지표(indicator)란 특정 현상에 대한 증거나 정보로서, 성과 지표는 성과에 관해 '가리켜 주는' 증거 혹은 측정을 말한다. 하나의 성과에도 여러 가지 다양한 지표들이 사용될 수 있다.

〈표 11-4〉는 성과와 지표의 관계에 대한 예시다.

〈표 11-4〉 **성과와 지표**

성과	지표의 예
불이 남	연기, 냄새, 소방차 소리, 사람들의 고함 소리
학업 성취	학점, 만족도, 출석률, 취업 여부, 자아성취감

성과를 확인하는 데 있어서 지표를 올바로 이해하고 활용하는 것은 매우 중요하다. 자칫 지표를 성과 자체로 간주해 버리는 오류라든지, 잘못된 지표를 사용함으로써 성과를 적절히 제시하는 데 실패한다든지 하는 등의 문제를 초래하지 말아야 한다. '달'을 가리키는 데 '손가락'을 사용한다고 해서 손가락이 달이 될 수는 없는 것이다.

1) 성과 지표의 기준

성과측정에 사용되는 모든 지표는 경험 가능한 것이어야 한다. 경험적이란 시각, 청각, 촉각, 후각, 미각이라는 오감(五感)을 통해 감지될 수 있다는 뜻이다. 기본적으로 성과 지표는 보여지거나(행동), 들거나(생각), 읽거나(기록), 만져지거나(형체), 냄새를 맡거나 맛보기 중 어느 하나 이상의 기준은 충족되어야 한다.

경험 기준을 기본으로 하고, 좋은 지표로서의 추가적인 조건들은 다음과 같다.

상식적　상식적 수준에서 성과를 가리키는 좋은 지표라는 것이 판단될 수 있어야한다. 예를 들어, '공부 잘하게 됨'의 성과를 나타내는 지표를 '눈빛의 변화'로 두는 것은 상식적으로 이해되지 않는다. '시험 성적'이라는 지표가 훨씬 상식적이다.

직접 측정　직접적으로 성과를 측정 가능한 것이면 좋다. 예) '10대 흡연의 감소'가 성과라면, 가장 좋은 지표는 '10대 흡연자의 수, %' '흡연 횟수나 니코틴 섭취량' 등으로 측정하는 것이다. '금연 교실의 참가자 수' 같은 지표는 직접 측정 기준이 되지 못한다.

프록시(proxy, 대리)　부득이한 경우라면 프록시 측정도 가능하다. 성과에 따라서는 직접 측정이 원천적으로 불가능하거나, 측정을 위한 시간과 자원상의 현실적 제약이 따르는 경우도 있다. 이런 경우 대리 측정을 한다. 예를 들어, '청소년들의 지역사회 활동 참여도'에 대한 프록시 측정은 '지역에서 자원봉사를 하는 청소년의 수나 퍼센트' 등으로 할 수 있다.

구체적　지표는 모든 사람이 동일하게 파악하고, 그래서 동일한 자료를 수집할 수 있도록 명확히 구체적으로 규정되어야 한다. 예) '자활사업에 참여한 노숙자 수'라는 지표가 있다면, 이때의 '자활사업'이란 어떤 것이고, '참여'한다는 것은 풀타임 혹은 파트타임까지를 포함하는지 혹은 참여의사를 밝히는 정도로도 해당되는지, '노숙자'란 구체적으로 어떤 상태를 가리키는지 등으로 명확히 규정되어야 한다.

현실적 유용성　어떤 지표를 선택했는지에 따라 성과측정의 비용도 차이가 난다. 그러므로 좋은 지표의 선택은 측정에 걸리는 시간이나 자원 투입과 같은 현실적 한계를 적절히 감안해야만 유용성이 확보된다.

적절한 수의 지표　하나의 성과를 가리키는 데 하나의 지표보다는 적절한 수의 지표들을 사용하는 것을 고려한다. 해당 성과측정의 특성과 현실적 유용성까지도 고려해서 지표의 수를 결정한다. 대개 하나 이상의 지표가 필요하지만, 너무 많은 지표를 사용하는 것도 성과측정을 복잡하게만 만들 수 있다.

양적/질적 지표　양적 지표와 질적 지표가 모두 가능하다. 지표는 성과의 발생을 보통 빈도나 퍼센트, 비율, 경우의 수 등과 같이 양적으로 수량화하는 것들로 나타낸다. 모든 경우를 양적 수량화해야 할 필요는 없다. 질적으로 경험을 나타내는 것도 가능하다. 예를 들어, '8세 아동의 사회성 기술 정도'에 대한 지표로서 어떤 상황들에서 어떤 행동들을 보이는지를 기록하고 묘사하는 것을 쓸 수도 있다.

포괄적   지표는 측정 대상인 성과의 제반 측면을 포괄할 수 있어야 한다. 또한 양극단에 이르는 제반 스펙트럼을 모두 포괄적으로 드러내 보일 수 있는 것이어야 한다.

2) 지표와 자료수집의 계획표

측정을 위한 지표가 결정되고 나면, 그에 따라 자료수집이 이루어진다. 해당 지표들에 대해 자료를 수집하려면, 자료는 누가 제공할 것인지(예: 참여자, 부모, 담당자, 외부 전문가 등), 어떤 측정 도구를 어떤 방법으로 사용해서 자료를 수집할 것인지(예: 관찰, 대인면접, 설문조사, 기록검토 등), 자료를 수집하는 시점은 언제로 할 것인지 등을 미리 결정해 두어야 한다.

측정을 위해서는 프로그램 기획 과정에서 〈표 11-5〉와 같은 계획표가 필요하다.

〈표 11-5〉 **측정을 위한 계획표 항목**

평가질문: (무엇을 알고 싶은가?)			
지표	자료원	자료수집 방법	자료수집 시기
(무엇을 보면 성과를 달성했다고 말할 수 있을까?)	(누구로부터 정보를 얻을 것인가?)	(어떤 측정 도구를 어떻게 사용할 것인가?)	(언제 정보를 수집할 것인가?)

프로그램의 실행과 결과를 모니터링하거나 평가하기 위해서는 논리모델의 모든 구성요소들이 측정의 계획표 항목에 포함되어야 한다. 프로그램의 투입, 활동, 산출, 제반 성과들이 경험적으로 측정되어야만, 논리모델에 입각한 프로그램 구성요소와 그 관계들이 제대로 실행되어 나타나는지가 경험적으로 검증될 수 있다.

〈표 11-6〉은 어떤 프로그램이 성과들을 측정하기 위해 계획표를 작성해 놓은 것이다. 만약 이러한 계획표가 미리 작성되어 있지 않다면, 프로그램이 실행되는 도중에 언

제, 누가, 누구로부터, 어떤 자료들을, 어떤 도구를 써서 수집해야 할지를 모르게 된다. 그리고 나서 프로그램이 종료된 후에 성과측정이나 효과성 평가의 필요성을 인식했다 하더라도, 그것들은 더 이상 실행이 불가능하게 되는 것이다.

〈표 11-6〉 **성과측정 계획표의 예시**

질문 1: 프로그램 참여자들이 아동발달에 관한 지식이 증가되었나?			
지표	자료원	자료수집 방법	자료수집 시기
#, %, 아동발달과 발달 마일스톤 단계를 아는 참여자 수 (구체적 지식)	설문지	자기 기입 방법의 회고적 사후 설문조사	2차 수업 후

질문 2: 참여자들이 새로운 자녀 훈련 방식의 기술을 익히게 되었나?			
지표	자료원	자료수집 방법	자료수집 시기
#, %, 새 훈련 방식을 아는 참여자 수 (행동을 구체화)	체크리스트	자기 기입 방법의 회고적 체크리스트 분석	최종 수업 후

질문 3: 참여자들은 익힌 새로운 기술을 실제로 사용하는가?			
지표	자료원	자료수집 방법	자료수집 시기
#, %, 수업에서 다른 부모기술들을 사용하는 참여자 수 (기술들을 구체화)	참여자	전화인터뷰	최종 수업; 6개월 follow-up

질문 4: 참여자들 사이에 아동 방임/학대가 감소했나?			
지표	자료원	자료수집 방법	자료수집 시기
#, %, 방임/학대 기관 보고 건수	기관 기록지	기록지 검토	최종 수업; 6개월 follow-up

이처럼 프로그램 기획 과정에서는 논리모델의 개발과 함께 그에 포함된 성과들과 기타 프로그램 구성요소들에 대한 측정 계획표를 작성해 두는 것이 중요하다. 프로그램의 실행 과정에서는 계획표의 스케줄에 따라 자료수집이 일상적 과정으로 수행되게 한다.

3) 자료수집 방법

사회복지 프로그램에서 성과측정에 필요한 자료는 다양한 방법으로 수집할 수 있다. 가급적 폭넓은 자료수집 방법들을 이해하고 적용할 수 있어야 한다. 〈표 11-7〉은 이에 대한 설명이다.

〈표 11-7〉 **자료수집 방법에 대한 설명**

자료수집 방법	설명
설문조사	'묻고' '대답하기'를 통해 자료수집. 표준화된 정보 수집의 방법. 양적 자료의 산출
면접조사	'묻고' '대답하기'의 한 방법. 심층조사 가능. 구조화 혹은 비구조화 방법의 고려
관찰	'보고' '듣는' 것으로 관찰자가 판단. 구조화 혹은 비구조화 방법 고려
자기진술	개인적인 반응을 드러내는 사람들의 기술
시험	시험지나 기술 실기처럼 지식, 기술 혹은 수행성과를 사정하는 표준화된 기준 사용
사진, 비디오	가시적 이미지를 포착해서 자료로 사용
일지(log)	시간적 기록이 입력된 것. 사전 구조화시킨 자료 입력 양식
기타	자기진단용 행위카드(action cards), 시뮬레이션, 미술치료 기법, 문제 이야기(problem story), 비반응성 측정 등 가능

각각의 자료수집 방법은 정보가 '누구에 의해 생성'되는지가 다르다. 동일한 결과에 대해서도 자료수집 방법의 차이에 따라 수집되는 정보의 내용이 달라질 수 있다. 예를 들어, 서비스 효과성에 관한 자료를 수집하는 경우에 서비스 생산자의 '관찰' 방법과 이용자의 '자기진술' 방법에 의해 도출되는 자료들이 제시하는 정보는 상당한 차이를 보일 수 있다.

사회복지 프로그램이 다양한 이해 관점을 포괄적으로 고려해야 하는 필요성은 성과 측정에서까지도 중요하게 대두된다. 따라서 어떤 자료수집 방법을 선택할지는 단순히 효율성만의 문제가 아니라, 프로그램을 둘러싼 다양한 이해들의 균형이라는 측면까지를 포함하는 것이다.

4. 사회복지 프로그램 기획의 모형: '논리모델과 성과측정' 기법

'논리모델과 성과측정' 기법은 사회복지 프로그램 개발과 평가의 다양한 측면에서 활용될 수 있다. 여기에서 소개하는 모형은 지역사회 문제 해결을 위한 사회복지 프로그램의 기획 과정을 논리모델과 성과측정의 기법에 의거하면 어떤 단계로 나타날지를 보여 주는 것이다. 이것은 단지 하나의 모형(model)이다. 기획의 제반 단계들에서 필요한 과제들에 대한 매뉴얼을 제시하는 것은 아니다.

[단계 1] 지역사회 욕구를 구체적으로 기술한다. 이 단계는 전체 프로그램 기획 과정의 성패를 좌우하는 열쇠(key)다. 욕구에 대한 기술은 설득력을 갖추어야 한다. 예를 들어, 지역사회가 안고 있는 실업, 10대 임신, 비행, 약물중독, 노인 문맹 등의 문제를 구체적이고 명료하게 제시해서 프로그램 개입이 꼭 필요함을 인정받아야 한다. 욕구의 기술은 다음 질문에 대답하는 것으로 구성한다.

- (욕구) 지역사회의 구체적인 욕구의 본질은 무엇인가?
- (대상자) 누가 욕구를 경험하고 있는가?
- (지역) 이들은 어디에 살고 있나?
- (근거) 무슨 정보를 근거로 이것을 욕구라고 하는가?

[단계 2] 프로그램 목적을 선택하고, 기술한다. 프로그램 목적이란 '확인된 욕구에 대해 프로그램이 의도하는 구체적인 효과'를 말한다. 예를 들어, '부산 남구 ✽✽ 지역의 10대 청소년의 비행을 어느 정도의 수준으로 줄인다' 등이다.

프로그램 목적의 기술에 포함될 내용과 기술 순서는 〈표 11-8〉의 예시와 같이 한다.

〈표 11-8〉 **프로그램 목적 기술의 예시**

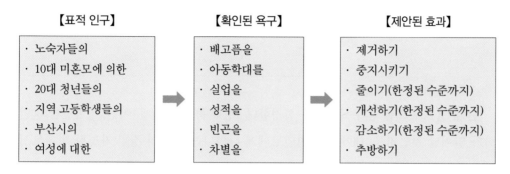

【표적 인구】	【확인된 욕구】	【제안된 효과】
· 노숙자들의 · 10대 미혼모에 의한 · 20대 청년들의 · 지역 고등학생들의 · 부산시의 · 여성에 대한	· 배고픔을 · 아동학대를 · 실업을 · 성적을 · 빈곤을 · 차별을	· 제거하기 · 중지시키기 · 줄이기(한정된 수준까지) · 개선하기(한정된 수준까지) · 감소하기(한정된 수준까지) · 추방하기

사회복지 프로그램에서 명확한 목적을 설정하는 것은 무엇보다 중요하다. 프로그램의 사회적 목적은 과정(수단)적 목적과 구분해서 기술되는 것이 필요하다. 과정적 목적은 지역사회나 클라이언트의 욕구와 반드시 일치하지 않으며, 대부분 기관의 욕구를 중심으로 설정되는 경우가 많다. 기관 입장에서의 욕구(서비스 제공)와 지역사회 차원의 욕구(서비스 필요)는 분명히 구분해야 할 필요가 있다.

〈표 11-9〉는 프로그램 목적을 설정하기 위해 집단적 의사결정의 방식이 채택된 상황에서, 집단 참여자들이 개별적으로 혹은 함께 사용할 수 있는 연습지다. 이를 활용하면 목적에 포함되어야 하는 중요한 세 가지 구성요소를 분석하고 연결시켜 보는 것이 수월해진다. 물론 빈칸에 채워져야 할 내용은 프로그램의 문제 상황에 대한 고려와 합리적 가치 평가의 과정 등을 거쳐서 도출될 수 있다. 연습지는 다만 그러한 과정에 분석적 도구로 유용할 뿐이다.

〈표 11-9〉 **프로그램 목적 기술을 위한 연습지**

• 프로그램 제목: _____

• 문제/상황 기술: (어떤 지역에서, 어떤 시점에, 누구에게, 어떤 문제나 위기 상황이 나타나는지. 그 원인론(etiology)은?)

• 목적/목표에 대한 기술:

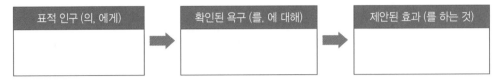

표적 인구 (의, 에게)		확인된 욕구 (를, 에 대해)		제안된 효과 (를 하는 것)
	→		→	

[단계 3] 프로그램 성과 목표들을 설정한다. 성과 목표는 언제, 어떤, 얼마만큼의 변화가 일어날 것인지를, 대개 클라이언트에게 나타나는 효과의 경험 가능한 형태로서 기술하는 것이다. 프로그램의 성과 목표는 프로그램 목적에 대한 성취 결과의 상태를 세세히 나타내는 것이어야 하는데, 그래서 SMART를 작성의 기준으로 삼는다.

· 구체적 (Specific)
· 측정 가능 (Measurable)
· 획득 가능 (Attainable)
· 결과지향적 (Results-oriented)
· 시간 설정 (Time-related)

논리모델에서는 성과는 그것을 실현할 산출과 연결되어 있고, 산출은 다시 활동으로, 활동은 다시 투입에 영향을 준다. 그래서 성과 목표의 선택은 단지 성과들의 이론적 구조만으로 이루어져서는 안 되고, 각 대안 목표에 수반되는 산출과 활동, 투입까지의 연결 구조들을 함께 생각해서 현실적으로 실행 가능하고 최적의 효용성을 제시해 주는 것으로 결정되어야 한다. 논리모델 작성을 위한 연습지를 통해 구상과 평가의 단계가 되풀이되는 과정을 거치면서, 이러한 성과와 다른 구성요소들 간의 관계가 다듬어질 수 있다.

투입	프로그램 개입		성과		
	활동	산출	즉시	중간	최종

[단계 4] 프로그램 성과와 제반 구성요소들의 측정 방법을 제시한다. 프로그램 성과 측정은 프로그램 성과 목표들이 사정될 수 있는 방법을 확인하는 것이다. 프로그램 성과 목표들이 충족되는 정도를 판단하는 데 사용될 수 있는 도구들을 구체화하는 것이다. 가급적 하나의 성과에 대해서도 다수의 지표와 측정 방법을 사용할 것이 권장된다.[2] 〈표 11-10〉과 같은 측정 계획표 작성을 위한 연습지를 활용할 수 있다.

〈표 11-10〉 **측정 계획표 작성을 위한 연습지**

평가질문	지표	자료원	자료수집 방법	자료수집 시기
무엇을 알려 하는가?	어떻게 알 것인가?	누가 정보를 갖고 있는가?	어떻게 얻을 수 있는가?	언제 수집할 것인가?

[단계 5] 프로그램의 서비스 활동과 절차를 상세히 기술한다. 서비스/활동은 프로그램 성과 목표를 성취하기 위한 것이다. 주로 '프로그램 직원 혹은 서비스 인력이 무슨 일을 할 것인지'에 대한 행동 계획으로 묘사한다. 서비스 과정에 대한 이용자의 참여를 강조하는 사회복지 프로그램에서는 이용자의 역할도 상세히 묘사한다.

프로그램 성과 목표가 '프로그램 기간 동안에 30명의 가족 케어제공자들의 심리적 고통을 60%까지 감소'라고 주어졌다면, 이를 위한 서비스 활동의 계획은 다음처럼 될 수 있다.

"서비스 활동: 프로그램은 30명의 가족 케어제공자들에게 주중에 하루 2~3시간의 휴식시간을 제공한다. 이를 위해 사회복지사 2급 혹은 요양보호사 이상의 자격을 갖춘 서비스 인력이 30명의 노인들에게 주 2~3 시간의 주간보호서비스를 기관 내에서 제공한다. 사회복지사 1급 전문 인력이 개별 가족 케어제공자를 대상으로 월 1회 1시간의 개별 상담을 기관 내 혹은 가정

---

2) 미국의 『United Way 성과측정 지침서』에는 한 프로그램에 대해 적어도 3개 이상의 측정 도구를 사용하도록 되어 있다.

방문을 통해 제공한다. 사회복지사 1급 전문 인력이 케어제공자들의 자조집단 모임 결성을 지원하기 위해, 월 1회 전체 가족 모임을 개최하기 위한 연락, 장소 마련, 참여 권유 작업 등의 활동을 6개월간 수행한다."

사회복지 프로그램에서는 이런 과정적 활동이 서비스의 핵심을 이룬다. 서비스의 성격에 따라 상담이나 시설치료, 사례관리, 정보 & 의뢰 서비스 등과 같은 다양한 형태의 활동들이 나타날 수 있다. 프로그램이 제시하는 모든 서비스 활동들에 대해서는 서비스의 정의, 개입방법, 과업 내용 등이 반드시 명확하게 기술되어야 한다.

서비스의 정의　서비스에 대해 한두 문장으로 정의하는 것이다. 프로그램이 다루는 클라이언트의 문제와 욕구, 프로그램 활동을 함축적이고 포괄적으로 명시하는 것이다. 예) '이 프로그램은 한부모 취업가정의 보호가 필요한 아동들에게 방과후 보호 및 상담지도를 제공하는 것이다'

개입방법　서비스 전달의 방법을 구체적으로 규정하는 것이다. 예를 들어, '방과후 보호' 서비스를 '자원봉사자와 연계한 가정 내 보호'로 할지, 아니면 '시설을 통한 집단보호' 방법으로 할지 등을 선택한다. '상담' 서비스를 한다면, 심리사회, 인지행동, 기회제공 등의 다양한 접근들 중에서 다시 선택한다. 이런 모든 선택에는 검증된 개입 이론과 방법인지를 확인하는 것이 중요하다.

서비스 과업　서비스에서 수행될 과업을 정의하는 것이다. 과업은 서비스 활동과 절차, 환경에 대해 다음 요소들로 기술한다.

- (누가) 서비스 제공자
- (무엇을) 서비스의 내용
- (어디서) 서비스가 제공되는 지역
- (언제) 서비스 제공 기간
- (어떻게) 서비스 전달의 방식
- (왜) 서비스 활동이 필요한 이유
- 서비스의 모니터링 방법

[단계 6] 프로그램 활동에 투입될 원료(raw material)와 자원(resource)을 묘사한다. 사회복지 프로그램의 주된 원료는 클라이언트(의 욕구 상황)가 된다. 클라이언트 문제 해결을 위해 [단계 5]에서 계획한 활동들에 필요한 서비스 및 행정 인력 자원, 현금이나 현물, 시설, 장비 등의 물적 자원이 어떤 유형으로 얼마만큼 투입되어야 할지를 결정한다. 투입에 관해서는 다음의 정보들에 대한 상세 내용으로 제시한다.

클라이언트 정보   서비스 수급자격(예: 소득 수준, 연령, 거주 지역, 장애인등록), 인구사회학적 특성(예: 성별, 연령, 소득 수준, 종교, 교육 수준, 혼인상태, 가족관계, 고용상태), 문제 사정 정보, 클라이언트 환경 변수 정보 등

인적 및 물적 자원 정보   서비스 인력의 정보(예: 성별, 연령, 면허증, 자격, 학위), 물적 자원(예: 현금액수, 현물, 시설, 장비) 등

[단계 7] 프로그램 구상이 일차적으로 완성되고 나면, 이를 프로그램 기획의 제 단계들에서 용도에 맞게 활용한다. 기관 내부의 프로그램 개발 과정이면 기관의 다양한 구성원들에게 프로그램의 논리를 제시하는 근거로 활용된다. 외부 프로그램 공모사업에 신청하는 과정에서는, 지원 기관이 요구하는 제안서(proposal) 양식에 채워 넣을 내용을 체계적으로 맞추는 용도로 활용된다. 프로그램 실행의 모니터링이나 결과 평가의 과정에서는 측정된 사실들을 평가해 볼 수 있는 이론적 모형으로 활용된다.

제12장

논리모델 연습 1

논리모델을 통해 프로그램 이론을 개발하는 것은 프로그램 기획 활동을 구조화하는 데 유용하다. 문제와 욕구 해결의 성과, 그에 따른 활동과 전략을 구성하는 과정에 대한 설명과 실제 연습을 시도한다.

1. 프로그램 개입 논리 이해

프로그램 개입 논리는 해결하고자 하는 문제와 욕구, 그에 따른 개입방법, 개입 이후의 성과에 대한 구조를 의미한다. 프로그램 개입 논리는 프로그램을 기획하는 사회복지사에게도 중요하고, 프로그램을 위해 자원을 제공하려고 하는 관계자에게도 중요하다.

1인 중장년 가구의 고독사 문제를 해결하기 위해서 사회복지관에서 근무하고 있는 사회복지사가 프로그램을 기획하려고 준비하고 있다고 하자. 사회복지관이 있는 지역에 1인 중장년 가구가 대략 150세대 정도 있는 것으로 파악되었다. 사회복지사는 이분들을 만나 인터뷰하면서 그들이 겪고 있는 어려움에 대해서 자료수집을 하였다. 그 결과, 다음과 같은 내용들이 수집되었다.

홀로 지내고 계시는 분들은 주로 일정한 경제적 활동을 하지 않는 분들이셨다. 소득이 규칙적으로 들어오지 않고, 소득이 아예 없는 분들도 계셨다. 그분들은 사회적 관계도 단절되어 있었다. 평소에 안부를 주고받을 이웃이나 친구들도 거의 없으셨다. 또한 이분들에 대한 공공행정의 파악 정도도 매우 미약하여, 공공행정에서 제공하고 있는 사회서비스도 매우 제한적이었다. 사회적으로 거의 고립되어 있으셨다. 사회복지사는 이분들의 고독사를 해결하기 위하여 프로그램을 기획하려고 시작했는데, 일어나지도 않은 고독사가 문제인지, 아니면 이분들이 지금 직면하고 있는 경제적 어려움, 사회적 관계 단절, 촘촘하지 못한 사회복지망 부재가 문제인지 모르겠다.

사회복지사는 프로그램을 기획하여 ○○복지재단의 프로그램 공모사업에 신청하였다. 사회복지사가 제출한 사업을 심사위원들이 심사를 한다. 사회복지사가 제출한 사업계획서의 프로그램 제목은 '1인 중장년 가구들의 고독사 해결을 위한 사회적 관계망 구축사업'이었다. 사업내용을 보니 1인 중장년 가구들의 고독사 문제를 해결하기 위해서 사회적 관계망을 구축하고 그것이 지속적으로 가동되도록 하는 것이었다. 그런데 세부사업내용을 보니 1인 중장년 가구들의 취업상담, 취업기술훈련, 취업알선이 포함되어 있었고, 복지관의 사회교육 프로그램 참여도 포함되어 있었다. 그리고 사업평가에는 사회적 관계망 형성과 관련한 이웃연계 및 활동건수를 확인하는 것이 계획되어 있었지만, 이와 더불어 취업 여부, 경제적 소득 발생 여부, 사회교육 프로그램 참여율도 들어가 있었다. 자원배분가는 프로그램의 문제와 개입방법, 그에 따른 평가방법이 논리적이지 않다고 판단하여 이 기관에서 제출하는 사업계획서에 대해 추가적으로 확인하기 위해 면접심사를 실시하려고 하고 있다.

제시된 예를 보면, 프로그램을 기획하는 사회복지사 입장에서는 문제 선정의 정확성이 떨어지고 그로 인해 개입방법 설정에서도 혼란스러움을 겪고 있다. 자원배분을 위한 의사결정을 해야 하는 심사자 입장에서는 사회복지사가 작성한 사업계획서를 기반하여 판단하여 볼 때, 무엇을 문제로 삼고 사업계획을 수립하였는지, 그것을 통해서 무엇을 얻고자 했는지 명확하게 이해하기 어렵다.

프로그램을 기획하는 사회복지사, 자원을 배분하고자 하는 관계자 모두에게 명확한 프로그램 개입 논리가 필요하다. 이를 위해 논리모델 틀을 활용할 수 있다.

프로그램 개입 논리를 위한 논리모델은 [그림 12-1]과 같다.

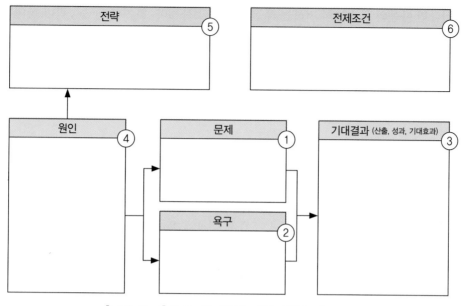

[그림 12-1] **프로그램 개입 논리를 위한 논리모델**

① **문제**   프로그램이 해결하고자 하는 문제로서 바람직하지 못한 조건이나 상황을 의미한다. 문제를 정의할때는 '현상'과 '병리'를 구분할 수 있어야 한다.

- 현상: 나타나 보이는 상태
- 병리: 나타나 보이는 상태이지만 그 속에 병적인 요소가 포함되어 있는 것
- 문제: 병리 중 이것이 해결되지 않았을 때 2, 3차의 바람직하지 못한 조건이나 상황, 상태를 추가적으로 초래할 것으로 예상되는 것. 그래서 반드시 해결되어야 하는 것

　현상, 병리, 문제는 기계적으로 구분되기보다는 상황적이고 상대적인 관점에서 분석되는 경우가 많다. 예를 들어, 아동의 '학습능력 저하'는 1차적으로 다른 아동에 비교하였을 때 학습 수준이 낮은 경우를 말한다. 이를 '병리'로 볼 수 있다. 아동발달단계에서 학습이 중요한 시기에는 학습능력이 아동발달을 판단하는 기준이 될 수 있기 때문이다. 이를 '문제'로 규정할 수도 있다. 아동의 학습능력이 저하됨으로써 학교생활에 자신감이 없고, 또래와의 관계 형성도 잘 되지 못하고, 자신에 대한 부정적인 인식이 높

아진다면 아동의 학습능력 저하는 해결되어야 할 문제다. 하지만 학습능력이 상대적으로 떨어지지만 아동이 이에 대해 스트레스를 받지 않고 다른 일상생활에 큰 어려움이 없다면 아동의 학습능력을 향상시키기 위해서 개입해야 할 이유가 상대적으로 적을 수 있다.

② **욕구**   문제에 노출된 대상자의 어려움과 필요로서 문제와는 다르다. 문제는 바람직하지 못한 조건이나 상황에 대한 분석이라면, 욕구는 그 문제로 인해 어려움을 겪고 있는 대상자에 대한 분석이다. 문제에 노출되었지만 어려움이나 필요가 나타나지 않는 대상자들도 있다. 그런 대상자는 서비스 대상자의 선정 기준에 따라 위험인구 집단에 포함될 수 있지만, 표적 인구 집단 혹은 클라이언트 인구 집단에는 포함되지 않을 가능성이 높다.

③ **기대결과**   문제와 욕구가 해결되었을 때 얻게 되는 결과이다. 문제와 욕구의 해결은 프로그램 개입을 통해 나타나는 결과의 상태로, 산출, 성과, 기대효과로 구분할 수 있다.

- 산출: 프로그램 개입 결과로 얻게 되는 서비스의 양이다. 예) 참여자 수(실 인원, 연 인원), 프로그램 횟수, 프로그램 총 투입시간 등
- 성과: 프로그램에 참여한 대상자들이 프로그램을 통해 얻게 된 직접적이고 구체적인 변화이다. 프로그램 개입 직후에 확인되는 즉시성과, 즉시성과를 통해서 얻게 된 중간성과, 프로그램 개입 이후 대상자에게 나타나는 궁극적 변화인 최종성과로 구분될 수 있다.
- 기대효과: 프로그램 산출과 성과에 포함되지 않지만 프로그램을 통해서 얻게 된 간접적인 효과이다.

④ **원인**   문제와 욕구를 유발시킨 영향 요인이다. 문제와 욕구를 유발시킬 수 있는 원인은 다양하며 원인에 따라 ⑤의 전략이 달라질 수 있다. [그림 12-1]을 보면 원인과 전략이 화살표로 연결되어 있다. 프로그램은 궁극적으로 문제와 욕구를 해결하기 위해

기획되지만 문제와 욕구를 해결하기 위한 전략이 아니라 원인을 해결하기 위한 전략이다. 문제는 일종의 '증상'이며 프로그램 기획자는 경험적으로 확인할 수 있는 증상을 통해 문제를 규정한다. 원인은 '증상'을 유발시킨 요인이 되며, ④번에서는 그것을 규정하는 것이다.

⑤ **전략**   원인을 해결할 수 있는 개입방법이다. ④의 원인에서 언급했듯이 전략은 문제와 욕구를 직접적으로 해결하지 않는다. 원인을 해결함으로써 결과적으로 문제와 욕구가 해결되는 것이다.

⑥ **전제조건**   전략을 실행함에 있어 사전에 고려해야 할 점이다. 프로그램을 성공적으로 진행하여 원하던 결과를 얻기 위해서 사전 통제해야 할 조건들이 있을 수 있다. 예를 들면, 직장을 다니고 있는 클라이언트를 위해 프로그램을 실시하게 된다면, 프로그램 운영시간을 야간이나 주말에 배정하는 것이 참여율을 높일 수 있다. 기혼 다문화 여성을 위한 프로그램을 진행하게 될 때 프로그램을 운영하는 동안 아이돌봄 서비스를 함께 제공해 주는 것이 필요하다.

2. 프로그램 개입 논리 작성 연습

프로그램 개입 논리의 기본적인 개념 이해를 바탕으로 실제 연습을 해 보도록 한다. [그림 12-1]에 제시된 번호의 순서를 준용하면서 프로그램의 개입 논리를 완성해 간다.

1) 문제

• 개념: 바람직하지 못한 조건이나 상황으로 해결이 필요한 현상
• 작성 포인트

– 사회복지사가 채택한 문제가 현상인지, 병리인지, 문제인지 구분할 수 있어야 한다.

– 문제로 인해 어려움이나 필요가 발생한 위기집단이 존재하는지 확인해야 한다.

최근 ○○시에 1인 중장년 가구의 고독사 사건이 뉴스에 보도된 바 있다. 고독사는 혼자 사는 사람이 사망 후 한동안 방치되었다가 발견되는 죽음을 의미하는 것으로, 1인 가구의 증가는 향후 고독사 비율증가에 기여할 것으로 예측할 수 있다. 1인 가구 비율은 전체 세대 중 43%를 차지하고 있으며, 매년 1인 중장년 가구의 증가 비율이 높아지고 있다.

2) 욕구

• 개념: ①번에서 분석된 문제에 노출된 대상자들이 겪고 있는 어려움과 필요

• 작성 포인트

– 대상자들이 겪고 있는 어려움과 필요가 무엇인지 개념적으로 명확하게 규정한다 (욕구 확인).

– 명확하게 규정된 어려움과 필요에 대한 객관적인 수치가 있다면 함께 제시한다(욕구 추산).

2022년 서비스 제공팀에서 발간한 '○○시 1인 중장년 가구 지원 프로그램 개발을 위한 욕구조사결과 보고서'에 의하면, ○○시의 가구 중 1인 중장년 가구 비율은 43%로 작년 40%에 비해 3%p 증가하였다. 이들 중 경제적 활동을 하는 가구는 2.1%였으며, 나머지 가구는 소득 활동이 전혀 없었다. 또한 일주일에 사회 활동(친구 만나기, 종교 활동, 여가문화 활동 등)을 한 번 이상 하는 비율은 1.1%에 불과하였다. 경제적 소득이 발생하지 않아 일상생활에 필요한 것을 구매하는 것이 매우 경직되어 있었으며, 질병관리 등은 매우 제한적으로 이루어지고 있었다. 심리적으로 위축되어 있는 상태여서 외부 활동을 하는 데에도 매우 소극적인 태도를 보였다.

3) 기대결과

- 개념: 문제와 욕구가 해결되었을 때 나타나는 결과
- 작성 포인트
  - 산출, 성과, 기대효과를 명확히 구분해야 한다.
  - 산출은 전략을 통해 제공되는 서비스의 양을 의미한다.
  - 성과는 프로그램에 참여한 대상자들이 프로그램을 통해서 얻게 된 직접적인 변화다.
  - 기대효과는 프로그램의 간접적인 효과다.

- 산출

세부 프로그램명	실 인원	연 인원	총 횟수	총 시간
개인맞춤형 취업가이드	15명	600명	40회	120시간
사회활동 코디네이팅	15명	1,440명	96회	288시간

- 성과

세부 프로그램명	즉시성과	중간성과	최종성과
개인맞춤형 취업가이드	취업성공	• 소득 발생 • 일상생활 필요 영역에 대한 소비행위 유발	고독사 예방
사회활동 코디네이팅	정기적인 사회활동 지속	• 사회적 네트워크 형성 • 일상생활 필요 충족	

- 기대효과
  - 고독사에 대한 사회적 인식 개선
  - 1인 중장년 가구 이웃들의 1인 가구에 대한 관심 증가

4) 원인

- 개념: 문제와 욕구를 야기시킨 요인
- 작성 포인트
  - 문제와 욕구가 발생하도록 영향을 미친 요인들은 여러 가지일 수 있다. 가장 근본적인 원인은 사회복지영역에서 해결할 수 없는 것일 수도 있다. 프로그램은 궁극적으로 문제를 유발시킨 원인에 개입함으로써 문제를 해결하는 것이기 때문에 해결 가능한 원인을 설정하는 것이 유용하다.

1인 중장년 가구의 고독사 문제와 이에 노출된 대상자들이 겪고 있는 경제적 어려움, 사회관계 단절의 원인은 사회적 고립이다.

5) 전략

- 개념: 원인을 해결하기 위한 프로그램
- 작성 포인트
  - '증상'으로 나타난 문제와 욕구를 해결하기 위한 전략이 아니라 문제와 욕구를 야기시킨 원인을 해결하기 위한 전략을 기술해야 한다.
  - 여기에서 전략은 프로그램을 의미한다.
  - 프로그램 제목을 기술할 때 다음의 원칙을 활용하면 프로그램을 기획하는 당사자와 자원배분가 모두 프로그램 개입 논리를 예측하는 데 유용할 수 있다.
  - 프로그램 제목: (원인으로 문제에 노출된 대상자)의 (문제)를 해결하기 위한 (개입전략)

프로그램 제목: 사회적 고립으로 고독사 위험에 노출된 1인 중장년 가구의 고독사 예방을 위한 경제적 자립과 사회적 네트워크 지원 프로그램

6) 전제조건

- 개념: 프로그램을 성공적으로 수행하는 데 사전에 고려해야 할 조건
- 작성 포인트
  - 기대하는 결과를 성취하기 위해 프로그램 운영 조건들을 사전에 파악한다. 또한 프로그램 운영 시 프로그램 대상자들의 참여 활성화를 위해 사전에 고려해야 할 부분을 파악하여 적시한다.

- 프로그램 참여자들의 개별적 특성을 고려하여 취업지원 프로그램을 개별 맞춤형 형태로 진행한다. 이에 프로그램 비용을 정확하게 계상하여 예산 계획을 수립하도록 해야 한다.
- 오랜 기간 동안 지역사회에서 사람들과 접촉기회가 없었으므로, 프로그램 개입 초기부터 참여자들이 대인관계의 심리적 부담감을 느끼지 않도록 프로그램 운영 강도를 적절히 조절한다.

---

3. 프로그램 개입 논리 체크리스트

1인 중장년 가구의 고독사 문제 해결을 위한 프로그램 개입 논리를 [그림 12-2]와 같이 구축하였다. 1인 중장년 가구의 고독사 문제 및 욕구에 대한 정의, 개입을 통해 기대하는 성과, 그것에 대한 원인, 원인을 해결하기 위한 전략, 프로그램 실행을 위한 전제조건의 관계가 완성되었다면, 〈표 12-1〉의 체크리스트를 통해 프로그램 개입 논리를 점검한다. 이 틀은 프로그램을 기획한 당사자뿐만 아니라 동료집단에서 상호 검토할 수 있다.

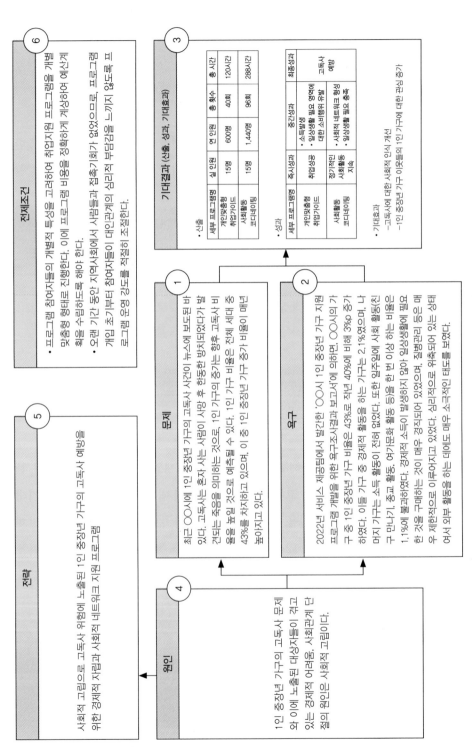

⑥ 전제조건

- 프로그램 참여자들이 개별적 특성을 고려하여 취업지원 프로그램을 개별 맞춤형 형태로 진행한다. 이에 프로그램 비용을 정확하게 계상하여 예산에 반영할 수 있도록 해야 한다.
- 오랜 기간 동안 지역사회에서 사람들과 접촉기회가 없었으므로, 프로그램 개입 초기부터 참여자들이 대인관계의 심리적 부담감을 느끼지 않도록 프로그램 운영 강도를 적정히 조정한다.

⑤ 전략

사회적 고립으로 고독사 위험에 노출된 1인 중장년 가구의 고독사 예방을 위한 경제적 지원과 사회적 네트워크 지원 프로그램

④ 원인

1인 중장년 가구의 고독사 문제와 이에 노출된 대상자들이 겪고 있는 경제적 어려움, 사회관계 단절이 원인인 사회적 고립이다.

① 문제

최근 ○○시에 1인 중장년 가구의 고독사 사건이 뉴스에 보도된 바 있다. 고독사는 혼자 사는 사람이 사망 후 한동안 방치되었다가 발견되는 죽음을 의미하는 것으로, 1인 가구의 증가는 향후 고독사 비율을 높일 것으로 예측될 수 있다. 1인 가구 비율은 전체 세대 중 43%를 차지하고 있으며, 이 중 1인 중장년 가구 증가 비율이 매년 높아지고 있다.

② 욕구

2022년 서비스 제공팀에서 발간한 '○○시 1인 중장년 가구 지원 프로그램 개발을 위한 욕구조사결과 보고서'에 의하면 ○○시의 가구 중 1인 중장년 가구 비율은 작년 40%에 비해 3%p 증가하였다. 이들 가구 중 경제적 활동을 하는 가구는 2.1%였으며, 나머지 가구는 소득 활동이 전혀 없었다. 또한 일주일에 사회 활동(친구 만나기, 종교 활동, 여가문화 활동 등)을 한 번 이상 하는 비율은 1.1%에 불과하였다. 경제적 소득이 발생하지 않아 일상생활에 필요한 것을 구매하는 것이 매우 경직되어 있었으며, 질병관리 등으로 매우 제한적으로 이루어지고 있었다. 심리적으로 위축되어 있는 상태여서 외부 활동을 하는 데에도 매우 소극적인 태도를 보였다.

③ 기대결과 (산출, 성과, 기대효과)

• 산출

세부 프로그램명	실 인원	연 인원	총 횟수	총 시간
개인맞춤형 취업가이드	15명	600명	40회	120시간
사회활동 코디네이팅	15명	1,440명	96회	288시간

• 성과

세부 프로그램명	즉시성과	중간성과	최종성과
개인맞춤형 취업가이드	취업성공	소득발생 · 일상생활 필요에 대한 소비행위 유발	고독사 예방
사회활동 코디네이팅	정기적인 사회활동 지속	사회적 네트워크 형성 · 일상생활 필요 충족	

• 기대효과
- 고독사에 대한 사회적 인식 개선
- 1인 중장년 가구 이웃들의 1인 가구에 대한 관심 증가

[그림 12-2] 1인 중장년 가구의 고독사 문제 해결을 위한 논리모델 예시

프로그램 개입 논리를 위한 체크리스트는 총 9개로 구성되어 있다. 프로그램 개입 논리의 명확성을 확인하기 위한 것으로, 문제, 욕구, 기대결과들이 명확하게 기술되어 있는지, 원인과 전략은 논리적 연계성을 기반으로 객관적인 자료에 근거하여 작성되었는지를 점검하게 된다. 마지막으로 프로그램 개입 논리에 대해서 프로그램 관련자들의 합의가 이루어졌는지도 확인한다.

〈표 12-1〉 **프로그램 개입 논리를 위한 논리모델 체크리스트**

	항목	예	아니요	수정 코멘트
1	해결해야 할 문제가 명확하게 명시되어 있다.			
2	욕구와 해결해야 할 문제가 구체적이고 명확한 관계로 설명되어 있다.			
3	욕구는 객관적인 자료에 근거하여 명확하게 분석되어 있다.			
4	기대결과는 문제와 욕구에 기반하여 구체적이고 명확하게 기술되어 있다.			
5	원인은 문제와 욕구 발생에 기인한 것으로 객관적인 자료에 근거하여 구체적으로 기술되어 있다.			
6	전략은 원인을 해결하기 위한 방법으로 객관적인 자료에 근거하여 기술되어 있다.			
7	원인과 전략의 논리적 연계성이 명확하게 기술되어 있다.			
8	전략에 기술되어 있는 개입방법은 실현가능성에 기반되어 있다.			
9	프로그램 개입 논리에 대한 이해관계자들의 합의가 이루어졌다.			

* 출처: W. K. Kellogg Foundation (2004). *Logic Model Development Guide*, p. 33.

제13장

논리모델 연습 2

제12장에서 프로그램 개입 논리를 위한 논리모델에 대해서 알아보았다. 프로그램 개입 논리 확보를 위한 논리모델이 구축되었다면, 이를 근거로 프로그램 활동 및 성과 측정 계획을 작성해 본다.

1. 프로그램 실행계획

논리모델은 프로그램의 필요성과 원하는 결과를 연결하는 로드맵으로, 투입된 자원으로 어떠한 활동 과정을 거쳐 성과를 도출해 내는지 그 과정을 설명해 줌으로써 프로그램 기획자에게 프로그램 관리 역량을 확보하는 데 기여한다. 또한 자원제공자들에게는 투자된 자원의 기여 정도를 확인할 수 있어 프로그램에 대한 신뢰성을 가질 수 있게

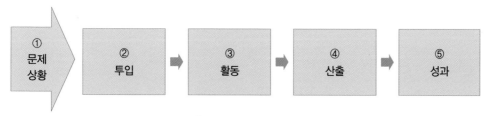

[그림 13-1] **논리모델**

된다.

논리모델은 프로그램을 운영하는 데 필요한 자원, 자원을 통해 이루어지는 활동, 활동을 통해 얻어진 결과인 산출과 성과의 관계를 제시하는 틀이다. 논리모델의 구성요소는 [그림 13-1]과 같이 문제 상황, 투입, 활동, 산출, 성과다.

① **문제 상황**   프로그램 개입이 필요한 상황으로서 바람직하지 못한 조건이나 상황으로 어려움을 겪고 있는 대상자들이 존재하여 해결이 필요한 상황이다. '증상'으로 확인되는 문제와 이를 유발시킨 '원인'으로 나뉘어진다.

② **투입**   문제 상황을 해결하기 위해 투입되는 자원을 의미한다. 프로그램을 위해서 투입될 수 있는 자원은 인적 자원, 조직적 자원, 재정적 자원, 지역사회 자원, 서비스 기술 등이 될 수 있다.

③ **활동**   투입된 자원을 사용하여 개입을 시도하는 것이다. 활동은 프로그램이며, 의도된 개입이다. 이 개입을 통해서 프로그램 참여대상자들의 직접적인 변화를 이끌어 낸다.

④ **산출**   프로그램 활동의 직접적인 산물이다. 프로그램을 통해서 제공된 서비스의 내용과 양으로, 서비스 유형, 횟수, 시간, 인원 수 등이 포함될 수 있다. 산출은 활동과 함께 개입의 효과인 성과를 발생하도록 하는 데 기여한다.

⑤ **성과**   프로그램에 참여한 대상자들이 프로그램 참여를 통해 얻은 직접적인 변화이다. 성과는 프로그램 참여대상자의 행동, 지식, 상태, 기능 등의 차원에서 나타나는 직접적이고 구체적인 변화를 의미한다. 성과는 활동과 산출의 직접 영향을 받는 즉시성과, 즉시성과를 통해 얻게 되는 중간성과, 프로그램 개입의 궁극적인 변화인 최종성과로 구분된다.

2. 프로그램 실행계획 작성 연습

프로그램 실행계획 수립을 위한 논리모델 툴(tool)의 기본적인 개념 이해를 바탕으로 실제 연습을 해 보도록 한다. [그림 13-2]에 제시된 번호의 순서를 준용하면서 프로그램의 실행계획을 완성해 간다.

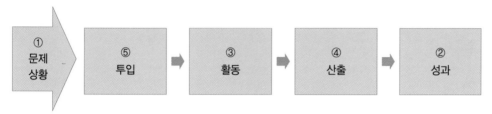

[그림 13-2] **논리모델 구축의 순서**

프로그램 실행계획 수립을 위한 논리모델은 문제 상황 분석이 완료되면, '문제 해결'이라는 변화, 이 변화를 유도하기 위한 활동과 산출, 활동에 투입되어야 할 자원의 순서대로 구축된다. 프로그램은 궁극적으로 문제를 해결하기 위한 것이며, 그것이 성과다. 이에 대한 논리적 연계성이 확보된다면 활동, 산출, 투입은 자연스럽게 계획될 수 있다. 이는 성과 중심의 프로그램 기획을 위한 유용한 방법이다.

1) 문제 상황

• 작성 포인트
  - 해결이 필요한 바람직하지 못한 상황이나 조건을 기술한다.
  - 문제 상황을 기술할 때는 '증상'으로 나타나는 문제, 이를 유발시키는 '원인'으로 구분하여 제시한다.

- 문제: 1인 중장년 가구의 고독사
- 증상: 'OO시 1인 중장년 가구 지원 프로그램 개발을 위한 욕구조사결과 보고서' 中
  - OO시의 가구 중 1인 중장년 가구 비율 43%로, 작년 40%에 비해 3%p 증가
  - 소득 활동이 전혀 없는 1인 중장년 가구 전체 조사 대상의 97.9%
  - 일주일에 1회 이상 사회 활동을 하는 비율은 전체 조사 대상의 1.1%
  - 일상생활 필요물품 등 구매, 질병관리에 대해서 매우 경직되어 있음
  - 심리적 위축으로 외부 활동에 대해 매우 소극적인 태도를 보임
- 원인: 사회적 고립

2) 성과

- 작성 포인트
  - 활동과 산출을 통해 직접적으로 확인되는 프로그램 참여대상자의 변화를 즉시성과로 기술한다. 즉시성과가 성취된 후에 확인될 수 있는 성과를 중간성과로, 중간성과가 성취된 후에 확인될 수 있는 프로그램의 궁극적인 성과를 최종성과로 기술한다.

세부 프로그램명	즉시성과	중간성과	최종성과
개인맞춤형 취업가이드	취업성공	• 소득 발생 • 일상생활 필요 영역에 대한 소비행위 유발	고독사 예방
사회활동 코디네이팅	정기적인 사회활동 지속	• 사회적 네트워크 형성 • 일상생활 필요 충족	

3) 활동

- 작성 포인트
  - 성과를 획득하기 위해 실행되어야 하는 프로그램을 기술한다.

– 프로그램은 성과와 논리적 인과성을 가지고 있어야 한다.

사회적 고립으로 고독사 위험에 노출된 1인 중장년 가구의 고독사 예방을 위한 경제적 자립과 사회적 네트워크 지원 프로그램

4) 산출

- 작성 포인트
    - 활동을 통해서 나타나는 결과로, 프로그램 개입을 통해서 얼마나 많은 양의 서비스를 산출했는지 기술한다.

세부 프로그램명	실 인원	연 인원	총 횟수	총 시간
개인맞춤형 취업가이드	15명	600명	40회	120시간
사회활동 코디네이팅	15명	1,440명	96회	288시간

5) 투입

- 작성 포인트
    - 활동을 하기 위해 필요한 자원을 나열한다.
    - 자원을 인적 자원, 조직적 자원, 재정적 자원, 지역사회 자원, 서비스 기술 등으로 나누어 명확하게 기술한다.

- 인적 자원: 클라이언트 15명, 사회복지사 3명, 취업상담사 1명, 이웃주민 15명
- 조직적 자원: 복지관 프로그램실
- 재정적 자원: 연 5,000만 원
- 지역사회 자원: 취업처, 문화센터, 공원, 마트, 커피숍 등

3. 프로그램 실행계획 체크리스트

[그림 13-3]은 1인 중장년 가구의 고독사 문제 해결을 위한 프로그램 실행계획 그림이다. 문제 상황에 따른 자원 투입, 활동, 산출, 성과에 이르는 구성요소를 연계하여 그림으로 제시한 것이다. [그림 13-3]의 프로그램 실행계획이 논리적 연계성을 가지고 작성되었는지 검토하기 위해서 〈표 13-1〉의 체크리스트를 활용한다.

① 문제 상황
- 문제: 1인 중장년 가구의 고독사
- 증상: 'OO시 1인 중장년 가구 지원 프로그램 개발을 위한 욕구조사결과 보고서' 中
  - OO시의 가구 중 1인 중장년 가구 비율 43%로, 작년 40%에 비해 3%p 증가
  - 소득 활동이 전혀 없는 1인 중장년 가구 전체 조사 대상의 97.9%
  - 일주일에 1회 이상 사회 활동을 하는 비율은 전체 조사대상의 1.1%
  - 일상생활에 필요한 물품 등 구매, 질병 관리에 대해서 매우 경직되어 있음
  - 심리적 위축으로 외부 활동에 대해 매우 소극적인 태도를 보임
- 원인: 사회적 고립

② 투입
- 인적 자원: 클라이언트 15명, 사회복지사 3명, 취업상담사 1명, 이웃 주민 15명
- 조직적 자원: 복지관 프로그램실
- 재정적 자원: 5,000만 원
- 지역사회 자원: 취업, 문화센터, 공원, 마트, 카페숍 등

③ 활동
사회적 고립으로 고독사 위험에 노출된 1인 중장년 가구의 고독사 예방을 위한 경제적 자립과 사회적 네트워크 지원 프로그램

④ 산출
[개인맞춤형 취업가이드]
- 실 인원: 15명
- 연 인원: 600명
- 총 횟수: 40회
- 총 시간: 120시간

[사회활동 코디네이팅]
- 실 인원: 15명
- 연 인원: 1,440명
- 총 횟수: 96회
- 총 시간: 288시간

⑤ 성과
[개인맞춤형 취업가이드]
- 즉시성과: 취업성과
- 중간성과: 소득 발생, 일상생활 필요 영역에 대한 소비행위 유발
- 최종성과: 고독사 예방

[사회활동 코디네이팅]
- 즉시성과: 정기적인 사회활동 지속
- 중간성과: 사회적 네트워크 형성, 일상생활 필요 요충족
- 최종성과: 고독사 예방

[그림 13-3] 1인 중장년 가구의 고독사 문제 해결을 위한 프로그램 실행계획 예시

〈표 13-1〉은 프로그램 실행계획의 구성요소인 문제 상황, 투입, 활동, 산출, 성과가 충실하게 기술되었는지 검토할 수 있는 도구다. 총 11개 문항으로 구성되어, 각 구성요소의 개념을 명확하고 구체적으로 담아내고 있는지 확인하도록 돕는다.

1번과 2번은 투입 자원에 대한 내용으로 프로그램 성과에 기여할 수 있는 자원들이 구체적이고 산술적으로 기술되어 있는지 확인한다. 3번부터 5번까지 활동의 내용과

〈표 13-1〉 **프로그램 실행계획을 위한 논리모델 체크리스트**

	항목	예	아니요	수정 코멘트
1	프로그램 성과에 기여하는 모든 인적자원을 고려하여 기술하였다.			
2	인적 자원들을 구체적이고 양적으로 기술하였다(예: 1인 중장년 가구 5세대).			
3	활동 내용은 참여대상자의 특징을 반영하여 기술하였다.			
4	활동 기간은 참여대상자의 특징을 반영하여 기술하였다.			
5	산출을 양적으로 표현하였다(예: 1인 중장년 가구 5세대가 사회적 활동 프로그램에 참여함).			
6	성과는 단계적으로 즉시성과, 중간성과, 최종성과로 나누어 기술하였다.			
7	성과는 참여대상자의 인식, 태도, 지식, 행동 변화 등의 내용을 담고 있다.			
8	성과는 구체적이고 측정 가능하도록 기술되었다.			
9	성과는 프로그램 결과에 대한 책임성을 확인할 수 있도록 기술되었다.			
10	성과는 변화 중심으로 기술되었다.			
11	성과는 예산 범위 안에서 달성할 수 있도록 현실적으로 고려되었다.			

* 출처 : W. K. Kellogg Foundation (2004). *Logic Model Development Guide*. p. 20.

기간이 참여자의 특성을 고려하여 계획되고 기술되었는지, 산출이 양적으로 나타나 있는지 물어본다. 6번부터 10번까지는 성과와 관련하여 성과 단계별로 단기, 중기, 장기 성과로 구분하여 기술되었는지, 구체적이고 측정 가능하도록 기술되었는지 확인한다.

4. 프로그램 성과측정 작성 연습

프로그램 기획과 실행계획을 수립한 후 마지막으로 프로그램 실행 후 나타나게 될 결과에 대한 평가 계획을 수립해야 한다. 논리모델의 구성요소인 투입, 활동, 산출, 성과 모두 평가 대상이 된다. 자원 투입의 적절성, 문제 상황과 활동 간의 관계에 대한 논리적 연계성, 활동에 대한 산출의 적절성, 활동과 성과 간의 논리적 인과성 등이 평가의 초점이 된다. 하지만 궁극적으로는 프로그램에 참여한 대상자들의 변화가 중요하기 때문에, 논리모델에서 '성과'에 대한 측정을 중요하게 고려한다.

프로그램 평가를 위한 논리모델의 틀은 〈표 13-2〉와 같다.

〈표 13-2〉 **프로그램 평가를 위한 논리모델 틀**

평가영역	평가질문	평가지표	자료원	자료수집 방법	자료수집 시기
①	②	③	④	⑤	⑥

① **평가영역**　프로그램 실행계획을 위한 논리모델에서 제시된 프로그램 구성요소로, 투입, 활동, 산출, 성과가 여기에 해당된다.

② **평가질문**　평가영역에 따라 어떤 것을 평가할 것인지를 기술한다. [그림 13-4]에 제시된 논리모델을 참고해 보자. 논리모델 구성요소인 투입, 활동, 산출, 성과가 평가영역이 된다. 평가질문은 각 평가영역에 따라 무엇을 평가할 것인지를 제시하는 것이다.

① 문제 상황

- 문제: 1인 중장년 가구의 고독사
- 증상: '○○시 1인 중장년 가구 지원 프로그램 개발을 위한 욕구조사 결과 보고서' 中
- ─○○시의 가구 중 1인 중장년 가구 비율 43%로, 작년 40%에 비해 3%p 증가
- ─소득 활동이 전혀 없는 1인 중장년 가구 전체 조사대상의 97.9%
- ─일주일에 1회 이상 사회 활동을 하는 비율은 전체 조사대상의 1.1%
- ─일상생활 필요물품 등 구매, 질병관리에 대해서 매우 경직되어 있음
- ─심리적 위축으로 외부 활동에 대해 매우 소극적인 태도를 보임
- ─원인: 사회적 고립

② 투입

- 인적 자원: 클라이언트 15명, 사회복지사 3명, 취업상담사 1명, 이웃주민 15명
- 조직적 자원: 복지관 프로그램실
- 재정적 자원: 5,000만 원
- 지역사회 자원: 취업처, 문화센터, 공원, 마트, 커피숍 등

③ 활동

사회적 고립으로 고독사 위험에 노출된 1인 중장년 가구의 고독사 예방을 위한 경제적 자립과 사회적 네트워크 지원 프로그램

④ 산출

[개인맞춤형 취업가이드]
- 실 인원: 15명
- 연 인원: 600명
- 총 횟수: 40회
- 총 시간: 120시간

[사회활동 코디네이팅]
- 실 인원: 15명
- 연 인원: 1,440명
- 총 횟수: 96회
- 총 시간: 288시간

⑤ 성과

[개인맞춤형 취업가이드]
- 즉시성과: 취업성과
- 중간성과: 소득 발생, 일상생활 필요 영역에 대한 소비행위 유발
- 최종성과: 고독사 예방

[사회활동 코디네이팅]
- 즉시성과: 정기적인 사회활동 지속
- 중간성과: 사회적 네트워크 형성, 일상생활 필요 충족
- 최종성과: 고독사 예방

평가영역	평가질문 (예시)
투입	〈인적 자원〉 • 클라이언트 15명은 모집되었는가? • 사회복지사 3명은 프로그램 기획 및 운영자로 참여하였는가? • 취업상담사 1명은 프로그램 운영을 위해서 확보되었는가? • 이웃주민 15명은 1인 중장년 가구의 사회적 네트워크 형성을 위해 모집되었는가? 〈조직적 자원〉 • 복지관 프로그램실은 확보되었는가? 〈재정적 자원〉 • 프로그램 실행을 위한 5천만 원의 예산이 확보되었는가? 〈지역사회 자원〉 • 취업처, 문화센터, 공원, 마트, 커피숍 등은 프로그램 수행을 위해서 섭외되었는가?
활동	• 1인 중장년 가구의 고독사 예방을 위한 경제적 자립과 사회적 네트워크 지원 프로그램은 세부 계획에 따라 진행되었는가?
산출	〈개인맞춤형 취업가이드〉 • 15명에게 프로그램이 제공되었는가? • 프로그램은 총 40회, 총 120시간 제공되었는가? 〈사회활동 코디네이팅〉 • 15명에게 프로그램이 제공되었는가? • 프로그램은 총 96회, 총 288시간 제공되었는가?
성과	〈개인맞춤형 취업가이드〉 • 즉시성과인 취업성공은 이루어졌는가? • 중간성과인 소득이 발생되었는가? • 중간성과인 일상생활 필요 영역에 대한 소비행위는 유발되었는가? • 최종성과인 고독사 예방은 이루어졌는가? 〈사회활동 코디네이팅〉 • 즉시성과인 사회활동은 정기적으로 지속되었는가? • 중간성과인 사회적 네트워크 형성은 이루어졌는가? • 중간성과인 일상생활 필요는 충족되었는가? • 최종성과인 고독사 예방은 이루어졌는가?

[그림 13-4] 논리모델에 따른 평가영역 및 평가질문

③ **평가지표**   프로그램을 평가하기 위한 가장 핵심적인 부분으로, 평가하고자 하는 영역의 적절성을 확인시켜 줄 수 있는 단서 혹은 증거를 의미한다.

평가 영역	평가질문	평가지표
투입	〈인적 자원〉 • 클라이언트 15명은 모집되었는가?	프로그램 참여자 수
활동	1인 중장년 가구의 고독사 예방을 위한 경제적 자립과 사회적 네트워크 지원 프로그램은 세부 계획에 따라 진행되었는가?	계획대비 프로그램 실행 여부
산출	〈개인맞춤형 취업가이드〉 • 15명에게 프로그램이 제공되었는가?	프로그램 제공 여부 프로그램 참석률
성과	〈개인맞춤형 취업가이드〉 • 즉시성과인 취업성공은 이루어졌는가?	취업여부

④ **자료원**   평가지표의 정보를 가지고 있는 원천으로, 예를 들어 사람, 문서, 사진, 동영상 등으로 평가지표의 정보를 가지고 있는 주체는 다양할 수 있다. 클라이언트 15명이 모집되었는지에 대한 평가지표는 '프로그램 참여자 수'다. '프로그램 참여자 수'에 대한 정보를 누가 가지고 있는지를 확인하는 것이 자료원을 확보하는 것이다. 프로그램 참여자 수에 대한 정보는 프로그램을 담당하고 있는 사회복지사가 가지고 있을 수 있고, 프로그램 신청서가 가지고 있을 수 있다.

평가 영역	평가질문	평가지표	자료원
투입	〈인적 자원〉 • 클라이언트 15명은 모집되었는가?	프로그램 참여자 수	사회복지사
			프로그램 신청서
활동	1인 중장년 가구의 고독사 예방을 위한 경제적 자립과 사회적 네트워크 지원 프로그램은 세부 계획에 따라 진행되었는가?	계획대비 프로그램 실행 여부	프로그램 일지

산출	〈개인맞춤형 취업가이드〉 • 15명에게 프로그램이 제공되었는가?	프로그램 제공 여부	프로그램 일지
		프로그램 참석률	출석부(혹은 프로그램 일지)
성과	〈개인맞춤형 취업가이드〉 • 즉시성과인 취업성공은 이루어졌는가?	취업 여부	채용통지서(혹은 근로계약서)

⑤ **자료수집 방법**   자료원을 확보하는 방법으로 서베이, 관찰, 인터뷰, 내용분석, 척도 검사 등 다양한 방법이 동원될 수 있다. 자료수집 방법은 자료원의 성격에 따라 결정된다. 그렇기 때문에 여기서 중요한 것은 자료원과 자료수집 방법의 논리적 연계성을 확보하는 것이다. 예를 들면, 프로그램 참여자 수라는 평가지표의 자료원은 프로그램 신청서. 그렇다면 자료수집 방법은 프로그램 신청서 검토(혹은 계수)가 되는 것이 적절하다. 만약에 자료수집 방법을 클라이언트 인터뷰로 한다면 이는 자료원과 자료수집 방법 간의 논리적 연계성이 결여된다.

· (평가지표) 프로그램 참여자 수 → (자료원) 프로그램 신청서 → (자료수집 방법) 프로그램 신청서 검토(혹은 계수) (○)
· (평가지표) 프로그램 참여자 수 → (자료원) 프로그램 신청서 → (자료수집 방법) 클라이언트 인터뷰 (×)

평가 영역	평가질문	평가지표	자료원	자료수집 방법
투입	〈인적 자원〉 • 클라이언트 15명은 모집되었는가?	프로그램 참여자 수	사회복지사	사회복지사 인터뷰
			프로그램 신청서	프로그램 신청서 검토(혹은 계상)
활동	1인 중장년 가구의 고독사 예방을 위한 경제적 자립과 사회적 네트워크 지원 프로그램은 세부 계획에 따라 진행되었는가?	계획대비 프로그램 실행 여부	프로그램 일지	프로그램 일지 검토

산출	〈개인맞춤형 취업가이드〉 • 15명에게 프로그램이 제공되었는가?	프로그램 제공 여부	프로그램 일지	프로그램 일지 검토
		프로그램 참석률	출석부(혹은 프로그램 일지)	출석부 검토
성과	〈개인맞춤형 취업가이드〉 • 즉시성과인 취업성공은 이루어졌는가?	취업 여부	채용통지서(혹은 근로계약서)	채용통지서 확인

⑥ **자료수집 시기**   자료수집 방법을 동원하여 자료원을 확인하는 시기다. 자료를 수집할 수 있는 현실적인 시기를 고려하여 제시하도록 한다.

평가 영역	평가질문	평가지표	자료원	자료수집 방법	자료수집 시기
투입	〈인적 자원〉 • 클라이언트 15명은 모집되었는가?	프로그램 참여자 수	사회복지사	사회복지사 인터뷰	프로그램 실시 직후
			프로그램 신청서	프로그램 신청서 검토(혹은 계상)	프로그램 실시 직후
활동	1인 중장년 가구의 고독사 예방을 위한 경제적 자립과 사회적 네트워크 지원 프로그램은 세부 계획에 따라 진행되었는가?	계획대비 프로그램 실행 여부	프로그램 일지	프로그램 일지 검토	월 1회
산출	〈개인맞춤형 취업가이드〉 • 15명에게 프로그램이 제공되었는가?	프로그램 제공 여부	프로그램 일지	프로그램 일지 검토	매 회기 종료 시
		프로그램 참석률	출석부(혹은 프로그램 일지)	출석부 검토	매 회기 종료 시
성과	〈개인맞춤형 취업가이드〉 • 즉시성과인 취업성공은 이루어졌는가?	취업 여부	채용통지서 (혹은 근로계약서)	채용통지서 확인	연 1회

5. 프로그램 성과측정 체크리스트

프로그램 성과측정을 위한 논리모델이 구축되고 나면 〈표 13-3〉의 체크리스트를 활용하여 논리모델 구축의 완성도를 점검할 수 있다. 프로그램 성과측정 체크리스트는 총 8개 문항으로 구성되어 있다. 1번과 2번은 평가질문에 관한 것으로 논리모델의 구성요소 모두에 대한 질문을 포함하고 있는지 확인하는 것이다. 3번과 4번은 평가지표에 대한 것으로 평가질문에 묻고자 한 내용을 포함하고, 자료수집이 가능한 용어로 지

〈표 13-3〉 **프로그램 실행계획을 위한 논리모델 체크리스트**

	항목	예	아니요	수정 코멘트
1	평가질문은 논리모델의 구성요소(투입-활동-산출-성과)를 모두 포함하고 있다.			
2	평가질문에는 수집해야 할 정보를 모두 포함하고 있다.			
3	평가지표는 평가질문에서 묻고자 하는 내용을 포함하고 있다.			
4	평가지표는 자료수집이 가능한 용어로 기술되어 있다.			
5	자료원은 평가지표를 확보하기 위한 원천으로 명확하게 기술되어 있다.			
6	자료수집 방법은 자료원을 확보하기에 현실적으로 기술되어 있다.			
7	자료수집 시기는 자료수집 방법을 활용하여 적절한 자료원을 확보하도록 기술되어 있다.			
8	평가질문-평가지표-자료원-자료수집 방법-자료수집 시기 간의 논리적 연계성이 담보된다.			

* 출처: W. K. Kellogg Foundation (2004). *Logic Model Development Guide*, p. 43, 47.

표가 구성되어 있는지 점검하는 것이다. 5번은 자료원, 6번은 자료수집 방법, 7번은 자료수집 시기이며, 8번은 프로그램 성과측정을 위한 모든 내용들이 논리적 연계성을 가지고 있는지 확인하는 것이다.

제14장

프로그램 제안서의 작성 기법

제안서(proposal, 프로포절)는 프로그램을 누군가에게 이해시키고, 참여를 독려하거나 활동 자금(fund)을 획득하는 데 쓰이는 도구다. 이 장에서 다루는 제안서 작성의 기법(technique)은 '주어진 양식에 의거해서 설득력 있는 제안서를 만드는 방법'에 대한 것이다.

제안서 작성은 프로그램 기획 자체가 아니다. 제안서는 단지 기획 과정을 통해 완성된 프로그램 구상의 내용을 주어진 양식에 의거해서 표현한 것이다. 그러므로 좋은 사회복지 프로그램 제안서를 작성하려면 좋은 기획 과정이 선행되어야 한다. 사회복지 프로그램의 효과적인 기획과 실행, 평가에 관한 내용들은 이 책의 앞 장들에서 다루었다.

여기서는 기획된 프로그램의 내용을 주어진 양식에 맞추어 제안서로 작성하는 과정에 대해 설명한다. 제안서 작성의 순서는 사전 타당성 검토, 자금원 탐색과 접근, 제안서 쓰기 등으로 진행된다.[1]

---

1) 제안서 작성 과정의 순서와 내용은 〈Brody, R. (1991). "Preparing Effective Proposals". In R. Edwards & J. Yankey (Eds.), *Skills for Effective Human Services Management*. Silver Spring, MD: NASW Press, pp. 44-61.〉에서 주로 참고.

1. 사전 타당성 검토

하나의 제안서 개발에도 상당한 노력과 시간이 소모된다. 제안서가 채택될지도 미지수인 상태에서 기관의 귀중한 인적/물적 자원을 제안서 작성에만 지나치게 매달리게 할 수는 없다. 본격적으로 제안서 작성에 뛰어들기 전에 미리 타당성을 검토해 보는 것이 좋다. 프로그램 기획의 주체는 다음의 질문들을 해 보아야 한다.[2]

[질문 1] 프로그램에 대한 아이디어가 바람직하고, 실행 가능한가?
· 관련 연구나 실천 기록 등의 문헌들을 검토해 보고, 지역사회 내 · 외부에서 유사한 프로그램을 수행해 본 적이 있는 사람들을 만나서 이야기를 들어 본다.
· 프로그램이 다루려고 하는 문제 혹은 변화가 정말로 해결 가능한 것인지를 판단한다.
· 현재의 아이디어가 독창적인 것인지를 확인한다. 만약 다른 기관에서 유사한 프로그램(들)이 수행되어 왔다면, 왜 그것을 복제하려는지를 생각해 본다. 만약 적절한 이유가 있다면, 그것을 명확히 정리한다.
· 지금이 이 프로그램의 개발 착수에 적절한 시기인지를 평가해 본다.
· 누가 표적 인구가 될 것인지를 결정한다.
· 어떤 세력이 이 프로그램을 지지할 것인지 혹은 반대할 것인지를 확인한다.
· 프로그램이 실제 수행되는 데는 어떤 어려움이 있을지를 예상해서, 실행가능성 (feasibility)을 평가해 본다.

[질문 2] 우리 기관이 이 프로그램을 수행할 수 있는 역량은 갖추고 있는가?
· 이 프로그램이 우리 기관의 현재 사명(mission)이나 목적과 부합되는 것인지를 고려해 본다.

---

2) Brody, 전게서, p. 44.

- 우리 기관은 새로운 시도(프로그램)를 위한 충분한 의지가 있는지, 직원들은 적절한 능력을 갖추고 있는지를 검토한다.
- 우리 기관의 경쟁력을 다른 잠재적 신청자(기관)들과 비교해서 판단해 본다.
- 프로그램 실행에 요구되는 사항들, 예를 들어 자금후원 기관이 제시하는 서비스의 질 기준이나 회계관리 절차 등을 과연 우리 기관이 수용할 수 있을지를 판단한다. 이때 우리 기관은 이것보다 더 중요한 다른 현안들이 없는지를 상대적으로 비교 판단해야 한다.

[질문 3] 자금후원 기관(들)은 이 프로그램의 아이디어에 관심을 가질 것인가?
- 자금후원 기관의 공고문을 통해서나, 아니면 직접 개별 접촉을 해서라도, 그 기관이 설정한 우선순위 목표가 우리 프로그램 기획의 아이디어와 맞아떨어지는지 판단해 본다.

[질문 4] 만약 프로그램 자금 지원을 받게 된다면, 우리 기관의 재정 상태에는 어떤 영향을 줄 것인가?
- 새로운 외부 자금의 유입은 대개 그에 수반된 여러 규제와 제약의 유입도 함께 초래한다. 이들이 우리 기관과 프로그램 운영의 자율성에 어떤 부정적인 영향을 끼칠지를 검토해 본다.
- 외부 자금후원 기관들은 대개 자금 지원의 기간을 제한한다. 이 프로그램에 대한 외부의 자금 지원이 끝났을 때, 어떤 영향이 있을 것이며, 대책 마련은 가능할지를 고려해 본다.
- 지원되는 자금이 과연 이 프로그램을 적절히 실행하기에 충분할 만큼의 금액이 될지를 검토한다. 부족 부분을 우리 기관이 자체 부담할 각오가 되어 있는지도 확인한다.

새로운 프로그램을 시도해 보려는 열망이나 재정적 유인보다는 실행 가능성이나 기관에 미칠 영향을 사전에 우선적으로 고려해 보는 것이 중요하다. 귀중한 인적 및 시간 자원을 비생산적인 제안서 작성에 허비하는 것은 사회적 책임성을 방기(放棄)하는 것이다.

2. 자금원 찾기와 접근하기

프로그램의 아이디어가 시도해 볼 만한 가치가 있다고 판명되면, 다음 단계는 이에 적합한 자금원(資金源, funding sources)을 어떻게 찾을 것인지로 넘어간다. 대개 제안서는 외부 자금원을 대상으로 프로그램에 대한 지지와 자금 지원을 받기 위한 용도로 쓰인다.

1) 자금원 찾기

자금원 찾기의 핵심 과제는 이 프로그램의 아이디어와 꼭 들어맞는 자금원들은 무엇인지를 발견하는 것이다. 사회복지 프로그램의 외부 자금원은 크게 공공과 민간 부문으로 나눌 수 있다.

공공 부문의 자원   자금액의 규모와 안정성(비교적 장기간 제공) 등에서 장점이 있다. 공공조직의 특성상 자금 운용에 대해 엄격하고 까다로운 규정을 부과해서, 프로그램의 자율성을 저해하는 단점이 있다.

민간 부문의 자원   공공 부문에 비해서는 자금 운영의 탄력성을 높이는 데 장점이 있다. 자금액의 규모는 대개 한정되어 있고, 안정성도 약하다는 것이 단점이다. 우리나라에서는 민간 부문의 자금원 풀(pool, 저변)이 확대되는 추세에 있다. 이들은 대개 신청 방식을 통해 사업별 보조금을 지원한다.

사회복지 프로그램에 대한 자금 지원 기관들이 늘어나게 되면, 제안서를 어느 곳에 제출해야 할지를 결정하는 것도 중요한 일이 된다. 무작정 모든 자금 지원 기관들에 제안서를 발송하는 것은 바람직하지 않다. 그것은 채택될 확률을 높이기보다 오히려 낮출 가능성을 높인다. 또한 기관에 대한 부정적인 인식('엉터리 기관' 등)을 초래할 수도 있다. 그러므로 우리 기관의 이해에 가장 적절히 맞아떨어지는 주요 자금 지원 기관(들)을 찾아보는 노력이 무엇보다 중요하다. 이를 위해 다음과 같이 한다.

[1] 가능한 모든 자금 지원 기관의 목록을 작성한다. 먼저, 경험이 있는 실무자의 정보 등을 토대로 일차 접근 통로를 찾아낸다. 간편하게는 웹사이트 검색에서도 상당히 유용한 정보가 도출될 수 있다. 사회복지협의회 등은 그런 정보를 종합적으로 제공하므로, 일단 정보 검색의 시발점으로 삼을 수도 있다. 이러한 일차 접근 통로를 통해 구체적인 자금원 출처 정보를 파고들어 갈 수 있다.

[2] 각 자금 지원 기관이 제공하는 자금의 종류와 규모, 성격에 대해 일차적으로 검토해 본다. 특히 우리 기관의 성격, 기획 중인 프로그램과의 관련성을 토대로 파악해 본다.

[3] 일차적으로 걸러진 자금 지원 기관들을 대상으로, 보다 심도 있는 조사를 진행한다. 자금 지원 기관의 공식적 안내문만으로는 내밀하고 핵심적인 정보를 얻기에는 부족할 수 있다. 자금 지원 기관의 담당자를 전화나 이메일로 직접 접촉해서 필요한 정보를 따로 수집하는 것도 필요하다. 이전에 그 기관으로부터 자금 지원을 받은 경험이 있는 주변 사람들로부터 정보를 얻는 것도 좋은 방법이다.

[4] 자금 지원 기관에 대한 조사 과정을 체계화하기 위해 다음과 같은 요약 정리표를 작성한다.

- 신청된 제안서들을 검토, 선정하는 권한을 가진 부서 담당자 이름과 직함
- 신청 자격에서 지역 제한을 두는지 여부
- 신청 자격에 명시된 기관 유형 (예: 비영리 기관, 사회복지법인에 한정 등)
- 기관의 사명과 목적
- 최근에 우선 관심으로 하는 사업 영역
- 최근 몇 년간 주요 영역별 자금 지원액

- 개별 지원 자금들의 최대, 최소액
- 프로그램 비용을 전액 지원하는지, 혹은 매칭(신청기관의 부담 몫)을 요구하는지
- 간접 경비를 인정해 주고, 지원 자금에 포함하는지 여부
- 제안서의 선정 기준과 지원 절차에 관한 규정
- 신청과 관련해서 메일 등을 통한 추가 문의가 가능할지 여부
- 제안서 제출의 마감 기한
- 프로그램 선정과 수행 기간 만료 후, 재신청(renewal)에 관한 정책
- 기타

2) 자금원에 접근

일단 지원해 볼 만한 자금원들의 목록을 앞에서와 같이 작성했다면, 이에 기초해서 어떤 지원 기관에 어떻게 접근해 볼 것인지를 결정한다. 모든 지원 기관은 나름대로의 선호와 운영 방식을 가지고 있기 때문에, 접근에 관한 보편적인 프로토콜(protocol, 의사소통의 규칙)은 없지만 일반적인 의사소통의 기본은 유사하다.

제안서는 자금을 지원하는 기관과 신청하는 기관 간의 의사소통을 위한 주된 도구다. 그러므로 제안서에는 자금제공자가 알고자 하는 신청 기관에 관한 정보(연혁이나 사명), 프로그램의 목적과 내용, 신청 금액, 책임성 제시(평가)의 방법 등이 어떤 식으로든 포함되어야 한다.

신청 양식의 내용은 경우에 따라 간략하게 혹은 상세하게 요구되기도 한다. 신청서 작성과 관련해서 의문이 있으면, 지원 기관의 담당자에게 개별적으로 문의를 하는 것이 바람직하다. 지원 기관은 이를 자신들의 사업에 대한 적극적인 관심 표현으로 간주한다.

기업이나 기업재단의 후원을 신청하고자 할 때는, 다음의 질문을 스스로 해 본다.

- 기업이 우리 지역사회에서 중요한 사업을 벌이고 있는가?
- 우리가 시도하려는 프로그램이 기업의 사업과 어떤 식으로든 연결되는가?
- 우리 기관은 기업이 특별히 중요하게 간주하는 어떤 이슈를 다루고 있는가?

- 이 기업이 우리 프로그램에 관여함으로써 어떤 혜택(고객 홍보, 기업의 가시성 확대 등)을 보게 될 것인가?
- 이 기업은 우리 기관의 주요 구성원들에게 생산품이나 서비스들을 실제로 팔고 있는가?

이러한 질문들에 대해 '예'라는 답이 나오면, 우리 기관은 이 기업으로부터 자금을 획득할 가능성이 높은 것이다. 여러 기업재단을 자금 신청을 위한 후보로 두더라도, 가급적 앞의 항목들에 긍정적인 기대를 할 수 있는 곳을 집중 공략하면 그만큼 접근 효율성이 커진다.

3. 제안서 쓰기

표적(지원 기관)이 의도하는 바를 정확하게 맞추어 작성된 제안서가 선정의 가능성을 높인다. 앞서 제안서 작성의 두 번째 단계에서 유효한 자금제공처의 확인이 중요한 이유도 여기에 있다. 하나의 범용 제안서를 작성해 두고 수많은 자금제공처를 대상으로 뿌려 대는 것은 바람직하지도 않을뿐더러, 기관에 오히려 부정적인 이미지만 가중시킨다.

그러므로 소수의 표적을 적절히 가려내서(이때 우리 기관의 사명과 목적에 일치하는지를 반드시 확인), 그에 맞춤식으로 제안서를 작성하는 능력이 필요하다. 자금제공처의 요구에 따라 제안서의 양식과 길이 등은 각기 달라질 수 있다. 그럼에도 대부분의 제안서에 포함되는 통상적인 윤곽은 다음과 같다.

> - 요약문
> - 문제 및 욕구 서술
> - 목적과 목표

- 프로그램 구성요소: 활동 및 과업
- 평가
- 조직의 역량
- 프로그램의 지속성
- 예산
- 첨부 자료

1) 요약문

제안서의 맨 앞에 대개 요약문을 붙인다. 읽는 사람들에게 프로그램의 개관을 우선 소개하는 것이다. 이는 다음에 읽게 될 구체적인 제안서 내용에 어떤 것이 있을지를 예상하게 해 준다. 요약문은 보통 한두 페이지를 초과하지 않는다. 다음 요소들이 보통 포함된다.

- (대상) 프로그램이 대상으로 하는 문제나 욕구가 무엇인지
- (목적) 무엇을 성취하려고 하는지
- (신청자, 수행 주체) 우리는 누구이며, 왜 우리가 적격한지
- (활동) 어떤 활동들을 할 것인지
- (비용) 비용은 얼마가 들 것인지
- (기간) 프로그램의 지속 기간은 얼마나 될 것인지

요약문은 전체 제안서가 완성된 후에 작성한다. 그래야 제안서의 주요 부분들을 요약문에 정확히 반영할 수 있기 때문이다.

2) 문제 및 욕구 서술

문제와 욕구를 서술한다는 것은 우리 기관이 어떤 사회문제나 상황을 표적으로 삼아

변화시키려 하는지를 정확히 밝히는 것이다. 지역사회의 상황에다 초점을 맞추면, 지역 소재 자금제공 기관들의 관심을 끌기 쉽다. 범사회적 함의를 가진 문제나 이슈들을 다루게 되면, 대규모의 전국 기구나 중앙정부기관에 접근하기가 쉽다.

내용　문제 및 욕구 서술은 어떤 사람들이 서비스를 받아야 할 필요가 있는지에 초점을 맞추어야 한다. 어떤 경우에도, 기관의 입장에서 문제와 욕구 서술(예: 자금 지원으로 우리 기관이 얼마나 도움이 될 것인지 등)을 해서는 안 된다. 욕구 서술에 포함될 내용은 다음처럼 구체화한다.

- 표적 인구가 누구인지
- 구체적으로 어떤 문제가 다루어질 것인지
- 그러한 문제가 어디에(지역, 장소) 존재하는지
- 문제의 근원은 무엇인지
- 왜 그러한 문제가 지속적으로 나타나는지

만약 문제가 다면(多面, multi-facet)적 성향을 가진다면, 모든 주요 측면이 확인될 필요가 있다. 예를 들어, '빈곤 상태에 있으며, 학교는 중퇴했고, 직업은 없으며, 소년원에서 갓 출소한 청소년'에 대한 문제 서술은 삶의 스타일, 교육 수준의 지체 문제, 소득에 대한 필요 등으로 두루 묘사할 필요가 있다.

대상 인구 집단의 묘사　욕구 서술에서 프로그램의 대상 인구 집단을 묘사할 경우, 다음과 같은 인구 구분이 요구될 경우가 있다.

- 일반 인구: 지역사회의 특정 인구의 일반적인 현황을 말한다. 예) 지역사회의 청소년 대상 인구
- 위기 인구: 일반 인구 중 위기에 처할 가능성이 높아 도움이 필요할 것으로 예상되는 집단을 말한다. 예) 800명 정도의 소년원 출소자
- 표적 인구: 위기 인구 중에서 프로그램이 표적(target)으로 삼고자 하는 특정 하위집단이다. 예) 가족 관계의 대체 지원이 요구되는 100명가량의 출소 청소년

- 클라이언트 인구: 표적 인구 중에서 실제 서비스를 이용하게 될 인구의 규모다. 예) 표적 인구의 80% = 80명
- 영향 인구: 클라이언트 인구 중에서 영향을 받은 인구를 나타내는 것이다. 서비스의 성과를 프로그램 참여로 본다면, 클라이언트 인구가 곧 영향 인구가 된다. 성과를 표적 인구에 대한 목적 성취 결과로 본다면 영향 인구는 달리 나타낸다. 예) 표적 인구의 50% = 40명

문제에 대한 이론적 근거   프로그램이 다루고자 하는 문제에 대한 이론적 근거가 논의되어야 한다. 그러한 문제를 야기하는 요인들을 이해하기 위해 표적 집단의 욕구에 관한 문헌들을 검토한다. 문제의 묘사는 언제나 표적 집단의 실제 고통에 근거(grounded)해야 하며, 전문가의 입장에서 해당 서비스의 부족 문제를 먼저 거론하는 것은 적절치 못하다.

문제의 묘사를 설득력 있게 하려면 다양한 원천의 자료를 제공하는 것이 필요하다. 서로 다른 원천의 자료들이 모두 문제의 심각성을 동일하게 말할 때, 문제 제기의 설득력이 분명히 높아진다.

- 권위 있는 기관의 자료(예: 신문 기사, 저명 학술지 논문, 정부기관의 보고서, 통계 자료 등)
- 서베이나 FGI, 면접 등을 통해 드러난 표적 집단에 관한 생생한 실태 자료
- 서비스 제공 기관들이 가지고 있는 표적 집단에 대한 다양한 자료

자료들은 가급적이면 복잡하게 늘어놓지 말고, 요약 정리해서 핵심을 보여 준다. 상세한 자료를 제시해야 할 필요가 있을 경우에는, 제안서 뒤쪽의 첨부 자료에 붙인다.

자금 지원의 긴요성   수많은 사회문제들은 계속해서 발생해 왔고, 지금도 계속되고 있다. 이 가운데서 특정 사회문제가 왜 지금에 와서 프로그램 개입과 그에 따른 자금 지원을 긴급하게 요구하는지를 밝힌다.

- 새로운 위기가 발생했는가? 예) 청소년 범죄의 유형이 이전보다 더 심각해졌다.
- 제도가 바뀌었나? 예) 최근에 청소년 관련법이 바뀌어 지역사회의 부담이 늘었다.

· 새로운 효과적 서비스 접근 방법이 개발되었나? 예) 청소년 비행 예방에 '지역사회-기반 멘토링' 접근이 유효성을 높이고 있다.

일반적인 문제 상황에 대한 기술만으로는 자금제공 기관으로부터 특별한 주의를 끌기가 어렵다. 문제에 대한 개입의 시의 적절성을 설득하려면, 앞의 질문들을 적절히 제기해서 답하는 식의 표현 기술을 쓰는 것이 좋다.

지역사회와 클라이언트 참여   프로그램이 대상으로 하는 문제와 욕구를 규정할 때 지역사회 구성원이나 클라이언트 집단이 얼마나, 어떻게 참여했는지를 밝히는 것이 좋다. 특히 제안서가 지역사회의 개선과 관련된 것이면, 그러한 참여와 개입에 대한 묘사가 반드시 필요하다. 문제 규정 과정에 대상 인구 집단을 참여시키는 것은 사회복지서비스의 본질에도 적절하다. 이는 또한 제안서의 심사 과정에서 프로그램이 해당 문제의 해결에 대해 진정성을 가진 것으로 평가받게 하는 데도 도움을 준다.

목표와의 연관성   욕구 서술은 문제와 목표를 설정하는 단계의 이전에 제시되는 것이다. 그럼에도 욕구 서술은 목표들을 명확히 염두에 둔 상태에서 서술되어야 한다. 제안서에서 욕구 서술과 목표 제시는 일관성을 가져야 하기 때문이다. 때로는 뒷부분의 목표 서술을 먼저 작성하는 것이 더 바람직할 수도 있다. 특히 자금 지원 기관이 자금 지원을 전제조건으로 특정한 성취 목표를 포함시킬 것을 구체적으로 요구해 놓고 있는 경우에는 더욱 그렇다.

3) 목적과 목표

프로그램(혹은 기관)의 목적이란 '무엇을 성취하기를 원하는지'를 폭넓게 제시한 것이다. 이러한 목적을 염두에 두고 프로그램 활동이 나타나게 되는데, 그 과정에서 목적은 활동에 대한 일반적인 방향타의 역할을 한다. 목적은 프로그램이 지향하고자 하는 장기적인 문제 상황이나 조건의 변화에 대한 전반적인 묘사를 내포한다.

목표는 추상적인 목적과 뚜렷이 구분되는데, 현실적이면서 경험적인 측정의 가능성을 가진다. 프로그램의 목표는 일반적으로 다음의 네 가지 유형으로도 많이 쓰인다.

운영 목표　　프로그램의 운영을 개선하는 의도를 나타낸다. 예를 들어, '40명의 직원들을 3개월 동안 사내훈련 받게 하는 것' '내년 안에 회원 수를 150명 증원하는 것(그 결과 기관의 재정 상태를 개선하는 것)' 등이다. 운영 목표는 프로그램 수행 기관의 기능 수행이나 생존가능성을 높이기 위한 것이다. 운영 목표를 성취하면 프로그램은 표적 인구에 대한 서비스 제공의 여건을 개선하는 것이 된다.

활동 목표　　과정 목표라고도 불린다. 프로그램이 의도하는 서비스 단위들을 수량화해서 나타낸다. 예를 들어, '프로그램 시행년도에 300명의 클라이언트에 서비스 제공' '680건의 인터뷰 수행' '17건의 지역사회 모임 개최' '한 해에 125명의 클라이언트를 지역사회 기관들에 의뢰' 등이다.

생산물 목표　　산출 목표라고도 불린다. 프로그램의 시행년도 말에 가시적으로 나타내야 하는 일의 결과 단위이다. 예를 들어, '자원 재고목록(directory)의 작성 완료' '사례관리 시스템의 구축' '클라이언트에게 서비스 정보를 제공할 웹페이지 운용' 등이다. 생산물 목표와 활동 목표는 가끔 구분하기 어려울 수 있다. 예를 들어, '다른 기관으로 의뢰 서비스를 받은 클라이언트 125명'이 있다. 서비스 제공자들의 활동을 기준으로 나타내면 이는 활동 목표이고, 서비스 대상자들에게 발생하는 결과를 기준으로 나타내면 생산물 목표가 된다.

성과/영향 목표　　과정/활동의 결과를 성취된 성과로 나타내는 것이다. 활동 목표들이 노력의 양을 반영한다면, 성과 목표는 시간, 인력, 자원의 투자로 인해 돌아오는 보상 결과에 초점을 두어 구체화한다. 예를 들어, '18개월 내에 직업훈련 프로그램에 등록된 청소년들의 50%를 정규직으로 취업시킨다' '200명의 신입생에게 교육 이수를 향상시키는데, 80%가 한 학년을 마칠 것이다' 등이다.

목표는 자금제공기관이 프로그램에 대한 책임성을 물을 수 있는 명확한 기준을 제시하는 것이다. 예를 들어, 프로그램이 프로그램의 목적을 '지역사회 청소년 범죄의 감소'에 두었고, 이를 위해 제시하는 목표 중 하나가 '45명의 출소자를 취업시키는 것'일 수 있다. 목적 자체로는 책임성을 확인하기 어렵지만, 목표들을 통해서는 가능해진다.

목적과 목표가 반드시 합치되는 것은 아닐 수 있다. 이는 프로그램 이론의 논리적 타당성으로 다루어져야 하는 것이다. 예를 들어, '45명의 출소자를 취업'시켰더라도, '지역사회 청소년 범죄는 감소'하지 않을 수 있다. 목적과 목표의 합치성을 위해서는 해당문제 분야에 대한 전문적인 지식이 필요하고, 또한 논리모델 형태의 체계적 사고도 요구된다.

프로그램 제안서에서 목표를 세분해서 제시하는 것은 많은 이점을 준다. 자금제공기관에게는 프로그램이 어떤 활동을 통해 어떤 성과를 기대하게 하는지를 분명하게 알수 있게 하고, 신청기관 스스로도 자신들의 활동과 성과들에 대해 명확한 논리적인 근거를 가질 수 있게 한다. 이는 제안서가 채택된 이후의 프로그램의 실행 감독이나 평가의 과정에서 상호 간의 불명확함을 줄여 주는 데 기여한다.

4) 프로그램의 구성요소: 활동과 과업

프로그램의 목적과 목표는 구체적인 프로그램 활동이나 과업들의 내용과 결부되어있다. 제안서에서 이 부분은 프로그램이 목표들을 어떻게 성취할 것인지에 대한 작업계획을 제시하는 것이다. 제시된 각각의 목표와 관련해서 '무엇이' '누구에 의해' '언제' 이루어질 것인지를 묘사한다.

예를 들어, 출소자에 대한 프로그램의 목표와 활동에 대한 작업 계획은 다음처럼 될수 있다.

<목표> '직업훈련 프로그램에 있는 비행전과 청소년들의 50%가 18개월 이내에 정규 직업
       을 갖게 한다.'
<활동> '40개 이상의 취업가능 직장의 풀(pool)을 개발한다.'

※ 필요한 과업들에 대한 기획 : 최종과업[고용주와 계약서를 체결한다] ← 이를 위해서는, 선
   행과업[잠재적 고용주들에 대한 조사와 개별 접촉을 통한 타진]이 필요 ← 다시 이를 위해서

는 선선행과업[취업상담자의 채용 및 역량 강화]이 필요하다는 식으로 과업들을 확인해 낸다.

프로그램 기획과 관련된 기법으로 널리 활용되는 논리모델이나 PERT 등이 이와 같은 중요 과업들의 확인과 포함 여부, 순서적 합리성, 시간 배려 등을 합리적으로 파악하는 데 도움을 준다. 제출되는 제안서에는 프로그램의 목표와 활동, 과업 등이 간트(Gantt) 도표 등의 시간 도표를 사용해서 상세하게 제시되어야 한다.

5) 평가

평가는 프로그램이 서술된 목표들을 성취했는지, 즉 효과적이었는지를 확인하기 위한 것이다. 제안서 작성에서 평가 부분은 책임성 제시와 관련된 것이므로, 자금제공기관의 입장에서는 필수적으로 확인하는 사항이다. 평가에 대한 계획 수립은 프로그램 기획의 초기 과정에서 이루어져야 한다.

다양한 유형(기준, 디자인 등)의 평가가 있지만, 그 선택은 자금제공처의 요구에 대해 신청 기관이 대응 가능한 것을 선택하는 방식으로 이루어진다. 일반적으로는 영향 평가와 과정 평가의 형식을 제안서에 포함시킬 것을 요구하기도 한다.

영향평가(impact evaluation) 총괄평가의 성격이다. 영향평가는 프로그램의 성과 측면을 중심으로 평가하는 것이다. 제안서에서 영향평가를 제시하는 것은 자금제공기관에게 성과를 중심으로 하는 계약 이행의 방법을 제시하는 것과 같다. 이것이 제시되지 않는다면, 자금제공기관은 자금 지원에 따른 책임성 제시를 프로그램이 어떻게 할 수 있을지 모르기 때문에 지원 자체를 꺼릴 수 있다.

과정평가(process evaluation) 모니터링 평가라고도 불린다. 프로그램의 내부 과정과 구조를 평가하는 것인데, 이들이 제안서에서 계획된 대로 기능하는지를 알아보려는 것이다. 과정 평가를 제시하는 것은 프로그램이 적절한 피드백 시스템을 내재하고 있음을 자금제공기관에 보여 주는 것이다. 프로그램이 잘 관리될 수 있음을 확신하게 만든다.

어떤 평가 유형과 디자인을 선택하더라도, 제안서에는 평가의 대상이 되는 질문들과 함께 그에 대한 상세한 평가 계획이 적시되어 있어야 한다. 누가 평가를 수행할 것이며, 그들은 어떻게 선정될 것이며, 어떤 도구들이 사용될 것인지, 평가의 결과 보고는 어떤 방식으로 이루어질 것인지 등이 포함되어야 한다.

6) 조직의 역량과 프로그램 지속성

자금제공기관은 신청 기관이 프로그램을 수행할 능력이 있는지 알고 싶어 한다. 기관이 지역사회에서 신뢰받는 곳인지, 프로그램에서 제안된 분야에 대해 기관과 직원들 모두 적절한 역량을 갖추고 있는지 등을 확인하고 싶어 한다.

제안서에는 다음 사항들을 간략히 묘사하여 신뢰성을 확인시킬 필요가 있다.

- 우리 기관이 어떤 대의(cause) 맥락에서 설립되었는지
- 어떤 법적 지위를 가지는지 (예: 비영리단체 등록, 사회복지법인 등)
- 이제껏 어떤 활동들을 해 왔는지
- 어떤 표창이나 포상, 공인 인증(accreditation) 등을 받았는지
- 기관 외부로부터 어떤 재정적 지원들을 받아 왔는지
- 기관이 자랑할 만한 현재까지의 주요 성과는 무엇인지

특히 우리 기관이 해당 자금제공기관에 잘 알려져 있지 않다면, 신청 프로그램 분야에서 경쟁력이 있음을 증거로 제시할 필요가 있다. 또한 프로그램과 관련해서 우리 기관이 동원할 수 있는 여타 자원들의 가능성도 제시한다. 자금제공기관이 인정할 수 있는 권위 있는 기관이나 사람으로부터의 추천서나 배서(endorsement)도 바람직하다. 유관 기관의 실질적인 프로그램 협력 의사(직원이나 자금의 투자)를 밝히는 추천서를 첨부하는 것도 신뢰성을 높일 수 있다.

프로그램 수행 인력의 역량을 보여 주는 자료에는 직위, 경력, 전문직, 책임의 내용, 투입되는 시간, 주요 활동 경력 등이 있다. 자료의 양이 많을 경우는 별첨 항목으로 붙

인다. 우리 기관의 최고 의사결정 기구(예: 이사회)나 최고관리자(예: 관장)가 제안서
프로그램을 전적으로 지원하고 있다는 사실을 증거할 수 있는 자료도 제시하면 좋다.
이사회 기록이나 기관장의 확약서 등이 이에 해당한다. 전문 프로그램의 경우에는 자
문위원의 이름과 역할, 동의서 등을 첨부하는 것도 도움이 된다.

　자금제공기관은 만약 프로그램에 대한 자금 지원을 신청한 기간(예: 2년)만큼 지원
했다면, 그 이후에는 프로그램이 어떻게 될 것인지(폐지나 지속, 병합 등)를 알고 싶어
한다. 장기간 지속이 필요한 사업인 경우에는 현재의 자금 지원이 끝나는 시점부터 프
로그램 운영비를 클라이언트 이용료로 대처하겠다든지, 기관의 일반 예산에 편입시키
겠다든지, 정부나 다른 민간재단 등에 안정적인 자금 지원을 받을 계획이라든지 등으
로 대안을 제시해 줄 필요가 있다.

7) 예산

　제안서에서 예산은 중요한 부분이다. 그러나 시장 상황에서의 경쟁적 공개입찰 방식
이 아닌 경우에, 사회복지 프로그램의 제안서 과정에서 예산은 대개 협상 가능한 것으
로 남겨져 있다. 요구되는 제안서의 양식에 따라 예산 부분을 작성하는 방법도 다양하
게 달라질 수 있지만, 기본적으로는 합리적인 프로그램 회계에 대한 이해가 필요하다.

　예산안을 기획하고 집행, 통제하는 방법에 대해서는 자금제공기관들마다 각기 다를
수 있다. 각 자금제공기관은 제안서를 공모할 때, 대개 이에 대한 상세한 지침을 제시
한다. 그러므로 그에 맞추어 적절히 작성하면 된다. 일반적으로 지침에는 다음이 포함
되어 있다.

- 예산 형식에 대한 정보
- 세부 예산 항목들을 어떻게 계상할지에 대한 예시
- 주요 예산 범주에 대한 최댓값 (예: 인건비 ≤ 총액 70%)
- 자문비용, 일당, 여비 등에 대한 허용 가능한 요율

예산을 편성하기 위해서는 프로그램의 주요 활동들을 검토하고 그에 따른 비용을 추정해야 한다. 좋은 예산은 프로그램의 목표와 활동에 직접적으로 연관된 것이다. 그래야 각 예산 항목에 대한 예산 책정이 프로그램 성과에 대한 기여도로 평가될 수 있기 때문이다.

예산이란 비용이 얼마가 들 것인지에 대한 추정이다. 그러므로 이러한 추정은 현실적 상황 변화에 따라 일정 부분 바뀔 수도 있다. 이것 역시 자금제공기관들 간 정책 차이에 따라 다르게 나타난다.

예산 항목 간 자금 이동을 '자금전용(轉用)'이라 하는데, 무엇이 얼마만큼 인정되는지는 자금제공기관의 사전 지침에 근거해야 한다. 이 외에도 불용(不用) 예산액에 대한 처리, 외부 재원과의 혼용 문제 등도 사안별로 자금제공기관과 긴밀히 협의해야 한다. 예외적으로는, 부족 예산에 대해 추가 예산지원을 가능하게 해 주는 자금제공기관도 있다.

사회복지서비스 프로그램의 경우에 제안서 양식들에서 흔히 요구하는 예산 비용의 구분은 직접 및 간접 비용에 관한 것이다.

직접 비용(direct cost)　서비스 생산을 위해 직접적으로 필요한 예산이다. 직접 비용 가운데 직원 급여(전문직, 비전문직의 임금)가 가장 큰 몫을 차지한다. 예산서에 급여는 각 직위에 대한 상세한 구분과 할당된 시간만큼의 백분율로써 제시된다(예: 사회복지사 2급[월 160만 원] × 25%[주 10시간] = 40만 원). 여기에는 부가급여(fringe benefits)로서 국민연금, 실업보험, 의료보험, 퇴직금 등도 산입한다. 이 외에도 공간(임대료 등), 장비구입비, 물품구입비, 출장비, 전화요금, 복사비, 인쇄비 등도 프로그램 활동과의 연관성으로 예산서에 제시될 때는 직접 비용에 포함될 수 있다.

간접 비용(indirect cost)　행정관리에 드는 비용을 포함해서, 특정 프로그램에만 쓰이지 않고 기관 전체적으로 나타나는 것을 말한다. 그래서 간접 비용의 경우는 프로그램 활동의 어디에 얼마가 들지를 예산으로 책정하기 쉽지 않다. 그래서 대개의 경우, 조직 관리자가 각 프로그램에 임의적으로 얼마를 할당하는 식으로 결정하기도 한다. 다른 직원들(기관장, 회계사, 시설유지 인력 등)이 이 프로그램에 쓰이는 시간, 복사기나 컴퓨터 등 사무기기의 감가상각, 사무실 임대료 등이 모두 이에 포함된다. 사회복지 프로그램 제안서에서 간접 비용의 인정 여부, 허용률 등과 관련해서는 자금제공기관의 정책마다 많은 차이를 보이고 있다.

최종적으로 제안서의 예산이 자금제공기관에서 받아들여지면, 그것은 일종의 계약으로 작용한다. 기관의 입장에서는 주어진 예산으로 자금제공기관과 약속한 사업의 내용을 소화해 내야 하는 의무를 가지게 되는 것이다. 그러므로 예산 책정의 협상 과정을 신청 기관의 입장에서 충실히 검토하고 고려해 보아야 한다.

감당하기 어려운 사업량을 부족한 예산임에도 받아들이는 것은 결국 서비스의 질을 떨어트리거나 해서 궁극적으로 기관의 이미지에 부정적 영향을 준다. 당연히 서비스 대상자들에게도 그 폐해가 돌아간다. 그러므로 제안서 예산 책정 과정은 예산 확보의 측면만이 아니라 기관과 프로그램에 미치는 전반적인 영향 측면을 함께 고려하는 것이 당연하다.

8) 첨부 자료

제안서의 첨부 자료들은 대개 본론에서 제시한 내용의 상세한 백업(backup) 형태를 띤다. 지나치게 많은 사항들을 첨부 자료에 붙이는 것도 좋지 않다. 프로그램의 유효성을 뒷받침하는 데 중요한 자료이기는 하지만, 본문에 넣기에는 차지하는 분량이 너무 많은 경우에 첨부 자료로 붙여 넣는다. 자금제공기관에서 첨부 자료에 붙일 것을 아예 지정하는 사항들도 있다. 예를 들어, 이사회 명단, 기관의 법적 지위를 나타내는 각종 증명서나 인증서, 표창장 등 외에도 회계감사 보고서, 각종 프로그램 유관 통계표, 추천서나 합의서, 평가에 쓰는 측정 도구 등이다.

참고문헌

제1장

1. Lewis, J. Lewis, M. Packard, T., & Souflee, F. Jr., (2001). *Management of Human service Programs* (3rd ed.). Belmont, CA: Brooks/Cole.
2. Martin, L. (2009). 'Program planning and management'. In R. Patti (Ed.), *The Handbook of Human Services Management*. Thousand Oaks, CA: SAGE.
3. Patti, R. (1983). *Social Welfare Administration: Managing Social Programs in a Developmental Context*. Englewood Cliffs, NY: Prentice-Hall.
4. York, R. (1982). *Human Service Planning: Concepts, Tools and Methods*. Chapel Hill, NC: The University of North Carolina Press.
5. 황성철(2005). 사회복지 프로그램 개발과 평가. 경기: 공동체.

제2장

1. Austin, D. (1979). *Improving Access in the Human Services: Decision Issues and Alternatives*. Washington, D.C.: American Public Welfare Association.
2. Austin, D. (2002). *Human Services Management: Organizational Leadership in Social Work Practice*. NY: Columbia University Press.

3. Froland, C., Pancoast, D., Chapman, N., & Kimboko, P. (1981). *Helping Networks and Human Service*. Beverly Hills, CA: Sage Pub.

4. Mayer, R. (1976). *Utilization of Social Research Findings in Programs Effecting Institutional Change*. Washington, D.C.: DHEW/NIMH.

5. Meyer, C. (1983). *Clinical Social Work in Eco-systems Perspective*. NY: Columbia University Press.

6. Paulson, R. (1984). 'Administering multiple treatment modalities in social service agencies'. *Administration in Social Work, 8*(1), pp. 89-98.

7. Rapp, C., & Poertner, J. (1992). *Social Administration: A Client-Centered Approach*. NY: Longman.

8. Rosenberg, M., & Brody, R. (1975). *Systems Serving People: A Breakthrough in Service Delivery*. Cleveland: School of Applied Social Sciences, Case Western Reserve University.

9. Rossi, P. (1978). 'Issues in the evaluation of human services delivery'. *Evaluation Quarterly, 2*(4), pp. 573-599.

10. Silverman, P. (1978). *Mutual Help Groups*. Washington, D.C.: Department of Health, Education and Welfare.

제3장

1. Gabor, P., & Grinnell, R. (1994). *Evaluation and Quality Improvement in the Human Services*. Boston: Allyn & Bacon.

2. Kettner, P., Moroney, R., & Martin, L. (2008). *Designing and Managing Program: An Effectiveness-Based Approach*. Thousand Oaks, CA: Sage Pub.

3. Lewis, J., Lewis, M., Packard, T., & Souflee, F. Jr., (2001). *Management of Human Service Programs* (3rd ed,). Belmont, CA: Brooks/Cole.

4. Martin, L. (2005). 'Performance based contracting: Does it work?' *Administration in Social Work, 29*(1), pp. 63-77.

5. Martin, L. (2009). 'Program planning and management'. In R. Patti (Ed.), *The Handbook of Human Services Management*. Thousand Oaks, CA: SAGE publications, pp. 339-350.

6. York, R. (1982). *Human Service Planning: Concepts, Tools, and Methods*. Chapel Hill, NC:

The University of North Carolina Press.

7. 김영종(2010). 사회복지행정(3판). 서울: 학지사.

제4장

1. Austin, D. (1988). *The Political Economy of Human Services Programs.* Greenwich. CT: JAI Press.

2. Blumer, H. (1971). 'Social problems collective behavior'. *Social Problems, 18,* pp. 298-306.

3. Bradshaw, J. (1972). 'The concept of social need'. *New Society, 19,* pp. 640-643.

4. Gates, B. (1980). *Social Program Administration: The Implementation of Social Policy.* Englewood Cliffs, NJ: Prentice-Hall.

5. Meenaghan, T., Washington, R., & Ryan, R. (1982). *Macro Practice in the Human Services.* NY: The Free Press.

6. Patti, R. (1983). *Social Welfare Administration: Managing Social Programs In A Developmental Context.* Englewood Cliffs, NJ: Prentice-Hall.

7. Rapp, C., & Poertner, J. (1992). *Social Administration: A Client-Centered Approach,* New York: Longman Publishing Group.

8. Tallman, I., & McGree, R. (1971). 'Definition of a social problem'. In E. Smigel (Ed.), *Handbook on the Study of Social Problems.* Chicago: Rand McNally, p. 41.

9. York, R. (1982). *Human Service Planning: Concepts, Tools and Method.* Chapel Hill, NC: The University of North Carolina Press.

제5장

1. Bell, G. (1978). *The Achievers.* Chapel Hill, NC: Preston-Hill.

2. Rapp, C., & Poertner, J. (1992). *Social Administration: A Client-Centered Approach.* NY: Longman Publishing Group.

3. Weiner, M. (1990). *Human Services Management: Analysis and Applications* (2nd ed.). Belmont, CA: Wadsworth Publishing.

4. York, R. (1982). *Human Service Planning: Concepts, Tools and Method.* Chapel Hill, NC: The University of North Carolina Press.

5. Young, R. (1966). 'Goals and goal setting'. *Journal of the American Institute of Planners, 32,* pp. 76-85.

제6장

1. Davidson, W., & Rapp, C. (1976). 'Child advocacy in the justice system'. *Social Work Journal, 21*(3), pp. 225-232.

2. Fairweather, G. (1972). *Social Change: The Challenge to Survival.* NJ: General Learning Press.

3. Germain, C., & Gitterman, A. (1980). *The Life Model of Social Work Practice.* New York: Columbia University Press.

4. Hasenfeld, Y. (1983). *Human Service Organizations.* Englewood Cliffs, NJ: Prentice-Hall.

5. Kendall, K. (1986). 'Foreword'. In F. Turner (Ed.), *Social Work Treatment: Interlocking Theoretical Approaches* (3rd ed.). New York: The Free Press.

6. Perlman, H. (1957). *Social Casework: A Problem-Solving Process.* Chicage, IL: The University of Chicago Press.

7. Perlman, H. (1986). 'The problem solving model'. In F. Turner (Ed.), *Social Work Treatment: Interlocking Theoretical Approaches* (3rd ed.). NY: Free Press, pp. 245-266.

8. Rapp, C., & Poertner, J. (1992). *Social Administration: A Client-Centered Approach.* NY: Longman Publishing Group.

9. UWASIS II (1978). *United Way of America.*

제7장

1. Millar, A., Hatry, H., & Koss, M. (1977). 'Monitoring the outcomes of social services'. *A Review of Past Research and Test Activities,* Washington, D.C.: May.

2. Patti, R. (1983). *Social Welfare Administration: Managing Social Programs In A*

Developmental Context. Englewood Cliffs, NJ: Prentice-Hall.

3. Paul, B. (1956). 'Social science in public health'. *American Journal of Public Health, 64,* pp. 1390-1396.

4. Rothman, J. (1980). *Using Research in Organizations.* Beverly Hills, CA: Sage Publications.

5. Suchman, E. (1967). *Evaluative Research: Principles and Practice in Public Service and Social Action Programs.* NY: Russell Sage Foundation.

6. Tripodi, T., Fellin, P., & Epstein, I. (1971). *Social Program Evaluation: Guidelines for Health, Education, and Welfare Administrators.* Itasca, Ill.: F. E. Peacock.

7. York, R. (1982). *Human Service Planning: Concepts, Tools and Methods.* Chapel Hill, NC: The University of North Carolina Press.

8. 김영종(2007). 사회복지조사방법론(2판). 서울: 학지사.

제8장

1. Gates, B. (1980). *Social Program Administration: The Implementation of Social Policy.* Englewood Cliffs, NJ: Prentice-Hall.

2. Weiss, C. (1972). *Evaluation Research.* Englewood Cliffs, NJ: Prentice-Hall.

3. 김영종(2007). 사회복지조사방법론(2판). 서울: 학지사.

제9장

1. Coulton, C., & Solomon, P., (1977). 'Measuring the outcomes of intervention'. *Social Work Research and Abstracts, 13*(winter), pp. 3-9.

2. Kiresuk, T. (1973). "Goal Attainment Scaling at a County Mental Health Service". In Evaluation, Special Monograph No. 1., Mineapolis Medical Research Foundation.

3. Millar, A., Hatry, H., & Koss, M. (1977). 'Monitoring the outcomes of social services'. *A Review of Past Research and Test Activities,* Washington, D.C.: May.

4. Pascoe, G., & Attkisson, C. (1983). 'The Evaluation Ranking Scale: A new methodology for assessing satisfaction'. *Evaluation and Program Planning, 6,* pp. 335-347.

5. Royse, D., Thyer, B., Padgett, D., & Logan, T. (2001). *Program Evalutation: An Introduction* (3rd ed.). Belmont, CA: Wadsworth/Thompson Learning.

6. York, R. (1982). *Human Service Planning: Concepts, Tools and Method.* Chapel Hill, NC: The University of North Carolina Press.

7. 황성철(2005). *사회복지프로그램 개발과 평가.* 경기: 공동체.

제10장

1. Cronbach, L. (1982). *Designing Evaluation of Educational and Social Programs.* San Francisco: Jossey-Bass.

2. Davidson, L., Stayner, D., Lambert, S., Smith, P., & Sledge, W. (1997). 'Phenomeological and participatory research on schizophrenia: Recovering the person in theory and practice'. *Journal of Social Issues, 53*(4), pp. 767-784.

3. Drisko, J. (1998). 'Using Qualitative Data Analysis Software'. *Computers in Human Services*, *15*(1), pp. 1-19.

4. Fetterman, D. (1984). *Ethnography in Educational Evaluation.* Beverly Hills, CA: Sage.

5. Greenwood, D., & Levin, M. (1988). *Introduction to Action Research.* Thousand Oaks, CA: Sage Publications.

6. Padgett, D. (1998). *Qualitative Methods in Social Work Research.* Thousand Oaks, CA: Sage.

7. Royse, D., Thyer, B., Padgett, D., & Logan, T. (2001). *Program Evalutation: An Introduction* (3rd ed.). Belmont, CA: Wadsworth/Thompson Learning.

8. Stake, R. E. (1994). 'Case studies', In N. K. Denzin & Y. S. Lincoln (Eds.), *Handbook of qualitative research.* Thousand Oaks, CA: Sage.

제12장

1. W. K. Kellogg Foundation (2004). *Logic Model Development Guide.*

제13장

1. W. K. Kellogg Foundation (2004). *Logic Model Development Guide*.

제14장

1. Brody, R. (1991). "Preparing Effective Proposals". In R. Edwards & J. Yankey (Eds.), *Skills for Effective Human Services Management*. Silver Spring, MD: NASW Press.

찾아보기

저자 소개

김영종 (Kim, Young Jong)

1990년부터 2023년까지 경성대학교 사회복지학과 교수를 역임하였다. 1984년에 경북대학교 사회학과를 졸업하고, 미국 텍사스 주립대학교(오스틴) 대학원에서 사회복지학으로 석사 및 박사 학위를 받았다 (1989년). 한국사회복지학회와 한국사회복지행정학회의 편집위원장과 회장을 역임하였고, 사회복지연대와 부산참여연대 등에서 시민사회 활동도 오랫동안 해 오고 있으며, 기획예산처 사회통합정책관으로 잠시 일하기도 했다.

〈주요 저서〉

『사회복지행정 (5판)』(2023), 『사회복지조사론 (2판)』(2023), 『사회복지개론』(공저, 2022), 『한국의 사회서비스: 정책 및 실천』(2019), 『복지사회의 개발: 지역 및 공동체 접근』(2014), 『사회복지 네트워킹의 이해와 적용』(공저, 2008), 『사회복지 성과측정 기법』(공저, 2007) 외 다수

권순애 (Kwon, Sunae)

현재 창신대학교 사회복지학과 교수로 재직 중이다. 1996년에 경성대학교 사회복지학과에 입학하여 동 대학원에서 석사 및 박사 학위를 받았고, 미국 미주리 주립대학교 School of Social Work에서 박사후 연구과정생을 지냈다. 경상남도사회복지공동모금회 배분위원으로 활동하고 있으며, 사회복지기관 종사자를 대상으로 다양한 형태의 프로그램 강의 및 컨설팅을 진행하고 있다.

〈주요 논문〉

권순애, 강주원 (2021). 여성새로일하기센터는 경력단절여성의 재취업을 위해 어떤 사업구조를 가지고 있는가?-G지역 새일센터 사례 중심으로-. 한국사회복지행정학, 23(2): 47-73.

권순애 (2020). 사회복지조직의 사업 목표 및 프로그램 구조 분석에 관한 탐색적 연구. 한국사회복지행정학, 22(2): 55-80.

권순애 (2018). IPA 기법을 활용한 사회복지사의 프로그램 기획 역량에 대한 중요도와 실행도 분석. 한국사회복지행정학, 20(3): 215-238.

Sunae Kwon (2021). Is it possible to improve social workers' program planning capability through organizational learning strategy?. *Asian Social Work and Policy Review, 15*(3): 292-303.

Sunae Kwon & Baorong Guo (2019). South Korean nonprofits under the voucher system: Impact of organizational culture and organizational structure. *International Social Work, 62*(2): 669-683.

사회복지 프로그램 개발과 평가(2판)

Human Service Program Planning and Evaluation (2nd ed.)

2013년 9월 10일 1판 1쇄 발행
2019년 1월 29일 1판 4쇄 발행
2023년 9월 30일 2판 1쇄 발행

지은이 • 김영종 · 권순애
펴낸이 • 김진환
펴낸곳 • ㈜**학지사**

04031 서울특별시 마포구 양화로 15길 20 마인드월드빌딩
대표전화 • 02-330-5114   팩스 • 02-324-2345
등록번호 • 제313-2006-000265호

홈페이지 • http://www.hakjisa.co.kr
인스타그램 • https://www.instagram.com/hakjisabook

ISBN 978-89-997-2903-4 93330

정가 19,000원

출판미디어기업 **학지사**

간호보건의학출판 **학지사메디컬** www.hakjisamd.co.kr
심리검사연구소 **인싸이트** www.inpsyt.co.kr
학술논문서비스 **뉴논문** www.newnonmun.com
교육연수원 **카운피아** www.counpia.com